古典文獻研究輯刊

六 編

潘美月・杜潔祥 主編

第4冊

宋刊劉禹錫文集版本研究

劉 衛 林 著

國家圖書館出版品預行編目資料

宋刊劉禹錫文集版本研究／劉衛林著 — 初版 — 台北縣永和市：
花木蘭文化出版社，2008〔民97〕

目 4+184 面；19×26 公分
（古典文獻研究輯刊 六編：第 4 冊）

ISBN：978-986-6657-02-3（精裝）
1. 版本學　2. 宋代
011.52　　　　　　　　　　　　　　　　　97000881

ISBN - 978-986-6657-02-3

古典文獻研究輯刊
六　編　第四　冊　　　　　ISBN：978-986-6657-02-3

宋刊劉禹錫文集版本研究

作　　者　劉衛林
主　　編　潘美月　杜潔祥
企劃出版　北京大學文化資源研究中心
出　　版　花木蘭文化出版社
發 行 所　花木蘭文化出版社
發 行 人　高小娟
聯絡地址　台北縣永和市中正路五九五號七樓之三
　　　　　電話：02-2923-1455／傳真：02-2923-1452
電子信箱　sut81518@ms59.hinet.net
初　　版　2008 年 3 月
定　　價　六編 30 冊（精裝）新台幣 46,500 元　　　版權所有・請勿翻印

宋刊劉禹錫文集版本研究

劉衛林　著

作者簡介

劉衛林　1958年生，廣東東莞人。1988年畢業於香港中文大學，獲哲學碩士學位。2000年畢業於香港大學，獲哲學博士學位。專攻版本文獻學及唐宋詩學理論。現任教於香港城市大學，並任新亞研究所兼任助理教授，及國立中山大學清代學術研究中心研究員，香港政府康樂及文化事務署中文評審顧問。先後發表學術論文四十餘篇。主要著作有：《香港所藏古籍書目》（合編）、《詩學概說》、《詞學概說》等。

提　　要

　　本書先後論述現藏國立故宮博物院、北京圖書館及日本天理圖書館三種宋刊劉禹錫文集之版本問題。首章敘錄劉集傳世各種版本，考述自中唐以後各本之輯集傳承，及宋明以來文集之散佚，與後人裒輯遺文為外集之經過。其後三章分別自公私著錄、圖經所載、刻工年代、避諱闕筆，又先後考諸同一版式之十八種宋刊唐人文集、九行本宋刊南北朝七史，與董棻、陸游於嚴州所刻各集之版本，並參照明清以來鈔刻諸本，考見北京圖書館所藏宋刊殘本《劉夢得文集》，並非著錄諸家所稱之北宋蜀刊或南宋蜀刻，而實為刊於徽宗宣和年間之建安刻本。又證明天理圖書館所藏宋刊本《劉夢得文集》，既非王國維所稱之陸游嚴州刊本，亦非傅增湘等所稱之紹興蜀刻，而實為南宋孝宗至光宗年間之浙刊本。復推定故宮博物院所藏宋刊本《劉賓客文集》為高宗紹興末年杭州刻本，而非前人以董棻題識所定之紹興八年嚴州舊刊。宋刊劉集諸本之刊刻時地既得確考，第五章則更自書名因革、編次差異與文字分歧，先後考論三種宋刊本於版本上之異同，證明三者版本源出雖非一致，然而各本之間實曾參考互校。最後一章自卷帙之存佚、剞劂之先後及校刊之精粗，比較三種宋刊劉集之版本優劣，並以明清諸本校勘比對，證明宋刊劉集有助明清諸本刊謬糾誤，是正訛舛，不獨對後世校補劉禹錫文集至具貢獻，且於版本學上價值至鉅。

目

次

前　言

　　唐人文集可觀者甚夥，然而歷經五代兵燹劫火而後，有幸得以傳世者可謂寥寥無幾；即令得以流傳後世，能得以窺其全豹，甚至堪稱善本者，往往又百不存一。顧廣圻即慨嘆：「唐人文集，存者纔二、三十種，藏書家每苦不能盡得。即得矣，又苦其本不能盡善。」〔註1〕於唐人文集之中，除李、杜、韓、柳、元、白而外，當首推劉禹錫。《新唐書・文藝傳》論唐有天下三百年，文章無慮三變，而得以卓然以所長爲一世冠，代表唐代詩壇人物者，除李白、杜甫、白居易及元稹之外，可與四大家並列者即爲劉禹錫。〔註2〕

　　劉禹錫（772～842）字夢得，唐中山人，〔註3〕貞元間登進士第，官監察御史，事跡具見《舊唐書》卷一百六十，及《新唐書》卷一百六十八本傳。劉禹錫以「永貞革新」失敗，而預「八司馬」貶謫之列，自是偃蹇終生，未嘗得意於仕途。然其詩文早見重於世，並世之大詩人白居易即推許其爲「詩豪」，〔註4〕又稱其詩句「在

〔註1〕顧廣圻：〈呂衡州文集序〉，《思適齋集》（上海：中華書局影印道光己酉年上海徐氏校刊本，1849），卷十。

〔註2〕歐陽修、宋祁等撰：《新唐書》（北京：中華書局點校排印本，1975年），卷二〇一，〈文藝傳〉上，頁5725～5726。

〔註3〕關於劉禹錫籍貫問題，歷來即有頗爲分歧說法。劉禹錫本人自言系出中山（見《劉賓客外集》卷九《子劉子自傳》，及《新唐書》本傳）；白居易等詩友則稱其爲「彭城劉夢得」（見白集卷六九《劉白唱和集解》，《舊唐書》本傳同）；姚薇元《北朝胡姓考》，以爲劉禹錫「有胡姓之嫌」，現時學者卞孝萱則更從史書中論證劉禹錫系出匈奴（詳卞孝萱《劉禹錫年譜》（北京：中華書局，1963年）頁1至3；及其《劉禹錫叢考》（成都：巴蜀書社，1988年）頁4～6〈父系考〉一節內有關論證）。由於劉禹錫籍貫問題在學者間尚有爭議，加以亦非本文主要論證範圍所在，是以此處依據《子劉子自傳》內，劉禹錫本人所自稱之「中山人」稱其郡望。

〔註4〕白居易於〈劉白唱和集解〉內即稱：「彭城劉夢得，詩豪者也，其鋒森然，少敢當者。」白居易：〈劉白唱和集解〉，《白居易集》（北京：中華書局，1979年），卷六九，頁

在處處，應當有靈物護之。」〔註 5〕中唐時楊嗣復答文宗問，即舉當世能詩者無過於劉禹錫；〔註 6〕明代時楊慎於所著《升庵詩話》內論元和詩人，更謂：「元和以後，詩人之全集可觀者數家，當以劉禹錫爲第一。」〔註 7〕推許劉氏詩爲元和第一。

然而唐代時以國手見稱於當日詩壇之劉禹錫，〔註 8〕其集自唐以後即多有散逸脫略。至宋初已佚其十卷。北宋初年宋敏求裒輯劉禹錫文集外集，雖欲還其卷帙舊貌，然而所佚者尚衆。是以南宋初年董棻於《劉賓客文集》書後題識內即喟嘆：「世傳韓、柳文多善本，又比歲諸郡競以刻印。獨是書舊傳於世者，率皆脫略謬誤，殆無全篇。」〔註 9〕宋時尤袤所編《全唐詩話》錄劉禹錫〈獻權舍人書〉一段，其中「名遂振。嗚呼！以廣平之才，未爲是賦，則蘇公未暇知其人邪！將廣平困于窮，阨于躓，然後爲是文邪！」〔註 10〕共三十八字，傳世劉集諸本均付之闕如，可證劉集自宋以來散逸特甚。

明清以來，劉禹錫文集至爲罕見，明代萬曆年間黎民表刊行劉集，已慨嘆傳世劉集諸本皆訛舛殊甚；〔註 11〕清代黃丕烈以博搜祕籍見稱於世，猶有安得一宋刊劉集之全者，一正明、清諸本舛誤之嘆。〔註 12〕近日雖有《結一廬朱氏賸餘叢書》本等劉集通行於世，然而其間脫略舛訛在所多有。一代詩豪不意身後文集散落如斯，此豈非詩人之重不幸者邪！

宋本劉集沉湮多時，至近世始先後發見，若北京圖書館所藏宋刊殘本《劉夢得文集》之爲北宋舊刻；至於故宮博物院所藏宋刊本《劉賓客文集》、天理圖書館所藏宋刊本《劉夢得文集》等，兩本之內外集俱完好無缺，足以刊誤糾謬，匡正傳世諸

1452。

〔註 5〕 同上。

〔註 6〕 見《唐語林》卷二，原文爲：「宰相楊嗣復曰：『今之能詩，無若賓客分司劉禹錫。』」。王讜：《唐語林》（上海：上海古籍出版社，1978 年），頁 56。

〔註 7〕 楊慎：《升庵詩話》，《歷代詩話續編》（北京：中華書局，1983 年），卷十二，頁 889。

〔註 8〕 白居易〈醉贈劉二十八使君〉有「詩稱國手徒爲爾」之句見贈，即以「國手」許劉禹錫。同注 4，卷二五，頁 557。

〔註 9〕 見國立故宮博物院影印宋刊本《劉賓客文集》（臺北：國立故宮博物院，1973 年），書後末葉所附董棻題識。

〔註 10〕 尤袤：《全唐詩話》，何文煥編：《歷代詩話》（北京：中華書局，1981 年），卷一，頁 75。

〔註 11〕 見國立中央圖書館所藏舊鈔本《劉賓客文集》卷首所附黎民表序文。原文云：「今（韓、柳、元、白）四家集盛行於世，獨《中山》闕焉。相傳吳中有錄本，然僞舛殊甚，詩之梓行者，亦僅十之六七耳。至別集，雖博雅者亦罕見之。」

〔註 12〕 黃丕烈：《蕘圃藏書題識》，《清人書目題跋叢刊》（北京：中華書局，1993 年），第六輯，卷七，頁 1521。

本，對於劉集之考訂校勘而言，均可謂極具參考價值之重要版本。惟自三種宋刊本劉禹錫文集先後面世以來，著錄諸家對其刊刻年代及地區等問題，即已眾說紛紜，其間可謂莫衷一是。比如以往論諸本之刻地問題，北京圖書館所藏宋刊殘本《劉夢得文集》之爲建本，而論者則多以蜀刻與之。又如天理圖書館所藏宋刊本《劉夢得文集》之爲浙刻，而論者又往往屬意其爲陸游嚴州刊本，或稱之爲蜀中所刻。至若故宮博物院所藏宋刊本《劉賓客文集》之爲杭州刻本，而著錄諸家每以爲即董弅嚴州舊刊。以至三種宋刊本劉禹錫文集之刊刻年代，各家亦多紛紜之說。是以本文於敘錄傳世劉集諸本後，即分論三種宋刊本劉禹錫文集之刊刻年代及地區，冀能廓清歷來著錄諸家對上述問題爭議，從而考見宋刊劉禹錫文集諸本之版本問題眞相。本文各章分別自版式、行款、刊工、避諱闕筆、諸家著錄及文獻所載，又考諸同時鋟版之十二行本宋刊唐人文集、九行本宋刊南北朝七史，陸游嚴州所刊《南史》、《世說新語》、《新刊劍南詩稿》及其他多種不同刊本，並參證於明清以來鈔刻諸本，將所得加以一一歸納印證，先後推定北京圖書館所藏宋刊殘本《劉夢得文集》，爲劉麟於北宋徽宗宣和六年（1124 年）刊，而印行於南宋光宗（1190～1194）時之建刻本；並考定天理圖書館所藏宋刊本《劉夢得文集》，爲南宋孝宗至光宗紹熙二年（1163～1191）間浙刻本；而故宮博物院所藏宋刊本《劉賓客文集》則爲南宋高宗紹興（1131～1162）末年杭州刻本。

　　傳世三種宋刊本劉禹錫文集之刊刻時地既得確考，則更論三者之版本優劣。爰自卷帙之存佚、剞劂之先後及校刊之精粗，比較傳世三種宋刊本劉禹錫文集之孰優孰劣，作爲版本及文獻學上選取善本，以供校勘考訂劉集之資。最後更取明清諸本校勘比對，證明傳世三種宋刊本劉禹錫文集，於版本學上之價值至鉅。釐清傳世宋刊本劉禹錫文集諸本之版刻及流傳等問題，及彰明宋刊劉集諸本於版本學上價值，對學者進一步校理劉集，以至研治劉禹錫詩文而言，當有重大意義及幫助；而明、清以來刻鈔各本之源出，亦可因而推見。宋刊劉集版本問題得以廓清，不獨對於研究劉禹錫其人其詩而言，關係至爲重大，並且對於世稱「蜀刻唐人文集」之十二行本宋刊唐人文集，及所謂「眉山七史」之九行本宋刊南北朝七史，以至董弅、陸游知嚴州時所刻多種文獻之版本考訂，甚至北宋初年宋敏求編訂唐人文集經過等，一系列與此有關之版本文獻問題，均可藉此得以取資參證，是知研究宋刊劉禹錫文集之版本問題，其間所關涉者實至廣至鉅。然而自知綆短汲深，譾陋謬舛之處在所難免，尚祈博雅君子，不吝賜正爲感。

第一章　劉禹錫文集敘錄

本文主要集中探討傳世三種宋刊劉禹錫文集版本問題，於分論傳世三種宋刊劉禹錫文集版本問題之前，先對劉禹錫文集之編訂及歷來之流傳情況加以綜述。本章即專門考述劉禹錫文集輯集成編緣起，及文集流傳之經過，並敘錄自中唐以後，歷經兩宋及元代，至於下逮明、清之世，與近代以來劉禹錫文集及詩集之刊刻及流傳概況，冀能對傳世劉禹錫文集各種版本之流傳大略，及各本間之承傳嬗遞關係作一簡介。

第一節　劉禹錫在世時所輯詩文集及其選集《劉氏集略》

劉禹錫在世時曾經輯集個人平生所作詩歌及文章，並加以整理成爲文集。劉禹錫於所撰〈劉氏集略說〉內，對一己早年詩文創作經過與成果，有頗爲具體詳盡之敘述及說明：

> 始余爲童兒，居江湖間，喜與屬詞者游。謬以爲可教，視長者所行止，必操觚從之。及冠舉秀才，一幸而中說，有司懼不厭於衆，亟以口譽之。長安中多循空言，以爲誠果有名字，益與曹輩畋漁于書林，宵語途話，琴酒調謔，一出於文章。俄被召爲記室參軍。會出師淮上，恒磨墨於楯鼻，或寢止群書中。居一二歲，由旬服升諸朝，凡三進班而所掌猶外府。或官課，或爲人所倩，昌言奏記，移讓告諭，奠神誌葬，咸猥并焉。及謫于沅、湘間，爲江山風物之所蕩，往往指事成歌詩，或讀書有所感，輒立評議。窮愁著書，古儒者之人同，非高冠長劍之比毕。前年蒙恩澤，授以郡符。居海壖，多雨慝作。適晴，喜躬曬書于庭，得己書四十通。迨爾自哂曰：「道不加益，焉用是空文爲？眞可供醬蒙藥褚耳！」〔註1〕

〔註 1〕 見劉集卷二十〈劉氏集略說〉。國立故宮博物院影印宋刊本《劉賓客文集》（臺北：國立故宮博物院，1973 年），卷二十，頁 6。

自篇中「得己書四十通」說明可知，其先劉禹錫所作詩文經積有四十卷之多，且由劉氏本人親手輯集編訂。因本篇內有「前年蒙恩澤，授以郡符居海壖」之說，故卞孝萱於《劉禹錫年譜》內即由此推定〈劉氏集略說〉當作於文宗大和七年（833年），劉氏六十二歲在蘇州刺史任上。〔註2〕此外於〈劉氏集略說〉內又提到：

　　　　它日，子婿博陵崔生關言曰：「某也嘗游京師，偉人多問丈人新書幾

　　何，且欲取去，而某應曰無有，輒愧起於顏間。今當復西，期有以弭愧者。」

　　鎵是刪取四之一爲《集略》，以貽此郎，非敢行乎遠也。〔註3〕

據篇中提到「鎵是刪取四之一爲《集略》」說法，可知劉禹錫本人在晚年時曾將平生所輯集四十卷詩文，刪取其中四份之一成爲《劉氏集略》一書。此一選本不僅爲劉禹錫詩文最早之編集，且出於作者本人之選編。

　　自〈劉氏集略說〉以上所述可知，劉氏文集之最早編訂在劉禹錫「前年蒙恩澤，授以郡符」之際，當成編於劉氏在地方州郡任上。劉氏一生仕途坎坷，尤其早年多遭外放遷謫，先後歷任朗、連、夔、和、蘇、同、汝等州郡之司馬或刺史。卞孝萱於《劉禹錫年譜》中即據「前年蒙恩澤，授以郡符，居海壖」一段，推定〈劉氏集略說〉寫作時間及《劉氏集略》之編定，當在大和七年蘇州刺史任上。其所提出原因爲：

　　　　禹錫以前所任之連、夔、和諸州，以後所任之汝、同諸州，均不瀕海，

　　故定爲蘇州。〔註4〕

因此段說明文字開首本有「前年」二字，故知此節當屬劉禹錫追想往日編訂文集經過之作，可見〈劉氏集略說〉一文未必作於大和七年蘇州刺史任上。不過自〈劉氏集略說〉「居海壖，多雨厴作。適晴，喜躬曬書于庭，得己書四十通」，及「今當復西，期有以弭愧者。鎵是刪取四之一爲《集略》」等說明之中，足以見出劉禹錫文集之整理及編訂，以至刪取四十卷詩文成爲十卷之《劉氏集略》等工作，必在劉禹錫出任京師以東又瀕於海壖之州郡任上。卞孝萱以爲劉氏在大和七年蘇州刺史任上編成《劉氏集略》，雖然無法證明《劉氏集略》之選編必在大和七年，但卞氏所提出《劉氏集略》應編於蘇州刺史任上說法，與劉氏本人仕履出處及〈劉氏集略說〉所述則頗見脗合，故此可信劉禹錫裒輯四十卷詩文及選編《劉氏集略》時間，當在大和六年（832年）二月至大和八年（834年）七月蘇州刺史任內。

〔註2〕見卞孝萱：《劉禹錫年譜》（北京：中華書局，1963年），頁181。

〔註3〕同註1，頁同。

〔註4〕見卞孝萱《劉禹錫年譜》大和七年「本年，禹錫自編《劉氏集略》」條下所論。同註2，頁同。

第二節　宋初劉禹錫文集之散佚及遺文輯集

　　雖然劉禹錫在世時曾輯集四十卷詩文而選編成《劉氏集略》，然而令人深感遺憾是，此一經劉禹錫本人親自編訂之文集可惜並未能流傳於世，亦未見各種公私書目著錄。始見於著錄中之劉禹錫文集，載《新唐書》卷六十〈藝文志〉四之內：

　　　　劉禹錫集四十卷。〔註5〕

《新唐書‧藝文志》內所著錄之此一「劉禹錫集」，與劉禹錫本人於〈劉氏集略說〉內所稱晚年輯集所得之詩文卷數適同，俱有四十卷之多。然而此一原先收錄四十卷詩文之劉禹錫集，入宋以後佚去其中十卷，亦即僅存三十卷之文集。北宋時宋敏求（1019～1079）裒輯劉禹錫集外遺文，得詩四百七篇，雜文廿二篇，合為外集十卷，名之為「《劉賓客外集》」。臺灣國立故宮博物院藏宋刊本《劉賓客文集》，於《外集》卷十後附有宋敏求後序。於後序內宋敏求提到其時劉集之散佚，及裒輯劉禹錫集外遺文之途徑與經過：

　　　　世有《夢得集》四十卷，中逸其十，凡詩三百九十二篇。所逸蓋稱是，
　　　　然未嘗纂著。今裒之，得《劉白唱和集》一百七、聯句八，《杭越寄和集》
　　　　二，《彭陽唱和集》五十二，《汝洛集》二十七、聯句三，《洛中集》三十、
　　　　聯句五，《名公唱和集》八十六，《吳蜀集》十七，《柳柳州集》六，《道塗
　　　　雜詠》一，《南楚新聞》四，《九江新舊錄》一，《登科文選》一，《送毛仙
　　　　翁集》一，自《寄楊毗陵》而下五十五，皆沿舊會粹，莫詳其出，或見自
　　　　石本者，無慮四百七篇，又得雜文二十二，合為十卷，曰《劉賓客外集》，
　　　　庶永其傳云。〔註6〕

據此可知北宋時原先有四十卷之劉禹錫文集，其中十卷經已散佚。經宋敏求廣泛搜求，自北宋時所見各種唐人唱和集及文選中輯出劉氏詩文，然後於文集中始加入共有十卷之《劉賓客外集》。宋氏裒輯雖眾，然而仍未能盡得所有散佚篇章。其後董弅於劉賓客文集題識內即提到：

　　　　《夢得集》中所逸，蓋自第二十一至三十卷，後人因以第三十一至四
　　　　十卷相續，通為三十卷。宋次道纂著外集，雖裒類略盡，然未必皆其所逸
　　　　者，今不可攷也。〔註7〕

董弅於題識內除指出宋敏求纂著外集，雖裒類略盡，然未必盡屬原先所逸作品外，

〔註5〕歐陽修、宋祁等：《新唐書》（北京：中華書局點校排印本，1975年），卷六十，〈藝文志〉四，頁1606。

〔註6〕同註1，國立故宮博物院影印宋刊本《劉賓客文集》書後末頁所附宋敏求後序。

〔註7〕同註1，國立故宮博物院影印宋刊本《劉賓客文集》書後末頁所附董弅題識。

又提到劉禹錫文集內所散佚為原先卷二十一至卷三十部份，後人將卷三十一至四十
與前二十卷相接，成為北宋時通行之三十卷本劉禹錫文集。董弅以上對於北宋當日
所流傳劉禹錫文集說明，可證諸其時晁公武所撰《郡齋讀書志》著錄之內：

　　　　劉禹錫《夢得集》三十卷、外集十卷。〔註8〕

《郡齋讀書志》以上所著錄之三十卷劉禹錫《夢得集》及十卷外集，蓋即宋敏求於
劉禹錫文集後序內所稱，中佚十卷之三十卷本《夢得集》；其十卷《外集》當即為宋
敏求所裒輯之《劉賓客外集》。董弅於劉禹錫文集題識內提到「後人因以第三十一至
四十卷相續，通為三十卷」之《夢得集》，與「宋次道纂著外集」，蓋亦即《郡齋讀
書志》內晁公武所著錄共有詩文集三十卷及外集十卷之劉禹錫《夢得集》。

第三節　宋元時期劉禹錫文集之刊刻及流傳

　　宋敏求纂輯劉禹錫集所散逸詩文，編成《劉賓客外集》後，至北宋末徽宗宣和
六年（1124年）時，劉麟刊唐人數十家文集於建安，其中有《劉夢得文集》在內。
其時與劉夢得文集一併刊刻，而仍流傳至今日者，尚有元微之、孟浩然、孟東野、
張承吉、孫可之、司空守愚、杜荀鶴諸人文集。〔註9〕劉麟所刻之《劉夢得文集》
原有內集三十卷，流傳至近世則僅殘存四卷，以故無法考見文集原先是否亦有十卷
之外集。

　　此一刊於北宋末年之劉集殘本，至今尚存卷帙為卷一至卷四。其編次分別為：
卷一為賦，卷二至四俱為碑。卷一首行大題為：「劉夢得文集卷一」，次行低一格標
小題「賦」。大題下鈐「鐵琴銅劍樓」、「紹基秘笈」及「稽瑞樓」三白文印，又卷四
末頁鈐有「翰林國史院官書」印，由此及諸家書目著錄得知，此帙元時曾為翰林國
史院之官書，又先後歸陸西屏、黃丕烈、陳揆，及瞿紹基、瞿鏞父子等所藏。此一
劉禹錫文集之殘宋刊本後歸北京圖書館庋藏。黃丕烈（1763～1825）於〈百宋一廛
賦〉內「賓客碑文，受教名儒。以石攻錯，乍彰其瑜」一段之下注云：

〔註8〕晁公武：《昭德先生郡齋讀書志》（上海：商務印書館影印宋淳祐袁州刊本，1937年），
　　　　卷四上，頁371。

〔註9〕此等刻本流傳至清代時尚存數十種，今可考見者除劉夢得集外，其餘共有十七種之
　　　　多。張文昌、皇甫持正、李長吉、許用晦、鄭守愚、孫可之及司空表聖等七種，於
　　　　1922年由上海商務印書館影印，收入張元濟等所輯《續古逸叢書》內；而元微之、
　　　　孟浩然、孟東野、鄭守愚、李長吉五種，則著錄於北京圖書館所編《中國版刻圖錄》
　　　　內；此外權載之、歐陽行周二集，現藏國立中央圖書館，著錄於該館所編《國立中
　　　　央圖書館宋本圖錄》內。張承吉及杜荀鶴文集則有上海古籍出版社影印本行世。

殘本《劉夢得文集》,每半葉十二行,每行廿一字,所存一至四而已。
〔註10〕

即明確交代此本之書名、版式及卷數等問題。此一宋刊本劉集,於明代時嘗有鈔本流傳。黃丕烈跋明鈔本《劉夢得文集》云:

> 甲戌端陽後二日,有友人言坊間新出一舊鈔《劉夢得文集》,爲張君訒菴所得。……文集三十卷舊鈔;外集十卷,則國朝人補之者。……以余所藏宋刊本核之,舊鈔之底子,動合于宋。〔註11〕

黃丕烈於篇中提到之「余所藏宋刊本」,亦即以上所述劉麟於北宋末年所刊《劉夢得文集》。從黃丕烈「舊鈔之底子,動合于宋」說明中,可以推斷黃氏當日所見此一坊間新出之明人舊鈔本《劉夢得文集》,大抵亦源出於黃氏所藏殘宋本《劉夢得文集》。黃丕烈跋校本《劉夢得文集》亦提到:

> 是集余有殘宋刻一至四卷,取對舊鈔多合。〔註12〕

亦足證明此一明代舊鈔本《劉夢得文集》,與殘宋本《劉夢得文集》之關係。因此一明代舊鈔本祇存內集三十卷,依黃丕烈以上所記,十卷外集不過屬當時人另行補入,故仍無以考見北宋末時劉麟所刻劉集是否亦附有十卷外集。

至宋室南渡以後,董弅於高宗紹興八年(1138 年),校刊劉禹錫文集內集三十卷、外集十卷爲《劉賓客文集》。董氏於《劉賓客文集》書後題識云:

> 世傳韓、柳文多善本,又比歲諸郡競以刻印,獨是書舊傳於世者,率皆脫略謬誤,殆無全篇。余家所藏,固匪盡善,既爲刻印,因訪於郡居士大夫家,復遠假於親舊,凡得十餘本,躬爲校讎是正牖可讀。而《外集》獨余家有之,更無它本可校。第證其字畫之舛訛,其脫逸及可疑者存之,以遺博洽多聞取正焉。紹興八年秋九月壬寅廣川董弅題。〔註13〕

自董弅書後題識可知,南宋初年舊傳於世之劉禹錫文集率皆脫略謬誤,難以覓一完好版本。董弅以家藏舊本及訪求所得十餘種不同版本,親自校讎是正。《外集》則僅得家藏舊本,故只能訂正筆劃訛誤,無法是正脫逸可疑處。自董弅校刊劉集後,自是宋以來得有內外集均完好之劉禹錫文集流傳。

陳振孫(1211~1249)於所撰《直齋書錄解題》卷十六內著錄「《劉賓客集》三

〔註10〕 顧廣圻撰、黃丕烈注:《百宋一廛賦》(臺北:廣文書局《書目續編》影印士禮居叢書本,1968 年),頁 25。
〔註11〕 黃丕烈撰、繆荃孫等輯:《菟圃藏書題識》(臺北:廣文書局《書目叢編》影印民國八年(1919 年)刊本,1967 年),卷七,頁 599。
〔註12〕 同上,頁同。
〔註13〕 同註7,頁同。

十卷，外集十卷」〔註14〕，並稱：

> 集本四十卷，逸其十卷。常山宋次道裒輯其遺文，得詩四百七篇，雜
> 文二十二篇爲《外集》，然未必皆十卷所逸也。〔註15〕

陳氏所據者，當即爲董弅刊本，故所著錄與董弅校刊本《劉賓客文集》書後題識頗爲一致。

高宗紹興年間（1131～1162）杭州曾重刊董弅此一校刊本劉集，書名亦爲《劉賓客文集》，內集三十卷，外集十卷俱全。內集每半頁十二行，行廿一字；外集每半頁十三行，行廿二字。編次與劉麟刊本同，卷一賦，卷二至二十依次爲：碑、論、記、書、表章、狀、啓、集紀等雜文；外集卷一至八爲詩，末二卷爲碑表、墓誌等雜文。此帙明時藏華夏（？～1648）眞賞齋，豐坊（1523 進士）〈眞賞齋賦〉內著錄此本云：

> 《劉賓客集》共四十卷，內外集十卷。〔註16〕

其後是書爲項篤壽（1562 年進士）所藏。清軍陷嘉興，此帙被掠北去，遂流入清廷皇室之中，後庋藏於承德避暑山莊之內。

民國三年（1914 年）內務部起運熱河行宮書籍及陳列品入北京，故此帙一度入藏古物陳列所，並於故宮武英殿展出，徐森玉嘗借出影印。李盛鐸跋民國吳興徐氏影印宋紹興刻本《劉賓客文集》記其事云：

> 小字本《劉賓客文集》三十卷，外集十卷，宋紹興初刊，藏之天府，
> 在熱河避暑山莊，人間無由得見也。近年，行宮寶物移入京師，陳列武英
> 殿，縱人觀覽，徐子森玉商典守者假歸，以西法影出付印，公諸同好，可
> 爲《中山集》發一異彩矣。〔註17〕

邵章《增訂四庫簡明目錄標注·續錄》著錄劉禹錫文集內之「民國吳興徐氏影印宋紹興刊本」〔註18〕，即爲此帙之影本。原書則於 1949 年以後遷臺，歸國立故宮博物院所藏。

董弅刊此帙於嚴州任內，其後集版廢於火。至孝宗淳熙年間（1174～1189），陸

〔註14〕陳振孫：《直齋書錄解題》（臺北：廣文書局《書目叢編》本，1968 年），卷十六，別集類上，頁 994。
〔註15〕同上，頁同。
〔註16〕豐坊：〈眞賞齋賦〉，繆荃孫輯：《藕香零拾》（香港中文大學圖書館藏光緒三十四年（1908 年）刊本），第二五冊，頁 6。
〔註17〕李盛鐸：《木犀軒藏書題記及書錄》（北京：北京大學出版社，1985 年），集部，頁 35。
〔註18〕邵懿辰撰、邵章續錄：《增訂四庫簡明目錄標注》（上海：上海古籍出版社，1979 年），卷十五，集部二。

游（1125～1210）知嚴州，乃將《劉賓客文集》與《世說新語》、《南史》等一併重刊。陸游於《世說新語》跋內詳記此事始末：

> 郡中舊有《南史》、《劉賓客集》版，皆廢于火，《世說》亦不復在，游到官始重刻之，以存故事。《世說》最後成，因併識于卷末。淳熙戊申重五日新定郡守笠澤陸游書。〔註19〕

陸游重刊本《劉賓客文集》，於明代時亦有鈔本流傳。王文進《文祿堂訪書記》卷四著錄此帙云：

> 《劉賓客文集》三十卷，外集十卷。唐劉禹錫撰。明鈔本，半葉十行，行二十字，黑格。板心下刊「臥雲山房」四字，下記刊工姓名。〔註20〕

此明時范氏臥雲山房鈔本劉集，核其版心所錄刊工姓名，可見皆南宋淳熙間嚴州一帶良匠，故知其鈔自陸游重刊本。此明鈔本嘗藏周叔弢處，現歸北京圖書館庋藏。

　　孝宗至光宗時，浙中又刊內集三十卷，外集十卷劉集，名曰《劉夢得文集》，書名與劉麟刊本同，而編次則異於傳世各本。卷一至十為詩，卷十一為賦，卷十二至三十為雜文；外集編次則與各本無異。每半頁十行，行十八字。於南宋光宗時，由日本僧人榮西（1141～1215）帶返彼國，書藏東山建仁寺，一度為權臣足利義滿（1358～1408）所有，後為平安福井氏崇蘭館所藏，現歸日本天理圖書館。內藤虎次郎（1866～1934）跋董康影印崇蘭館藏宋刊本《劉夢得文集》云：

> 宋槧《劉夢得集》卅卷，外集十卷，蓋為東山建仁寺舊藏。相傳千光國師（案：「千光國師」即榮西）入宋時所齎歸。近年寺主僧天章，以方外之身，勤勞王事，兼能詞翰，名著士林。明治初退居西崦妙光寺，因帶此書而去。既為兇奴所殪，藏書散佚，此書遂歸崇蘭館。〔註21〕

民國二年（1913 年），董康（1867～？）將此帙以珂羅版影印百部行世。董氏跋其後云：

> 光緒丙午，奉牒游日本，道出西京，因閱《訪古志》，慕崇蘭館藏書之富，訪之於北野別業。……內宋大字本《劉夢得集》，每半葉十行，行十八字，中縫有刻工姓名，書體遒麗，純仿開成石經，紙墨並妙。……乃

〔註19〕見明嘉靖十四年（1535 年）袁褧嘉趣堂刻本《世說新語》書後所附陸游跋文。《四部叢刊初編》（上海：商務印書館，1936 年），頁 152。

〔註20〕王文進：《文祿堂訪書記》（臺北：廣文書局《書目叢編》影印民國三十一年（1942 年）刊本，1967 年），卷四，頁 358～359。

〔註21〕見民國二年（1913 年）武進董康影印崇蘭館藏宋刊本《劉夢得文集》書後所附內藤虎次郎跋文。《四部叢刊初編》本。

介內藤炳卿博士假歸，屬小林氏用佳紙精製百部。〔註22〕
其後商務印書館影印董康此一影印本，亦名《劉夢得文集》，收入《四部叢刊初編》
之內。

　　除此以外，莫友芝（1811～1871）《邵亭知見傳本書目》及邵章《增訂四庫簡明
目錄標注‧續錄》均稱：「路小州有宋刻本三十卷」〔註23〕，然而此本無考，故未
知與上述各宋刊異同如何。又毛扆《汲古閣珍藏祕本書目》載：「宋板《劉賓客外集》
四本」〔註24〕，然而《四庫全書總目提要》卷一百五十稱劉集云：

　　　　其雜文二十卷，詩十卷，明時曾有刊版。獨外集世罕流傳，藏書家
　　　　珍為祕笈。今揚州所進鈔本，乃毛晉汲古閣所藏，紙墨精好，猶從宋刻
　　　　影寫。〔註25〕

據《四庫全書總目提要》以上所述，則汲古閣所藏或為宋刻影鈔本，故毛氏所藏是
否真屬宋刻，抑或僅為宋刻之影鈔本，事實上頗成疑問。

　　又陸心源（1834～1894）《皕宋樓藏書志》卷六十九，著錄一述古堂影宋鈔本劉
集，每半頁十行，行二十字，行款與上述三種宋刊異，而與明范氏臥雲山房鈔本同，
未知是否同出陸游重刊本。

　　《天祿琳琅書目》卷四著錄《劉賓客外集》十卷，為毛晉汲古閣影宋鈔本。
又《天祿琳琅後編》卷十一著錄一元刊本《劉賓客外集》十卷，昌彼得指其「實
萬曆黎刻而致誤」〔註26〕。「黎刻」者，即明代萬曆年間刊行之黎民表刻本（詳見
下文所述）。此外丁日昌《持靜齋書目》元本集部著錄《劉賓客文集》三十卷，外
集十卷，惟其下注：「元、明間精刊本」〔註27〕，據此而論則是尚未能考見其必為
元刻本。

〔註22〕同上，書後所附董康跋文。
〔註23〕莫友芝：《邵亭知見傳本書目》（臺北：成文出版社《書目類編》本，1978 年）。邵
　　　　章：《增訂四庫簡明目錄標注‧續錄》（上海：上海古籍出版社，1979 年），卷十五，
　　　　集部二著錄。
〔註24〕毛扆：《汲古閣珍藏祕本書目》（臺北：成文出版社《書目類編》影印士禮居叢書刊
　　　　本，1978 年）。
〔註25〕永瑢等總裁、紀昀等總纂：《四庫全書總目提要》（北京：中華書局影印浙江杭州刻
　　　　本，1965 年），卷一五○，集部別集類三，頁 1290。
〔註26〕昌彼得：〈跋宋刊本劉賓客文集〉，臺灣國立故宮博物院《故宮季刊》編輯委員會編：
　　　　《慶祝蔣復璁先生七十歲論文集》（臺北：國立故宮博物院，1969 年），頁 215。
〔註27〕丁日昌：《豐順丁氏持靜齋書目》（臺北：成文出版社《書目類編》影印江氏師許室
　　　　刊本，1978 年），頁 13647。

第四節　明清時期劉禹錫文集之刊刻及流傳

　　至明萬曆二年（1574 年），黎民表（1534 年舉人）刊刻劉禹錫文集，內集三十卷，外集十卷俱全，文集題爲《劉賓客文集》，又名《中山集》。胡應麟（1551〜1602）《少室山房筆叢》記其事：

> 　　黎惟敬博雅好古，嘗罄祕書俸入，刻劉夢得集，中多是正，較他傳本爲精。〔註28〕

胡應麟以上提到「嘗罄祕書俸入，刻劉夢得集」之黎惟敬，亦即黎民表（案：民表字惟敬）其人。胡氏又指出因黎氏多所是正，故此一明刻本較其他流傳本更爲精審。至於黎氏刊刻劉集之緣起及經過，黎民表本人於〈劉賓客文集序〉內對此有詳細說明：

> 　　劉中山文集三十卷，別集十卷。別集者，卷其官連州時與晚年所作皆在焉。中山於唐元和間有雋名，文稍亞於韓、柳，世謂之「劉柳」，其詩則元、白諸人遠不逮也。今四家集盛行於世，獨中山闕焉。相傳吳中有錄本，然偽舛殊甚，詩之梓行者，亦僅十之六七耳。至別集，雖博雅者亦罕見之，唯楊升菴詩話中，數舉其警句，亦云未得其全也。往嘉靖癸亥，予留滯京師，閱於藏書家，因就錄之，間示同好，以爲奇遘，而梓其別集以傳，蓋力僅能舉之。而舊本脫誤，校之浹旬，始可繕寫，其不可臆解者仍其舊。是編湮沒餘二百年，而偶得於予，物之遇合有時哉！間閱《白氏長慶集》有〈與劉蘇州書〉，洎〈劉白倡和集解〉，其所舉者見集中，因錄之爲卷首，而志其鋟梓歲月。萬曆二年春正月嶺南黎民表書。〔註29〕

自黎民表〈劉賓客文集序〉所述可知明代劉禹錫文集與詩集之流傳情況，黎氏序除交代刊印劉集原因外，又點出此一明刻本劉集原錄自京師藏書家舊本，經其大力校勘訂正脫誤，然後得以鋟梓成書。一方面因明代時劉集流傳未廣，另一面亦如胡應麟以上所稱，黎民表刊本「中多是正，較他傳本爲精」，故此萬曆以後通行之劉禹錫文集，無論其爲刻本或鈔本，往往多源出於上述黎民表此一刊本。

　　陸心源《皕宋樓藏書志》卷六十九著錄一明刊本《劉賓客文集》三十卷，爲汲古閣舊藏，有黎民表序。此本板心題《中山集》，當即爲萬曆時黎民表之刊本。同篇著錄一舊抄本《劉賓客文集》三十卷，外集十卷，有黎民表刻版序，故知亦鈔自黎

〔註28〕　胡應麟：《少室山房筆叢》（北京：中華書局，1959 年），卷四甲部〈經籍會通〉四，頁 65。

〔註29〕　見國立中央圖書館所藏舊鈔本《劉賓客文集》卷首所附黎民表序文。

民表刊本。據傅增湘《藏園群書經眼錄》卷十二著錄明萬曆黎民表刊本《劉賓客文集》三十卷所稱，此本行款爲十行二十字，大抵明代劉集行款均與此同，疑皆源出此本也。

至清代黎刻亦罕見。張鈞衡《適園藏書志》卷十著錄明鈔本《劉賓客文集》三十卷，並稱：

> 明萬曆二年刊。雜文二十卷、書十卷，名《中山集》，黎民表序。書亦罕見。〔註30〕

故知清代時黎民表所刊《中山集》其書亦罕見，至若《外集》更難得一睹，《天祿琳琅後編》即謂：

> 明時曾刻其集爲雜文二十卷、詩十卷，今行於世；獨《外集》罕所流傳，藏書家珍爲祕笈。〔註31〕

光緒三十一年（1905 年），朱澂據三十卷明鈔本內集，配以繆荃孫所藏味書室鈔本十卷外集，刻成《劉賓客文集》三十卷，外集十卷，收入所刊《結一廬朱氏賸餘叢書》內。繆荃孫題識謂：

> 此朱子涵舊藏明藍格鈔本，十行行二十字，與陸氏書目合，原出宋本無疑。外集十卷，世罕流傳，有以正集詩文僞充者。甲辰冬在蘇州，書賈以味書室鈔外集，亦十行、行二十字求售。鈔手極舊，以重值得之，可爲子涵配全，亦一快事。〔註32〕

繆荃孫題識內所稱之「陸氏書目」，指陸心源《皕宋樓藏書志》所藏述古堂影宋鈔本。於以上劉集題識中，雖然繆荃孫自行款定朱澂所藏明藍格鈔本中之內集源出宋本，然而明代時黎民表刻本劉集行款亦爲十行二十字，如此一來此一明代藍格鈔本所據之底本，究出自宋刊抑明刊，恐亦難以遽下定論。及至劉承幹刊行《嘉業堂叢書》，其中所收《劉賓客文集》三十卷，外集十卷，即爲朱氏此本。其後中華書局所刊《四部備要》本《劉賓客文集》，亦據朱氏結一廬刊本排印。

光緒年間，王灝據繆荃孫所藏舊鈔本《中山集》刊行三十卷內集，名爲《劉賓客文集》，收入《畿輔叢書》之內。繆荃孫於《結一廬朱氏賸餘叢書》本《劉賓客文集》題識內論此本云：

〔註30〕 見張鈞衡：《適園藏書志》（臺北：廣文書局《書目續編》影印適園刊本，1968 年），卷十，頁 484。

〔註31〕 見于敏中等撰《天祿琳琅後編》（臺北：廣文書局《書目續編》影印光緒長沙王氏刊本，1968 年），卷十一，頁 1416。

〔註32〕 見《結一廬朱氏賸餘叢書》本《劉賓客文集》（北京：文物出版社影印《嘉業堂叢書》本，1982 年）書後所附繆荃孫題識。

近時《畿輔叢書》亦刊正集，所據之本，爲荃孫所藏《中山集》，似從明刻鈔出，書首有錢竹汀印。王氏又據《全唐文》校改，殊失古意，不如此本遠矣。〔註33〕

繆荃孫於以上題識中指出，《畿輔叢書》內所收《劉賓客文集》內集，所據即爲繆氏所藏之舊鈔本《中山集》。因繆氏以爲朱澂舊藏明藍格鈔本「原出宋本無疑」，故有《畿輔叢書》本《劉賓客文集》遠不如《結一廬朱氏膡餘叢書》本之說。

第五節　劉禹錫詩集之刊刻及流傳

考諸前代文獻，舉凡直接與劉禹錫文集有關資料，如宋敏求《劉賓客文集》後序，董弅《劉賓客文集》題識等，均未提及於劉禹錫文集以外另有詩集行世。除宋代時《崇文總目》以外，自《新唐書・藝文志》以下，若晁公武《郡齋讀書志》、陳振孫《直齋書錄解題》等前代公私著錄，亦未載另有劉禹錫詩集流傳於文集以外。至明代萬曆年間，黎民表於〈劉賓客文集序〉之內，始提到「詩之梓行者，亦僅十之六七耳」，確知明代時劉禹錫有詩集獨立於文集之外梓行於世。

關於劉禹錫詩集之刊行情況，可考見者如下：宋時有《劉賓客集外詩》三卷，見《崇文總目》卷五著錄。明嘉靖二十九年（1550 年）蔣孝刊《劉賓客詩集》六卷，收入所輯《廣十二家唐詩》（案：一名《中唐十二家詩集》），見傅增湘《雙鑑樓善本書目》卷四著錄。此一明代劉禹錫詩集刊本〔註 34〕，六卷內所收錄作品依次爲：卷一收錄爲五言古詩，卷二所收爲七言古詩，卷三所收爲五言律詩，卷四所收爲五言排律，卷五所收爲七言律詩，卷六所收爲五言絕句及七言絕句。可見此一刊本於編排上將原先劉禹錫文集內，詩歌按樂府、古調、五言、七言及雜體等分法改變，將作品另依古近體格式區分。此本所錄詩歌僅爲劉禹錫文集內集之作品，宋敏求裒輯之《劉賓客外集》內詩作，並未見於此本之中，可以推想其輯錄所自者，不過爲僅得三十卷內集之劉禹錫文集。又此一明刊本劉氏詩集錯漏亦夥，如卷六七言絕句內收〈送廖參謀東遊二首〉，此本目錄及卷六內詩題均作「送廖□東遊二首」，俱缺去「參謀」二字。可見蔣孝輯刊劉詩時，並未取劉禹錫文集善本認眞校過。

〔註33〕同上注。
〔註34〕國立中央圖書館所藏善本古籍中收有此本，書名題爲：「劉賓客詩集」，其板本國立中央圖書館著錄題爲：「明嘉靖二十九年毘陵蔣孝中唐詩本」，書分六卷，共一冊。

明嘉靖二十九年蔣孝刊《劉賓客詩集》書影

此外《四庫簡明目錄標注・續目》卷十五又著錄劉集有「席本單詩十八卷」。至
雍正元年（1723 年），趙鴻烈輯刊《劉賓客詩集》九卷，並序云：

> 舊有《劉賓客全集》共若干卷，余特取其詩分體錄之爲九卷，以便誦
> 習。一二同志見之，謂宜刊布，以公未見者，遂付諸梓。……雍正元年歲
> 在癸卯春正月華亭趙鴻烈潤川氏題于涵碧山房。〔註35〕

―――――――――

〔註35〕見北京大學圖書館所藏雍正元年（1723 年）刊本《劉賓客詩集》趙鴻烈序。

自以上趙鴻烈〈劉賓客詩集序〉所述可知，此一雍正初刊行之《劉賓客詩集》，集內所收各篇本由趙氏於《劉賓客全集》中輯出，又為便於誦習起見，詩集各卷皆分體編排。

其後於光緒十年（1884 年），遂寧書局又刻印《劉夢得詩集》十二卷。北平輔仁大學舊有此帙，現屬北京師範大學圖書館所藏。全書十二卷共分二冊，開卷首頁題「劉夢得詩集」及「遂甯書局板」，背頁印有「光緒甲申季秋月鐫」八字。卷一正文前有小序，略敘劉禹錫生平，最後並云：「詩集十八卷，今編為十二卷。」〔註36〕未知此一光緒年間刊行之劉氏詩集，是否即據傅增湘《雙鑑樓善本書目》卷四所著錄十八卷本劉詩改編而成。

綜觀以上資料可見，《崇文總目》雖著錄《劉賓客集外詩》三卷，然而此一獨立於劉禹錫文集以外之劉氏詩集並未流傳於世，至今尚可見者不過為明清以來所刊刻之劉氏詩集。觀乎各種傳世劉禹錫詩集彼此間卷數之相去懸遠，不如劉氏文集自宋以來即有一固定卷數，推其所以如此，相信或因明清以來劉禹錫詩集少有流傳，以致趙鴻烈等人於並無前代詩集依據下，唯有各自於劉禹錫全集中輯錄詩歌成編，因而會出現上述各本卷數殊未一致之現象。

〔註36〕見北京師範大學圖書館所藏光緒甲申年（1884 年）刊本《劉夢得詩集》卷首序。

第二章　北京圖書館所藏宋刊殘本
《劉夢得文集》版本考

現時尚存於天壤間之宋本劉禹錫文集共有三種：其一爲現藏於北京圖書館殘存四卷之宋刊本《劉夢得文集》；另一爲現藏於日本天理圖書館之三十卷內集、十卷外集之宋刊本《劉夢得文集》；最後一種爲現藏於臺北國立故宮博物院，亦具四十卷內、外集之宋刊本《劉賓客文集》。北京圖書館所藏宋刊殘本《劉夢得文集》雖非一完整之文集，然而此本不獨刊刻年代較其餘兩種宋刊爲早，且屬最先著錄於藏書家書目內之劉集宋刊本，更與其餘兩種宋刊劉集於文字上多有出入，足與其餘兩種宋刊甚至傳世諸本相互校勘。是以研究劉禹錫文集之版本學專家屈守元教授經考查此本後，於〈記殘宋本《劉夢得文集》〉一文內，論此一殘宋刊本劉集於板本學上價值時即指出：

> 這個本子，對於研究劉禹錫詩文，仍是較有價值，應該注意的重要版本。〔註1〕

茲將此一對研究劉禹錫詩文較有價值，且應該注意之重要版本——北京圖書館所藏宋刊殘本《劉夢得文集》，有關版本式樣、流傳概略及刊刻時地等版本問題，分別加以考述如下。

第一節　北京圖書館所藏宋刊殘本《劉夢得文集》版本式樣考

北京圖書館所藏宋刊本《劉夢得文集》，僅殘存四卷。宋人晁公武《郡齋讀書志》、

〔註 1〕 見屈守元：〈記殘宋本《劉夢得文集》〉，載屈守元、卞孝萱合撰：《劉禹錫研究》（貴陽：貴州人民出版社，1989 年），頁 31。

陳振孫《直齋書錄解題》等著錄中，均載劉禹錫集三十卷，外集十卷〔註 2〕。由於此帙未見有書前目錄，而卷四以下之各卷俱已散佚，是以此一宋刊殘本《劉夢得文集》，是否如其餘兩種宋刊劉集般亦具外集，至今實際上已無從考見，然其內集卷數，自諸家著錄得知，此書原爲三十卷。瞿鏞（？～1846）《鐵琴銅劍樓藏書目錄》卷十九著錄此帙云：

> 《劉夢得文集》四卷（宋刊殘本），唐劉禹錫撰。原書三十卷，今存第一卷至四卷，款式與《劉文房集》同，惟《文房集》題低六格，此低四格。〔註 3〕

依據以上瞿鏞「原書三十卷，今存第一卷至四卷」之著錄所稱，此一至今僅存四卷之宋刊殘本《劉夢得文集》，原先當有三十卷，正與晁志、陳錄所載劉禹錫文集內集卷數契合，唯此一宋刊殘本劉集始見於著錄時已僅存四卷（詳下流傳概略考述說明）。宋刊殘本《劉夢得文集》各卷之編次，依次爲：卷一賦，卷二至卷四俱爲碑。至於此本之行款爲：半頁十二行，每行二十一字。版式爲：白口，單魚尾，左右邊雙線。魚尾下標「得一」等書名簡稱及卷數，中縫無刻工姓名，最下記每卷頁數。書前無首序及總目，卷一首行大題爲：「劉夢得文集卷第一」，次行低一格標小題：「賦」。此外每卷於正文之前開列有該卷之目錄。

又宋刊殘本《劉夢得文集》四卷內所見鈐印，於卷一大題下依次鈐有：「鐵琴銅劍樓」、「紹基秘笈」及「稽瑞樓」等三篆書白文印〔註 4〕（見圖版一）。此外又於全帙最後一頁——即卷四第 9 頁之〈成都新修福成寺記〉一文後，鈐有「翰林國史院官書」七字朱文楷書印記〔註 5〕（見圖版二）。除此之外，其餘卷一各頁，及卷二至卷四各頁內，均未見再有任何鈐印或題識。

細審此一僅存四卷之宋刊殘本《劉夢得文集》內各篇文字，遇宋諱：玄、敬、殷、恆、敦等均闕筆，惟間中亦有不避宋諱者，如高宗諱「構」、孝宗諱「愼」均不避。於歷代藏書家著錄中，顧廣圻所撰、黃丕烈注之《百宋一廛賦》，及黃丕烈所撰

〔註 2〕晁公武：《昭德先生郡齋讀書志》（上海：商務印書館影印宋淳祐袁州刊本，1937 年），卷四上，頁 371。陳振孫：《直齋書錄解題》（臺北：廣文書局《書目叢編》本，1968 年），卷十六，別集類上，頁 994。

〔註 3〕見瞿鏞：《鐵琴銅劍樓藏書目錄》（臺北：廣文書局《書目叢編》影印原刊本，1967 年），卷十九，頁 1117。

〔註 4〕瞿啓甲《鐵琴銅劍樓宋金元本書影》收有此宋刊殘本劉集書影，今據北京圖書館內所見館藏瞿氏鐵琴銅劍樓捐贈宋刊殘本《劉夢得文集》原本書影，詳述此本之行款、版式及鈐印等有關資料。

〔註 5〕見瞿鏞《鐵琴銅劍樓藏書目錄》內宋刊殘本《劉夢得文集》條下著錄。瞿鏞：《鐵琴銅劍樓藏書目錄》，卷十九，頁 1117。

《蕘圃藏書題識》內均著錄此一宋刊殘本《劉夢得文集》。又瞿鏞《鐵琴銅劍樓藏書目錄》與瞿啓甲（1873～1940 年）《鐵琴銅劍樓宋金元本書影》俱著錄此一殘宋刊本，並附有此帙之書影。此外於《北京圖書館善本書目》內亦著錄此帙。現代學者中著專文探討此一宋刊殘本《劉夢得文集》，詳論此帙之版本問題者，有四川師範大學文獻學專家屈守元先生，屈氏撰〈記殘宋本《劉夢得文集》〉一文，專門探討此帙之版本問題。該文其先發表於 1977 年第四期之《四川師範學院學報》之上，其後又收入與卞孝萱先生合撰之《劉禹錫研究》一書之內。〔註 6〕

圖版一　北京圖書館所藏宋刊本《劉夢得文集》卷一首頁書影

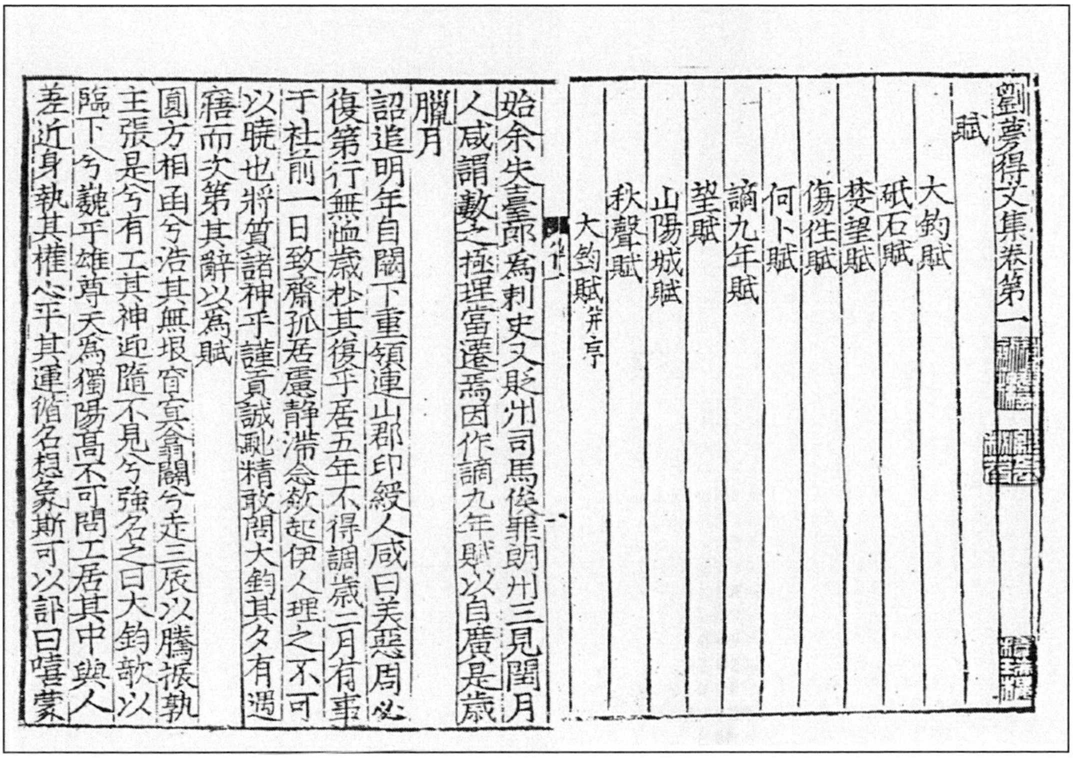
劉夢得文集卷第一
賦
大鈞賦
砥石賦
楚望賦
傷往賦
何卜賦
謫九年賦
望賦
山陽城賦
秋聲賦
大鈞賦并序
始余失臺郎爲刺史又貶州司馬俟罪朗州三見閏月人咸謂數之極理當遷焉因作謫九年賦以自廣是歲臘月詔追明年自闕下重領連山郡印綬人咸曰美惡周必復第行無恤歲杪其復乎居五年不得調歲二月有事于社前一日致齋孤居處靜滯念歘起伊人理之不可以曉也將質諸神乎謹貢誠䖍精敢問大鈞其夕有遇寤而次第其辭以爲賦
圓方相函兮浩其無垠窅冥翕闢兮走三辰以騰振孰主張是兮有工其神迎隨不見兮強名之曰大鈞歘以臨下兮巍乎雄尊天爲獨陽高不可問工居其中與人差近身執其權心平其運循名想象斯可以訊曰噫蒙

〔註 6〕屈守元、卞孝萱合撰：《劉禹錫研究》（貴陽：貴州人民出版社，1989 年），頁 22～32。

圖版二　北京圖書館所藏宋刊本《劉夢得文集》卷四末頁書影

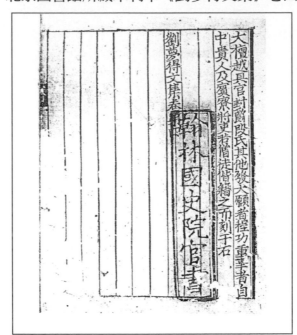

第二節　北京圖書館所藏宋刊殘本《劉夢得文集》流傳概略考

　　自此一宋刊殘本《劉夢得文集》之版式、印記等有關資料，可追尋及考訂此本之流傳及刊刻時地等問題。本節會先利用版式、印記等資料，考述宋刊殘本《劉夢得文集》自宋代以來之流傳情況。自卷四所鈐「翰林國史院官書」印記，知此宋刊殘本劉集，曾獲收入翰林國史院之內，一度成爲官府藏書。同時鈐有此一官印之唐人文集，流傳至今者尚有多種。〔註7〕瞿鏞《鐵琴銅劍樓藏書目錄》卷十九跋同樣鈐有「翰林國史院官書」印記之宋刊殘本《劉文房集》，即指出此鈐印「蓋明時鈐記也」。〔註8〕考乎自宋以來翰林國史院此一官署之具體情況，《元史》卷八十七「百

〔註7〕同此版式之宋刊唐人文集，流傳至今者尚有十八種。上海古籍出版社於1994年出版之《宋蜀刻本唐人文集叢刊》，所收唐人文集即爲此等宋刻之影印本。十八種宋刊唐人文集中，除《杜荀鶴文集》之外，其餘十七種均鈐有此一長方形之「翰林國史院官書」印記。詳上海古籍出版社影印《宋蜀刻本唐人文集叢刊》各本卷首前之〈宋蜀刻本唐人文集叢刊影印說明〉。

〔註8〕見瞿鏞：《鐵琴銅劍樓藏書目錄》（臺北：廣文書局《書目叢編》影印原刊本，1967年），卷十九，頁1104。

官志」三內記載：

> 翰林兼國史院，秩正二品。……至元元年始置，……典籍二員，正八品。

元代以前，翰林院無兼國史院者，及至元世祖至元元年（1264 年），始有翰林國史院之設，故爲元代所特有官署。然而亦未可以此遽定此書即爲元代官署所有，因明初曾沿元制，一度亦有翰林國史院之設。《明會要》卷三十五「職官」七載：

> 吳元年五月己亥，初置翰林國史院。……洪武元年，改爲翰林院。

又在此以前，明太祖曾求遺佚典籍。《明史》卷一「太祖本紀一」記其事：

> （元至正二十六年）夏五月壬午，至自濠。庚寅，求遺書。

《明會要》卷二十六「學校」下書籍一項，亦記此事：

> 丙午（至正二十六年）五月庚寅，命有司博求古今書籍。

故倘其於至正二十六年（1366 年）五月後訪得此書，於吳元年（1367 年）五月置翰林國史院後，此書歸該官署所藏，則亦可有「翰林國史院官書」印記，是以瞿鏞《鐵琴銅劍樓藏書目錄》內以爲「蓋明時鈐記也」之說，亦未可一下抹煞，唯不知其有何根據耳。

然而以常理度之，相信此書爲元代官書之可能性較大。因明太祖於吳元年五月設翰林國史院，翌年即改元「洪武」。自洪武元年（1368 年）始，翰林國史院即改稱爲「翰林院」，故翰林國史院之設立僅爲短短數月間事；又於戎馬倥傯之際，雖有求書之詔，然方與群雄酣戰，能否羅致並整理此等古籍，實頗成疑問之事；況嚴格而言，明代應自洪武元年朱元璋稱帝方正式開始，故謂此帙爲元代官書，事實上於理亦無不可。

此書於元代，恐已殘闕而僅存四卷。與此同一版式，亦有「翰林國史院官書」印記之唐人文集尚有多種，黃丕烈序宋本《孟浩然詩集》嘗稱：

> 類此版式唐人文集不下數十種，余所藏者有劉隨州、劉賓客，余所見者有姚少監、韓昌黎，皆有「翰林國史院官書」長方印，然皆殘闕過半，究不若此本之爲全璧也。〔註9〕

如黃氏之言，此等唐人文集率多殘闕，信非偶然。黃氏所見之數十種，除所述四種外，尚有多種傳至今日，可資研究北京圖書館所藏此一殘宋本《劉夢得文集》版本問題之參照。

今所見殘宋刊本《劉夢得文集》，卷首無序文及總目，首頁即爲卷一正文。「翰林國史院官書」印記，則鈐於卷四全書最後頁；然同此版式之其他唐人文集，如：

〔註9〕見黃丕烈：《蕘圃藏書題識》（臺北：廣文書局《書目叢編》影印民國八年（1919 年）刊本，1967 年），卷七，頁 588。

《孫可之文集》、《孟東野詩集》，卷首正文之前皆有序文，又有「翰林國史院官書」印記鈐於序文右下角，序文之後為總目及正文；此外《皇甫持正文集》、《張承吉文集》俱無序文，卷首即總目，而「翰林國史院官書」印記，則鈐於總目之右下角。又各本卷一正文並無上述官印可見。由此推測，「翰林國史院官書」印記，原鈐於各集之最先一頁，今所見殘宋刊本《劉夢得文集》首頁無此印記，故知原先必有序文或總目，然於元代以後脫去，是以書前無此官印可見。現藏日本天理圖書館之宋刊本《劉夢得文集》，卷一正文之前亦有總目，益可佐證上述推論。

又《孫可之文集》、《皇甫持正文集》及《張承吉文集》皆為完書，三集卷終皆鈐有「翰林國史院官書」印記〔註10〕，故知元代翰林國史院徵集得此等唐人文集後，即於書前及書後鈐以官印。今殘宋刊本《劉夢得文集》既闕去後二十六卷，而此印記則鈐於第四卷，足證元代翰林國史院收得此書時，已僅殘存四卷而已。

元代以後，此殘宋刊本於明代之流傳大略，已無可考；至清代時則為陸西屏所藏。黃丕烈跋殘宋本《姚少監文集》時提及此事云：

> 先是西屏家有劉長卿、劉禹錫集，皆宋刻殘本，皆有「翰林國史院官書」印，為余所得。〔註11〕

陸西屏收得多種此等翰林國史院官書，劉禹錫集即其一也。黃丕烈跋校宋本《姚少監文集》時又提到：

> 宋本唐人文集，有「翰林國史院官書」朱印者，予所見者：劉賓客、劉隨州，係從陸西屏家得。西屏除二本外，尚有幾冊，未能記其名目。〔註12〕

此書後歸黃丕烈所有。其流入黃氏手中，當在陸西屏生前。黃丕烈嘗謂：

> 西屏故後，書籍散亡，屬伊族姪樹屏蒐訪，已杳不可得。……丙辰十月望前日，棘人黃丕烈。〔註13〕

因知陸氏死後，藏書散佚，黃氏雖欲訪求，已不可得。故此帙必得之於陸氏生前，又當於丙辰——嘉慶元年（1796年）十月以前，此書已歸黃氏所有。

黃氏既得此殘宋刊本《劉夢得文集》，乃著錄於《百宋一廛賦注》內，亦為此書

〔註10〕上述唐人文集鈐印位置，可參見上海古籍出版社，於1979年先後影印北京圖書館所藏之宋本《孫可之文集》、《孟浩然詩集》及《張承吉文集》三書。又《皇甫持正文集》有《四部叢刊初編》影印之宋刻本。1994年上海古籍出版社集以上十二行本唐人文集共十八種，影印出版為《宋蜀刻本唐人文集叢刊》，同樣可供參考。

〔註11〕黃丕烈：《蕘圃藏書題識》，《書目叢編》本，頁635。

〔註12〕同上，頁632。

〔註13〕同上，頁633。

見諸著錄之始。黃氏於顧廣圻《百宋一廛賦》中「賓客碑文，受教名儒，以石攻錯，乍彰其瑜」之下注云：

> 殘本《劉夢得文集》，每半葉十二行，每行廿一字，所存一至四已。
> 曩者錢少詹大昕，借明刻完本劉集於予，手校《袁州萍鄉縣楊岐山故廣禪師碑文》，疏於別紙云：「石刻與刻本不同者二十餘字，多五十餘字。」今宋本雖未能盡爾，然與明刻異者，必與石刻同矣。〔註14〕

此書雖爲宋刻本，然而並未如顧廣圻所譽之盡善。黃丕烈跋校宋舊鈔本《孟東野詩集》記此云：

> 曾藏二劉（案：即上文提及之劉長卿、劉禹錫）殘帙，板刻適同，取校劉集他刻，多有誤字。〔註15〕

可見並非絕佳版本。然而黃氏仍珍而藏之，即使晚年潦倒，藏書泰半出售，猶力保此殘宋刊本。其殘宋本《姚少監文集》跋文云：

> 年來生計日拙，力不足以副書，所藏珍祕，大半散失，二孟集之一全一缺，同此翰林國史院官書，已歸他所。今所存惟此原出西屏家之三種（案：即劉長卿、劉禹錫及姚合三集）矣。……戊寅元旦復翁識。〔註16〕

自黃丕烈此段書於戊寅元旦之殘宋本《姚少監文集》跋文，知於戊寅——嘉慶廿三年（1818 年）年初，殘宋刊本《劉夢得文集》，與宋刊本《姚少監文集》及《劉文房文集》等善本猶藏於黃氏。其後以生計日蹙，黃氏終不能保有此等珍本，而殘宋刊本《劉夢得文集》，遂歸陳揆稽瑞樓所有。

黃丕烈何時鬻此殘宋刊本劉集予陳揆，雖不可確考，然而陳揆先於黃氏下世，故此書之流入稽瑞樓，必在嘉慶廿三年元旦以後，與陳揆身故以前此一段期間。江標（1860～1899）《黃蕘圃先生年譜》卷下葉卅九載：

> 時予有琴川之行，蓋爲往弔陳君子準也。初一出門，初三歸家。〔註17〕

以上年譜內所稱之「陳子準」即陳揆（陳揆字子準）。年譜內載黃丕烈嘗往琴川弔陳揆，其時爲道光五年（1825 年）七月初。據此可知陳揆應卒於道光五年六月，而殘宋刊本《劉夢得文集》必在此段期間之前歸陳氏所有。若自嘉慶廿三年黃丕烈跋殘宋本《姚少監文集》計起，此書藏於稽瑞樓，極其量不過七、八年光景耳。

〔註14〕顧廣圻撰，黃丕烈注：《百宋一廛賦》（臺北：廣文書局《書目續編》影印士禮居叢書本，1968 年），頁 25。

〔註15〕黃丕烈：《蕘圃藏書題識》，廣文書局《書目叢編》本，頁 612。

〔註16〕同上，頁 636。

〔註17〕江標：《清黃蕘圃先生丕烈年譜》（臺北：臺灣商務印書館影印原刊本，1978 年），卷下，頁 162。

陳揆身故後，其半生辛苦收得藏書即行散盡。潘祖蔭〈稽瑞樓書目序〉內記其事：

> 陳子準無子，歿後書亦盡散。〔註18〕

因陳揆無子，故無以守其平生所藏典籍，族人將陳揆所藏珍本盡數沽之。顧廣圻於〈張月霄書目序〉內即提到：

> 聞子準夭，無子，半生心血所收，徒供族人一賣。〔註19〕

殘宋刊本《劉夢得文集》亦於此際歸常熟瞿紹基所有。黃廷鑑《恬裕齋藏書記》載瞿紹基收陳氏書之事云：

> 時城中稽瑞、愛日兩家競事儲藏，先後廢散。紹基復遴其宋元善本，爲世珍者，拔十之五，增置插架，自是恬裕齋藏書遂甲吳中。〔註20〕

殘宋刊本《劉夢得文集》於卷一首行大題「劉夢得文集卷第一」下，鈐有白文「紹基秘笈」印記，可證此一宋刊劉集殘本曾自稽瑞樓流入瞿紹基之手。紹基子鏞，於紹基歿後繼承其父所藏，此書遂入鐵琴銅劍樓，是以於卷一首行大題下又鈐有白文「鐵琴銅劍樓」印記。瞿鏞《鐵琴銅劍樓藏書目錄》卷十九，著錄有宋刊殘本《劉夢得文集》四卷，即爲北京圖書館所藏此一宋刊殘本劉集。瞿鏞於《鐵琴銅劍樓藏書目錄》內著錄宋刊殘本《劉夢得文集》如下：

> 唐劉禹錫撰。原書三十卷，今存第一卷至四卷。款式與《劉文房集》同，惟《文房集》題低六格，此低四格。四卷末亦有「翰林國史院官書」鈐記。〔註21〕

除此之外，是帙又著錄於瞿氏所撰《鐵琴銅劍樓宋金元本書目》及《鐵琴銅劍樓宋金元本書影識語》內，以其所記略同，茲不贅述。

瞿氏藏書自瞿紹基以來，經瞿鏞、瞿秉淵（及其弟秉濬），以至瞿啓甲，先後相傳歷四世，猶能保有所藏善本。至民國二十九年（1940 年），瞿啓甲臨終，遺命倘不能守，則將所藏歸公。其子瞿鳳起於《先父瞿良士先生事略》中記其事曰：

> 越歲，先父病瘍，遂告不起，時在己卯之冬，即 1940 年 1 月，春秋六十有七，遺命書勿分散，不能守則歸之公。新中國成立，……經濟蒼、

〔註18〕 潘祖蔭：〈稽瑞樓書目序〉，《稽瑞樓書目》（上海：商務印書館《叢書集成初編》本，1939 年），頁 1。

〔註19〕 顧廣圻：〈張月霄書目序〉，《思適齋集》（道光己酉（1849 年）十月上海徐氏校刊本），卷十二，頁 3。

〔註20〕 見吳晗《江浙藏書家史略》「瞿紹基」條。吳晗：《江浙藏書家史略》（北京：中華書局，1981 年），頁 224。

〔註21〕 瞿鏞：《鐵琴銅劍樓藏書目錄》，廣文書局《書目叢編》本，卷十九，頁 1117。

　　　旭初兩兄同意，歸諸北京圖書館，遂先父之志也。〔註22〕

故知瞿氏子孫，於瞿啓甲身後，仍力守藏書，雖歷兵燹而不失，及至 1949 年以後，始將瞿氏歷代所藏悉數捐贈予北京圖書館。若自道光五年（1825 年）陳揆身故，此書流入瞿紹基手算起，至是此一宋刊劉集藏於瞿家已逾一百二十年之久。此即殘宋刊本《劉夢得文集》，自宋元以來至入藏北京圖書館所可考見之流傳大略。

第三節　北京圖書館所藏宋刊殘本《劉夢得文集》 刊刻時地考

　　　殘宋刊本《劉夢得文集》之流傳概略，既述之如上，至若有關此帙之刊刻時地等問題，則可自以下兩種途徑推求：一曰直接求諸殘宋刊本《劉夢得文集》之版式、字體及避諱闕筆等現存資料；一曰取與此書版式一致之其他宋刻唐人文集之版本，及著錄、序跋等有關資料參證，藉以推尋得答案。黃丕烈於《蕘圃藏書題識》卷七內，序宋本《孟浩然詩集》時，嘗謂得悉與此書同一版式之唐人文集不下數十種，可知與北京圖書館所藏殘宋刊本《劉夢得文集》版式一致之唐人文集其實爲數甚夥。除《蕘圃藏書題識》內黃丕烈所舉出之姚少監、韓昌黎、劉隨州及劉賓客四種外，傅增湘於《藏園群書經眼錄》卷十二集部一著錄宋蜀中刊本《元微之文集》條下，更多舉以下數種：

　　　　　又見許用晦、司空表聖、張文昌、孫可之、李長吉、鄭守愚六家，……
　　　版式藏印亦同。余藏《孟東野文集》殘本亦同此式。蓋皆三十家內之集也。
　　　常熟瞿氏有《劉文房集》六卷、《劉夢得文集》四卷、《姚少監詩集》五卷，
　　　亦與此同種。〔註23〕

傅氏列舉與宋刊本《元微之文集》同一版式藏印之許用晦、司空表聖、張文昌、孫可之、李長吉、鄭守愚等六家文集，及同此之《孟東野文集》、《劉文房集》、《劉夢得文集》、《姚少監詩集》等共十一種宋刊文集，並稱「蓋皆三十家內之集也」。傅氏於此提到之所謂「三十家」，指傳聞中劉體仁（1655 年進士）所有之宋刻唐人三十家集。傅增湘於《藏園群書題記》卷十二集部二跋《歐陽行周集》條下著錄提到：

〔註22〕見瞿啓甲《鐵琴銅劍樓藏書題跋集錄》卷四附錄所載。瞿啓甲：《鐵琴銅劍樓藏書題跋集錄》（上海：上海古籍出版社，1985 年），頁 364。
〔註23〕傅增湘：《藏園群書經眼錄》（北京：中華書局，1983 年），卷十二集部一，頁 1080 ～1081。

頃聞廠市新出有宋蜀刻本《行周集》，其行款與余藏《一鳴集》同，

蓋即世傳劉公戢宋刻唐人三十家之一也。〔註24〕

劉體仁字公勇（或作古字戢），河南棟川衛人，順治乙未（1655 年）進士。自《藏園群書題記》以上著錄知，傅氏所謂「三十家內之集」，即世傳劉體仁所有之宋刻唐人三十家集。然而所謂「世傳」者，亦不過出於世人傳聞而已。劉氏之世與傅氏相去二百餘年，蓋其事既不足徵，是以傅氏始有「世傳」之說。雖然劉體仁是否藏有宋刻唐人集三十家之多無法確考，然而因其中陸宣公、權載之、元微之、張承吉、張文昌、皇甫持正、李長吉、許用晦、孫可之、司空表聖及鄭守愚等十一種皆鈐有劉體仁印〔註25〕，故可確知上述十一種十二行本宋刊唐人文集，於清初順治年間曾爲劉體仁所藏。

傅增湘又於《藏園群書經眼錄》內著錄宋蜀中刊本《孟東野文集》條下，列出十六種同一版式之唐人文集：

> 蜀刻唐人集與此同種者甚多，余歷年寓目者有：皇甫持正、許丁卯、張文昌、司空表聖、鄭守愚、李長吉、孟浩然、劉文房、權載之、韓昌黎、張承吉、劉夢得、姚少監、陸宣公、元微之、孫可之諸家，皆有「翰林國史院官書」大印。〔註26〕

自傅氏所記可知，此等同一版式又鈐有「翰林國史院官書」大印之唐人文集，除《藏園群書經眼錄》內所舉述十六種外，加上其用以比較之《孟東野文集》，總計一共有十七種之多。此等十二行本之宋刊唐人文集，於此傅增湘概目之爲「蜀刻唐人集」，並於《藏園群書題記》卷十二集部二跋校宋蜀本《新刊元微之文集》殘卷條下，記其得見此等宋刊唐人文集之經過，及此十餘種宋刊唐人集於其時之流傳大略：

> 憶戊申、己酉間，述古書賈于瑞臣唐人集數於山東，詭秘不以示人，余多方詢尋，乃得一見，計所存者爲《司空表聖文集》、《李長吉文集》、《許用晦文集》、《鄭守愚文集》、《孫可之文集》、《張文昌文集》，皆完整無缺。外有殘帙三冊，爲《新刊權載之文集》八卷，自卷四十三至五十，《新刊元微之文集》十六卷，自一至六，又末十卷，即此冊也。其後六唐人集爲友人朱翼菴所得，權、元二殘帙爲袁寒雲公子所得，余皆得假校焉。昨歲

〔註24〕傅增湘：《藏園群書題記》（上海：上海古籍出版社，1989 年），卷十二集部二，唐別集類二，頁 617。

〔註25〕見上海古籍出版社影印《宋蜀刻本唐人文集叢刊》各本卷首前之影印說明。《昌黎先生文集》（上海：上海古籍出版社影印《宋蜀刻本唐人文集叢刊》本，1994 年），〈宋蜀刻本唐人文集叢刊影印說明〉，頁 4。

〔註26〕傅增湘：《藏園群書經眼錄》，卷十二集部一，頁 1048。

　　朱氏書出，余收得《司空表聖文集》，周君叔弢得《許用晦文集》，其張、李、鄭、孫四集咸為同學邢君贊庭購之。袁氏書出，其《元集》首冊歸蔣孟蘋，今已移轉入上海涵芬樓。《元集》末冊、《權集》末冊質於慈谿李氏，日久無力收贖。今則李氏亦不能守，將入盧州劉氏篋藏矣。此十餘年來蜀本唐人集流轉之大略也。〔註27〕

以上傅氏所舉述於光、宣間流傳於藏書家手上之宋刊唐人文集，其中張文昌、皇甫持正、李長吉、許用晦、鄭守愚、孫可之及司空表聖等七種文集，民國十一年（1922 年）時，由上海商務印書館影印，收入張元濟等所輯《續古逸叢書》中。又孟浩然、孟東野、元微之、李長吉及鄭守愚等五種文集，均著錄於北京圖書館所編《中國版刻圖錄》；《權載之文集》著錄於國立中央圖書館所編《國立中央圖書館宋本圖錄》；《張承吉文集》則有上海古籍出版社影印本行世。此外傅氏未舉出而見於今者，尚有歐陽行周及杜荀鶴二集。前者見國立中央圖書館所編《國立中央圖書館宋本圖錄》，後者藏上海圖書館，有上海古籍出版社影印本行世。是以傅氏所舉十七種唐人文集，可直接或間接得見者，除上述十二種外；加上劉夢得及傅氏未獲睹之歐陽行周、杜荀鶴二集，一共為十五種。1994 年上海古籍出版社將此等十二行本宋刊唐人文集，除以上所舉十五種外，另加上《劉文房文集》、《陸宣公文集》與《昌黎先生文集》三種，總數計共十八種，悉數收入《宋蜀刻本唐人文集叢刊》內影印出版。〔註28〕

　　就所見各本，無論行款、版式、字體及版框尺寸，均與現藏北京圖書館之殘宋刊本《劉夢得文集》頗為一致。以《新刊元微之文集》為例，行款亦為半頁十二行，每行廿一字。版式同為白口、單魚尾、左右邊雙線，魚尾下標書名簡稱並卷數〔註29〕，中縫均無刻工姓名。卷一首行頂格大題：「新刊元微之文集卷第一」，次行低兩格標小題：「古詩」。第三行開始為該卷目錄，其後為該卷正文。足見其與殘宋刊本《劉夢得文集》版式之彼此一致，由此可知此等十二行本之唐人文集當有相同源出，亦得推知各文集必為同一時地所刊刻。是以若能尋得此等十二行本唐人文集其中一種

〔註27〕傅增湘：《藏園群書題記》，卷十二集部二，唐別集類二，頁 618～619。

〔註28〕上海古籍出版社影印出版之《宋蜀刻本唐人文集叢刊》，所收入之宋刻唐人文集總數共 23 種，其中與殘宋刊本《劉夢得文集》同一版式之宋刊唐人文集，計有以上所舉之 18 種。

〔註29〕按《中國版刻圖錄》圖版二三六具此帙書影，惟中縫部分之文字幾不可辨。今據傅增湘《藏園群書經眼錄》卷十二集部一此書著錄，及上海古籍出版社影印《宋蜀本唐人文集叢刊》本《新刊元微之文集》補充此節。傅增湘：《藏園群書經眼錄》，卷十二集部一，頁 1080。

之刊刻時地，則殘宋刊本《劉夢得文集》之刊刻時地問題，即可迎刃而解。此亦所謂直接求證於殘宋刊本《劉夢得文集》本身有關之版本材料以外，取同一版式之其他宋刻唐人文集參證，藉以推尋殘宋刊本《劉夢得文集》刊刻時地之另一途徑。以下即自上述兩種途徑，入手探求此帙之刊刻時地問題。

一、北京圖書館所藏宋刊殘本《劉夢得文集》刊刻年代考

　　關於殘宋刊本《劉夢得文集》之刊刻年代，黃丕烈於《百宋一廛賦注》及《蕘圃藏書題識》內此書題跋中，僅言其為宋本，並未詳述此帙之具體刊刻年代。然而於同一版式之其他唐人文集序跋中，對此等宋刊唐人集刊刻年代之判定，則又往往先後異說。於《蕘圃藏書題識》內載，其先黃丕烈於嘉慶六年（1801 年）題宋本《孟浩然詩集》時稱：

> 至於此刻，為南宋初刻。類此版式唐人文集不下數十種。余所藏者有劉隨州、劉賓客，余所見者有姚少監、韓昌黎，皆有「翰林國史官書」長方印。〔註30〕

自以上題記所稱與劉隨州、劉賓客、姚少監及韓昌黎諸集皆版式相同，及其中皆有「翰林國史官書」長方印等各端可知，黃氏所著錄之此一宋本《孟浩然詩集》，即《蕘圃藏書題識》內所屢舉同一版式之十二行本宋刻唐人文集其中一種。黃丕烈先是於此稱宋刊《孟浩然詩集》為「南宋初刻」，然而其後於嘉慶十五年（1810 年）跋北宋本《孟東野詩集》時則云：

> 越歲庚午，是為嘉慶十五年。孟夏二十有八日，復得北宋蜀本，每葉二十四行，行二十一字。〔註31〕

其中所稱復得每葉二十四行，行二十一字之「北宋蜀本」者，即指十二行本之殘宋刻本《孟東野文集》。於宋刻本《孟東野文集》題跋內黃丕烈又云：

> 此殘宋刻《孟東野文集》十卷本，目錄尚全，後五卷失之。……相傳卷中有「翰林國史院官書」朱記，余即斷為宋刻，蓋余家藏有二劉及孟浩然（按：黃氏自注「孟集獨全」），周丈香巖藏有姚合諸集，同此字形，並同此朱記，故信之也。〔註32〕

黃氏既稱此等唐人文集字體、版式皆相類，固應屬於同一時地刊刻，然而於《蕘圃藏書題識》各本著錄中，或謂為南宋初刻，或謂為北宋蜀本，顯然對此等唐人集之

〔註30〕黃丕烈：《蕘圃藏書題識》，卷七，頁 588。
〔註31〕同上，卷七，頁 610。
〔註32〕同上，頁同。

具體刊刻年代疑莫能明，以致於各本題識上先後異說。

　　屈守元先生論此殘宋刊本《劉夢得文集》時，質疑黃丕烈「北宋蜀本」之說，並指責黃氏之說前後矛盾，殊無定見：

　　　　黃丕烈對于這些書的刊刻時地，一則曰「北宋蜀本」、「或云是蜀本」、「相傳殘宋刊是蜀本」，前後矛盾，殊無定見。〔註33〕

屈氏於考訂殘宋刊本《劉夢得文集》之刊刻時地問題上，另據書中避諱情況，推求此書之具體刊刻年代。其說如下：

　　　　若就這個殘宋本《劉夢得文集》而論，它避宋諱並不十分嚴格，「玄」、「朗」、「敬」、「恆」等字，或缺筆或不缺筆。高宗之名「構」，孝宗之名「慎」字，也不都（按：「不都」疑爲「都不」之訛）缺筆。惟避光宗之諱，十分謹嚴。卷三《史公神道碑》：「詔書敦促」的「敦」字，卷二《令狐氏先廟碑》：「仕拓拔魏爲燉煌太守」的「燉」字，都缺末筆。其爲南宋光宗時刊本，灼然無疑。〔註34〕

如屈氏所言，因見書中「避光宗之諱，十分謹嚴」，故由此判定殘宋刊本《劉夢得文集》爲南宋光宗時刊本。然而傅增湘《藏園群書題記續集》卷三內，跋與此版式相同之《元微之集》時，對同此版式之宋刻唐人文集之刊刻年份，則有不同說法：

　　　　「桓」、「構」字皆不避，當爲北宋刻本。其中「敦」字，間有缺筆者，則後印時所刊落也。〔註35〕

屈氏以書中避光宗諱，遂定爲南宋光宗時刊本；傅氏校殘宋本《元微之文集》，亦以其中避光宗諱，而不避欽宗、高宗等諱，遂定之爲北宋刻本，又以爲之所以避光宗諱者，乃後印時刊落之故。對於同一版式之兩種唐人文集刊刻年代，兩者俱自書中避諱考訂，然而所得結論竟南轅北轍迥然有別。不過其後傅氏跋宋蜀中刊本《孟東野文集》，則不復能守以上推論而牴牾其辭。傅氏於《藏園群書經眼錄》卷十二集部內跋宋刊本《孟東野文集》云：

　　　　各集（按：即上文所述傅氏所見十七種唐人集）中「敦」字已缺筆，《元微之集》序言刻於建安，則黃氏所言北宋蜀本者，殆疏於考證而以意想推之耳。〔註36〕

〔註33〕見屈守元〈記殘宋本《劉夢得文集》〉一文。載《四川師範學院學報》，1977年第四期，頁89。

〔註34〕同上，頁同。

〔註35〕傅增湘：《藏園群書題記續集》（臺北：廣文書局《書目叢編》本，1967年），卷三，頁916。

〔註36〕傅增湘：《藏園群書經眼錄》，卷十二集部一，頁1048。

傅氏此說殊堪商榷，其駁正黃丕烈「北宋蜀本」之說，既指「各集中『敦』字已缺筆」，則各本顯非北宋所刻；又稱「元微之集序言刻於建安」，則又以爲並非刻於蜀地。以此言之，傅氏以此十餘種唐人集俱爲南宋建安刻本，遂與其先所定爲北宋刊本之說前後相互牴牾。

倘若進一步深考傅增湘於《藏園群書經眼錄》內所提出「元微之集序言刻於建安」之說，則知其所推定者，實亦有未盡之處。傅氏於《藏園群書經眼錄》內記此宋本《元微之文集》云：

> 首有宣和甲辰建安劉麟應禮序。〔註37〕

「宣和甲辰」即宋徽宗宣和六年（1124 年），則其時爲北宋末而已，與其上文定爲南宋刻本之說，顯然結論上互相乖戾。

此等同一版式之唐人文集，黃丕烈或謂「南宋初刻」，或謂「北宋蜀本」；屈守元則以其悉避光宗諱，而定爲南宋刻本；傅增湘則或謂原刊於北宋，「敦」字缺筆，乃後印時刊落；或謂爲南宋刻本，兼舉劉麟序以爲佐證。於此各家說法不一，更有自相矛盾者，似一下難辨孰是孰非，然傅氏舉出「各集中『敦』字已缺筆」一節，則頗堪注意。又文獻學專家潘美月教授撰〈宋代四川刊印唐人文集〉一文，反對傅氏「北宋刻本」之說，其論據亦謂：

> 蜀刻十二行本唐人文集，宋諱皆避至敦字；知爲南宋中葉所刻。傅氏定爲北宋刻本，當不可信。〔註38〕

潘氏所稱之「蜀刻十二行本唐人文集」，即上文所述之十餘種宋刊唐人文集。其所舉「宋諱皆避至敦字」者，實同於傅氏「各集中敦字已缺筆」之說。倘若確如傅、潘二家所指，各集皆避光宗諱，則此等同一版式之唐人文集，自當爲南宋光宗時刊本殆無疑問，因此等唐人集若刻於北宋之世，至光宗時修補闕頁，又或付梓時字畫漫漶，亦斷無各本皆於「敦」字闕筆之理。然而翻檢各集闕筆，並自諸家著錄所見，此等唐人文集之避諱情況，與傅、潘二氏所言，實有出入。茲就所知見其中十三種文集避諱闕筆概況，列成下表〔註39〕：

〔註37〕同上，頁 1080。

〔註38〕潘美月：〈宋代四川刊印唐人文集〉，《故宮文物月刊》（臺北：國立故宮博物院，1984年），第十九輯，頁 113。

〔註39〕案：各集避諱缺筆，除《劉夢得文集》及《新刊元微之文集》二集闕筆，見諸北京圖書館藏本外，其餘皆檢閱於上海古籍出版社影印出版之《宋蜀刻本唐人文集叢刊》各本書影之中。因各本避諱欠謹，故又參照以下材料以助考見各本闕筆之具體情況：《歐陽行周文集》、《權載之文集》二集之避諱缺筆，一併參照國立中央圖書館所編《國立中央圖書館宋本圖錄》；關於《皇甫持正文集》之避諱缺筆，參照於潘宗周《寶

宋刊十二行本唐人文集避諱闕筆一覽表

廟號及諱名	劉夢得	孟浩然	元微之	張承吉	歐陽行周	權載之	皇甫持正	孫可之	李長吉	許用晦	杜荀鶴	韓昌黎	陸宣公
始祖（玄朗）	○			○	○		○	○	○	○	×	○	○
遠祖（軒轅）									×	×	×		
高祖（朓）			×								×		
曾祖（珽）													
祖（敬）	○	○	○		○			×	×	×	×	○	○
父（弘殷）	○		○	○	○	○		○		○	○	○	○
太祖（匡胤）			○				○						
太宗（炅）	×												
眞宗（恒）	○		○	○	○	○	○	×	○				○
仁宗（禎）	○		○	○	○	○	○	○		○	×	○	○
英宗（曙）			○					×			×	×	
神宗（頊）													
哲宗（煦）								○					
徽宗（佶）									×				
欽宗（桓）	×		×				○	×				×	×
高宗（構）	×	×	○	○				×	×	○	×		×
孝宗（昚）	×		×	×			○				×	×	
光宗（惇）	○		○	×	○		○		×			○	
寧宗（擴）		×		×							×	×	×
理宗（昀）													

「○」──避該帝諱嫌　　　「×」──不避該帝諱嫌

　　就上述宋刊十二行木唐人文集避諱闕筆表中可見，各集之避諱殊不一致。闕筆至光宗諱名者，雖有：劉夢得、元微之、歐陽行周、皇甫持正及韓昌黎等五種，然而其餘如：張承吉、李長吉、陸宣公等集，遇光宗諱皆不避。以《張承吉文集》爲

例，集中卷二詩題「題陸敦禮山居伏牛潭」，及卷十〈元和直言詩〉之「志士亦所敦」，其中光宗諱嫌「敦」字皆不闕筆；又如《陸宣公文集》內卷四〈奉天請罷瓊林大盈二庫狀〉之「敦行約儉」，光宗諱嫌「敦」字亦未闕筆，故知傅氏、潘氏各集皆闕筆之說，容有未盡之處。

復論傅增湘「北宋刊本」之說。傅氏此說與其南宋刻本之論相牴牾〔註40〕，經述之如上。顧其所以定爲「北宋刊本」，正如傅氏於《藏園群書題記續集》卷三內跋宋刊本《新刊元微之文集》所稱，乃在於書中遇「桓」、「構」等字皆不避，故以之爲北宋刊本而已。推其有此立論，乃因傅氏所見《元微之文集》僅殘存十卷所致〔註41〕，然而張元濟得見此殘本共二十四卷〔註42〕，對此描述謂：

> 宋諱「敬」、「殷」、「弘」、「匡」、「貞」、「徵」、「樹」、「戌」、「構」、「敦」、「暾」、「惇」字多缺筆。〔註43〕

張元濟所見此一宋刊《元微之文集》之闕筆各字，其中「構」字即爲爲高宗名諱。此等十二行本宋刊唐人文筆之避諱情況，正如屈守元稱北京圖書館所藏殘宋刊本《劉夢得文集》：「它避宋諱並不十分嚴格，玄、朗、敬、恆等字、或缺筆或不缺筆。」〔註44〕既因文集內避諱欠嚴謹，又局限於殘本之所見卷帙，故傅氏未能盡見其中避諱缺筆處而有此說。就上述唐人文集避諱闕筆表所見，除《新刊元微之文集》外，避南宋初諸帝諱者，尚有《張承吉文集》、《許用晦文集》及《皇甫持正文集》等，故未可以其不避南宋初諸帝諱名，而遽定之爲北宋刊本。

如上文所論，此等唐人集之版式、字體、行款悉皆一致，必爲同一時地刊刻者。今考殘宋本《新刊元微之文集》卷首有宣和六年（1124年）劉麟序，王國維記此序云：

> 宋刊本避諱至惇字止，乃光宗後刊本，而此序「先子」諸字上皆空二格，蓋即重刊劉應禮本也。〔註45〕

正因王氏先存「宋刊本避諱至惇字止」之見，故以爲此帙乃光宗後之重刊本。然而

〔註40〕傅氏於《藏園群書經眼錄》目錄內，即將此等唐人文集題爲「南宋蜀中刊本」。

〔註41〕傅氏於《藏園群書題記續集》卷三校宋蜀本《元微之文集》跋文內稱：「《元集》殘本十卷。慈谿李氏所藏，存卷五十一至六十，凡十卷。」傅增湘：《藏園群書題記續集》，廣文書局《書目叢編》本，卷三，頁912。

〔註42〕見張元濟《涵芬樓燼餘書錄》集部《元微之文集》條下著錄。張元濟：《涵芬樓燼餘書錄》（上海：商務印書館，1951年），頁12。

〔註43〕同上，頁同。

〔註44〕同注33，頁同。

〔註45〕見嘉靖壬子董氏茭門別墅刊本《元氏長慶集》王國維校跋。引自《元稹集》附錄二序跋項，頁742。

個人於北京圖書館善本書室所見此帙，於劉麟此篇序文之內，兩處提到「先子」，及於「手澤」二字處，其上皆空二格（見圖版三），正足證此帙實爲劉麟原刊本——因倘爲後世重刻之元集，固不必於序文中舉凡直接（「先子」）或間接（「手澤」）提及，皆逐一空格以示敬劉麟之先人。於明代刊之嘉靖壬子董氏茭門別墅翻雕宋本《元氏長慶集》內，開篇亦有劉麟此一序文，其中兩處「先子」及「手澤」之上皆不空格，足以證明以上推論。

圖版三　北京圖書館所藏宋刊本《新刊元微之文集》內開首所附劉麟序

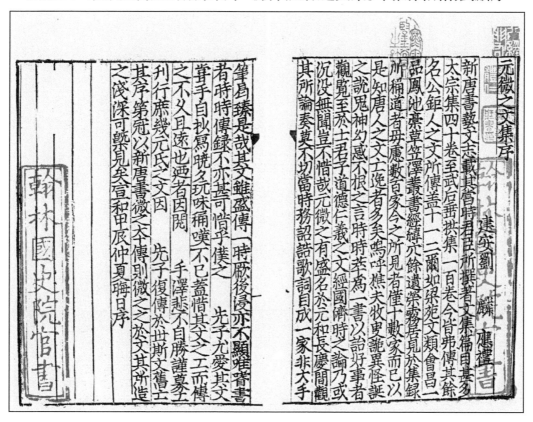

又倘謂光宗以後重刻此帙時完全依足劉麟初刻式樣，以致「先子」與「手澤」之上三處皆空格者，則與《新刊元微之文集》同一時地刊刻之諸唐人文集，亦必同屬於光宗時之刊本，否則斷無可能與《新刊元微之文集》行款、版式、字體完全一致。此等唐人文集既然同時開雕，若如王國維、傅增湘、屈守元及潘美月諸家所言，此一系列十二行本之唐人文集確爲光宗時刊刻者，則各文集內之避諱闕筆，應如屈氏所指必然「避光宗之諱，十分謹嚴」。然而自上述唐人文集避諱闕筆表可見，諸唐人集避諱殊非一致。正如上文所論述，此等十二行本宋刊唐人文集，遇光宗諱嫌或避

或不避，則可否據之謂其皆刻於光宗之世，事實上亦頗成疑問者也。

除各文集間之避諱闕筆殊未一致外，往往又於一書之中，對宋代諸帝諱嫌亦多未予嚴格規避。即以殘宋刊本《新刊元微之文集》爲例，書中遇光宗諱嫌既有闕筆避諱者，如卷十四〈代曲江老人百韻〉之「尙齒惇耆艾」，其中光宗名諱「惇」字即闕末筆。此外卷十二〈酬東川李相公十六韻次用本韻並啓〉一詩內之「此用何太敦」一句，其中光宗嫌名「敦」字亦闕末筆。然而書中遇光宗諱嫌處，並未闕筆避諱者似更居多數。比如卷二〈陽城驛〉之「希夷惇薄俗」一句中，遇光宗名諱「惇」字即未有闕筆。又於卷六〈馴犀〉內之「不必人人自敦獎」一句，及卷六十〈祭禮部庾侍太夫人文〉之「執紼空敦」句內，遇光宗嫌名「敦」字，書中兩處俱未闕筆。由此可見書中雖避光宗諱嫌，然而並非如以往論者所稱之避諱十分謹嚴。

綜合以上所舉兩端，可以推論殘宋本《新刊元微之文集》並非光宗時之重刻本，而實應爲北宋徽宗時劉麟之原刊本。亦惟有如此，今所見殘宋本《新刊元微之文集》始會於自序中，於舉凡「先子」及「手澤」二字之上皆空二格。亦足以解釋何以各種唐人文集於光宗諱嫌或避或不避；以至於一書之中往往雖避光宗諱嫌，然而闕筆多未嚴謹等問題。此實因殘宋本《新刊元微之文集》刻於宣和六年（1124 年），與此同一款式之其他唐人文集亦同時先後刻成，今所見各集避諱不一，乃因此等北宋末唐人文集刊本後印時間不同，故刊落諱名各異而已。

以上問題又可自此十餘種宋刊唐人文集整體之避諱情況方面加以考訂。就上述舉出十三種同一版式之宋刊唐人文集所見，各集之內凡遇「玄」、「朗」、「敬」、「儆」、「驚」、「弘」、「殷」、「恒」、「禎」、「貞」、「徵」等北宋徽宗以前諸帝諱嫌，每多加以闕筆避諱；然而南渡以後諸帝諱嫌，於各唐人集中則避諱殊不一致。各集遇光宗諱嫌——如上文所述，「惇」、「敦」等字或避或不避，其餘遇高宗及孝宗諸帝諱嫌，則多有並未闕筆避諱者。以《陸宣公文集》爲例，書中遇「玄」、「朗」、「敬」、「儆」、「驚」、「鏡」、「弘」、「殷」、「匡」、「恒」及「貞」等各字均多見闕筆，於北宋諸帝諱規避頗爲嚴謹。然而遇欽宗諱「桓」字，高宗諱嫌「構」、「搆」、「遘」等字，孝宗諱嫌「愼」字，光宗諱嫌「敦」、「憝」等字，均悉數未有闕筆。自書中避北宋諸帝諱至爲嚴謹，而南宋諸帝諱悉數不避一事觀之，可證《陸宣公文集》決非南宋光宗時刊本，而應爲一北宋末刊本。兼之避諱制度發展至宋代時愈趨嚴格，南渡後於孝宗之世更有〈淳熙重修文書式〉之頒定，規定不得犯諸祖宗廟諱、御諱及諸嫌名，然而《陸宣公文集》內孝宗嫌名「愼」字凡二十一見，於書中竟無一處加以規避者，益可佐證此帙必爲孝宗以前刊本，而非後至南宋光宗時之刊本。

既然自書中避諱足以考見十二行本《陸宣公文集》當爲北宋末年刊本，而非南

宋光宗時所刊，由此可以推知一系列同一版式之十二行本唐人文集，亦當屬北宋時刊本。又考乎各唐人文集內闕筆多避北宋帝諱，而於南宋諸帝諱往往不避，正可證明此等唐人文集原刻於北宋，其所以於書中間或避南宋帝諱者，不過於後印時刊落諱嫌之故耳。以殘宋刊本《新刊元微之文集》爲例，書中避北宋帝諱明確（見以上所列舉之唐人文集避諱闕筆表），遇南宋帝諱則或避或不避，顯見此帙原爲北宋時劉麟刊行原本。尤其書中遇光宗諱嫌，往往闕筆者少，而未闕筆者反多（見上文所舉書中「惇」、「敦」等字闕筆情況說明），此一避諱現象，適可證明此帙並非刻於光宗之世，必屬後印刊落時，刊工未能將新加之光宗，甚至高宗及孝宗等諱嫌（書中遇高宗諱嫌偶有闕筆，遇孝宗諱嫌則多未闕筆），於舊版中悉數尋出並刊落，始會於書中出現此種避諱情況。

又自此一系列宋刊十二行本唐人文集之避諱情況可見，正如上述宋刊本唐人文集避諱闕筆表中所列舉者，南渡以前各集避北宋諸帝諱頗見一致，南渡以後諸帝諱則多有不避，而其中又以避光宗諱者居多；兼之各集避諱又止於光宗之世，此一特殊避諱現象，足以說明此等北宋時刊行之一系列唐人文集，其版片不乏流傳至南宋光宗之時，又於當日取此等舊版刊落諱嫌，並刷印各集行世。明乎此一實際情況，則知不必囿於書中有避光宗諱嫌闕筆，即遽定各集爲南宋光宗時刊本；亦不必因書中有一二字避光宗諱嫌，而誤會殘宋刊本《新刊元微之文集》爲光宗時之重刊本。

此一系列宋刻唐人文集既爲北宋刊本，結合殘宋刊本《新刊元微之文集》內宣和六年劉麟序文所述，可以推知此等唐人集當刊於北宋徽宗年間，由此亦得以明確推定殘宋刊本《劉夢得文集》之刊刻年代——其版片爲北宋徽宗宣和六年前後所刻，而此帙則以當日北宋舊版印於光宗之世。所以避諱至光宗廟號者，乃後印時刊落之故也。殘宋刊本《劉夢得文集》一書雖印於南宋，其版則仍爲北宋宣和間舊刻，故可稱之爲北宋徽宗宣和年間刊南宋紹熙間印本〔註46〕。

二、北京圖書館所藏宋刊殘本《劉夢得文集》刊刻地區考

要推尋宋刊殘本《劉夢得文集》之刊地問題，仍須借助於上述同一版式之唐人文集以資探求。於此先述以往析論此一問題之各家意見如下。上文提到黃丕烈於《蕘圃藏書題識》內以爲「南宋初刻」之說，本不及於此帙之刻地問題；至於其跋北宋本《孟東野詩集》時所提出之「北宋蜀本」說法，推其所持理據，大抵不外以下三項：

〔註46〕按光宗在位僅五年（1190～1194），「紹熙」即其唯一年號。

（一）本於舊說──黃氏跋汲古閣鈔本《姚少監詩集》云：

　　　相傳殘宋刊是蜀本。〔註47〕

又於校宋舊鈔本《孟東野詩集》跋中，論其刻地：

　　　相傳爲蜀本唐人集，曾藏二劉（按：即劉長卿、劉禹錫）殘帙，板刻
適同。〔註48〕

黃氏於兩書跋文內，均提到有「相傳」之說，可見於黃氏以前經有此等宋刊
唐人集爲蜀本之說法流傳。

（二）自字體審定──黃氏跋宋刻本《孟東野文集》云：

　　　或云是蜀本，余以字形核之，當不謬也。〔註49〕

自「或云是蜀本，余以字形核之，當不謬也」說明可見，此乃黃氏先存此等
宋刊唐人集爲蜀刻之見，然後以書中字體審定，是以益信舊說。

（三）異乎浙本──先是毛晉題汲古閣鈔本《姚少監詩集》云：

　　　此浙本也，川本編次稍異。〔註50〕

黃氏由是以其殘宋刊本《姚少監詩集》，取校於所謂「浙本」之汲古閣鈔本
姚集，而有以下結論：

　　　今取殘宋本對之，果異。蓋相傳殘宋刊是蜀本，當即子晉（按：毛晉
　字子晉）所云川本。〔註51〕

綜此數端，故黃氏有蜀本之說。其後瞿氏鐵琴銅劍樓收得此殘宋刊本姚集，遂亦定
爲蜀刻。瞿鏞跋宋刊殘本《姚少監詩集》云：

　　　毛氏所刻出自影宋鈔本，謂是浙本，與川本編次稍異，此豈所謂川本
　乎？〔註52〕

瞿鏞所謂「川本」之說亦本諸毛晉之言，適與黃丕烈所見一致。其後傅增湘於《藏
園群書經眼錄》內著錄，即將與此同一版式之十六種唐人文集，一概列爲宋蜀刻本
〔註53〕。至今北京圖書館相沿舊說，《中國版刻圖錄》內所著錄，亦逕以蜀刻本稱

〔註47〕黃丕烈：《蕘圃藏書題識》，廣文書局《書目叢編》本，卷七，頁636。
〔註48〕同上，廣文書局《書目叢編》本，卷七，頁612。
〔註49〕同上，卷七，頁610。
〔註50〕見《蕘圃藏書題識》卷七《姚少監詩集》條下所引毛晉語。同上，頁636。
〔註51〕同註47。
〔註52〕見《鐵琴銅劍樓藏書目錄》卷十九，《書目叢編》本，頁1141。
〔註53〕傅增湘《藏園群書經眼錄》卷十二宋刊本《孟東野文集》條下，即稱與殘宋刊本《劉
　　　夢得文集》同一版式之十六種唐人文集爲「蜀刻唐人集」。傅增湘：《藏園群書經眼
　　　錄》，頁1048。

之〔註54〕。及至1994年上海古籍出版社影印出版《宋蜀刻本唐人文集叢刊》，亦將同此版式十八種十二行本宋刊唐人文集悉數歸入蜀刻之列。

　　除以上認爲乃蜀刻之說外，又有主張此等唐人文集屬於建本者。張元濟於嘉靖壬子董氏茭門別墅刻本《元氏長慶集》校記中云：

　　　　戊午之秋，江安傅沅叔同年，得見殘宋建本《新刊元微之文集》卷一之卷十四、卷五十一之六十，凡二十四卷。……原書每半葉十二行，行二十一字。卷首有翰林國史院長方朱記，蓋元代官書也。〔註55〕

張氏稱傅增湘所見之《新刊元微之文集》爲「殘宋建本」，此本即上述提到同一版式十二行本宋刊唐人文集之一。張氏既以「建本」名之，可見並未以此爲蜀刻。

　　王國維於論及此殘宋本《新刊元微之文集》時，其見解與張氏相類。王氏跋《四部叢刊》影印嘉靖壬子董氏茭門別墅刻本《元氏長慶集》時，亦以爲此本屬於建刻。王氏於〈《元氏長慶集》校跋〉內云：

　　　　觀其字體，亦建安書肆所刊。……建本有「翰林國史院官書」印，又有劉公戩印，今在烏程蔣氏，惜僅存前十四卷耳。〔註56〕

可見王氏自書中字體判定此帙爲建本，其結論同於張元濟，而異乎黃丕烈、瞿鏞等蜀刻之說。

　　上述兩說可分別論之如下，先論前人所提出蜀本之說。「相傳爲蜀本唐人集」說法，黃丕烈未言其所本，陳振孫於《直齋書錄解題》內嘗提及此節：

　　　　大抵蜀刻唐六十家集，多異于他處本。〔註57〕

陳氏所稱「蜀刻唐六十家集」，是否即黃氏所謂「相傳」之源出，於此難下定論，惟唐人文集曾於蜀中刊刻，則於《直齋書錄解題》以上所述中可以考見。然而亦未可遽定上述十餘種唐人文集即爲蜀刻，因既無明證知二者有必然關係，復因傳世宋本唐人集，除此之外，尚有版式迥異之另一批宋刊本，後人亦疑其爲蜀刻。今傳世之宋刊本《駱賓王文集》、《李太白文集》並《王摩詰文集》，俱爲半葉十一行，每行二十字。以《李太白文集》爲例，《藏園群書經眼錄》卷十二著錄云：

〔註54〕見北京圖書館所編《中國版刻圖錄》內《孟浩然詩集》、《孟東野文集》、《新刊元微之元集》、《李長吉文集》、及《鄭守愚文集》等各宋刊唐人文集之說明部分。北京圖書館編：《中國版刻圖錄》（京都：朋友書店影印本，1983年），頁45～46。

〔註55〕見上海商務印書館《四部叢刊初編》集部，縮印江南圖書館所藏明嘉靖三十一年（1552年）董氏茭門別墅刻本《元氏長慶集》書後校文部分。元稹：《元氏長慶集》（上海：商務印書館《四部叢刊初編》縮印本，1936年）。

〔註56〕王國維：〈《元氏長慶集》校跋〉，轉引自《元稹集》附錄二序跋項。《元稹集》（北京：中華書局，1982年），頁742。

〔註57〕見《直齋書錄解題》卷十六，別集類上，《王右丞集》條下所述。

> 宋蜀刻本，版匡高五寸九分半，寬三寸四分半。半葉十一行，每行二
> 十字。注雙行，白口，左右雙闌，版心記刊工姓名。〔註58〕

可見乃與此版式有別，當屬另一系統之宋刻本。兩種唐人文集與陳振孫所言之「蜀刻唐六十家集」關係如何，則尚有待於考證。論者或以兩種宋本均爲蜀刻〔註59〕，亦未見提出確實證據。

　　以下更論上述諸家據字形判定刻地之各種說法。黃丕烈「以字形核之，當不謬也」之說，乃先有「或云是蜀本」之見橫亙於胸中，然後再提出者。其後北京圖書館所編《中國版刻圖錄》，其中論及同此版式之十二行本宋刊《孟浩然詩集》刻地，亦有相類說法：

> 細審字體刀法，當是南宋中期蜀刻本。〔註60〕

然而王國維之所以定殘宋本《元微之文集》爲「建安書肆所刊」，亦因「觀其字體」而有此結論。如上文所言，諸本無論字體、行款、版式等悉皆一致，而竟可於審定字體時，得出截然相異之答案，故以此判定其爲蜀刻抑建刻，顯然並非客觀可靠之法。

　　至若毛晉、黃丕烈、瞿鏞等以爲殘宋本異於浙本，而得出即爲蜀本結論，亦大有可商榷餘地。正如上文所提及，因另一十一行本之唐人文集，後人亦疑爲蜀刻，既然宋時蜀刻唐人集非只一種，是以決非於浙刻抑蜀刻內二者選一，即可解決刻地問題，尚應考慮版本學上有關各問題，諸如：毛晉鈔本是否果屬浙本？是否浙、蜀兩地，僅可各具一種刻本？又此本是否浙、蜀兩地以外之刻本？似此等一系列有待解答問題，均非黃丕烈等於論定刻地時，所提出非浙則蜀之推論所可解決。

　　其次更論張元濟及王國維等建本之說。王國維自字體入手推定其爲建本，與黃丕烈之據字形判定屬於蜀刻之說，兩者所得答案迥異。二說均基於同一論證方法，而彼此結論竟會相悖如此，適足說明僅憑字體判斷做法，於推求刻地問題而言其實未盡可行。

　　屈守元於論北京圖書館所藏殘宋刊本《劉夢得文集》刻地時，亦以爲此一宋刊劉集當屬於建刻本。屈氏於〈記殘宋本《劉夢得文集》〉一文內即明確指出此點：

〔註58〕同注24，頁1014。
〔註59〕如傅增湘《藏園群書經眼錄》著錄，即將兩種刊本均列入蜀刻本之內；此外如北京圖書館所編《中國版刻圖錄》，即於《鄭守愚文集》條下說明：「傳世蜀本唐人集有兩個系統。一爲十一行本，約刻於南北宋之際，今存駱賓王、李太白、王摩詰三集。一爲十二行本，約刻於南宋中葉，除上舉孟浩然、李長吉、鄭守愚三全本，孟東野、元微之二殘本外，尚有歐陽行周、皇甫持正、許用晦、張承吉、孫可之、司空一鳴六全本，與劉文房、陸宣公、權載之、韓昌黎、張文昌、劉夢得、姚少監七殘本，總得十八種。」二者俱可代表此一見解。
〔註60〕見北京圖書館編《中國版刻圖錄》（京都：朋友書店影印本，1983年），頁45。

　　　殘宋本（按：指北京圖書館所藏殘宋刊本《劉夢得文集》）是一個建

安坊刻本〔註61〕

屈氏推斷殘宋刊本《劉夢得文集》屬於「建安坊刻本」，與王國維僅憑字體判定做
法有別。屈氏經多方考慮，然後再提出屬於建刻本結論，其所持理據歸納之有如
下四項：

（一）版式與建本相類——屈氏於〈記殘宋本《劉夢得文集》〉一文中，舉建安萬卷
　　　堂本《公羊》、《穀梁》二書爲例，證明殘宋刊本《劉夢得文集》與建刻本版
　　　式相若：

　　　　　書的中縫，不記刻工姓名；書名卷數，簡稱爲『得一』、『得二』等。
　　　這些特徵，與我們最習見，而且也差不多刻於同時的萬卷堂本《公羊》、《穀
　　　梁》之類，頗有相似之處，因此疑它是建安（即建寧府，治今福建建甌縣）
　　　刻本。〔註62〕

（二）篇中簡體字特多——屈氏於〈記殘宋本《劉夢得文集》〉一文中，又舉出殘宋
　　　刊本《劉夢得文集》內不少簡體字，證成其「建安坊刻本」之說：

　　　　　從這四卷《劉夢得文集》看，它的簡體字特別多，如：「尽」、「变」、
　　　「粮」、「继」等字多是簡體，顯然是一個坊刻本。〔註63〕

（三）校刊草率，脫誤甚夥——於〈記殘宋本《劉夢得文集》〉一文中，屈氏又舉殘
　　　宋刊本《劉夢得文集》內大量錯漏脫誤地方，證明其爲一建安坊刻本：

　　　　　殘宋本是一個建安坊刻本，校刊草率，脫誤甚多。再舉一些較爲顯著
　　　的例子，如：卷二〈令狐氏先廟碑〉：「惟太保府君志爲君子儒」，脫去「志
　　　爲君」三字。又〈高陵令劉君遺愛碑〉：「明年八月庚午」，脫去「八月」
　　　二字。卷三目錄，脫去「王公神道碑」一行。又〈王公神道碑〉：「遂力學
　　　厚自淬琢」，脫去「力學厚自淬琢」六字。「兼侍中河中尹」，脫去「河中」
　　　二字。卷四目錄，脫去「佛衣銘」一行。……其他一二字的脫誤，例不勝
　　　舉。〔註64〕

（四）與其他兩種傳世宋本相異——傳世兩種宋刊劉集，一爲浙刻，一爲蜀刻，則
　　　殘宋刊本《劉夢得文集》當爲建刻：

　　　　　殘宋本《劉夢得文集》與浙本《劉賓客文集》（即「徐影」）書名不同，

〔註61〕屈守元：〈記殘宋本《劉夢得文集》〉，《四川師範學院學報》，1977 年第四期，頁 91。
〔註62〕同上，頁 90。
〔註63〕同上，頁同。
〔註64〕同上，頁 91。

但它與蜀本《劉夢得文集》（即「董影」）編次又異，可見與浙本不同的仍
可能與蜀本也不同，浙蜀以外，別的地區保不定還有異本。……但將「董
影」、「徐影」〔註65〕與相比較，已看出它不是蜀本、浙本，而建本的可能
性是頗大的了。〔註66〕

可見於判定殘宋刊本《劉夢得文集》爲建本之問題上，屈氏論證較前人之說更爲周
全及深入。然而屈氏以上各項推論，仍不乏可以商榷之處。屈氏以上所舉最後一項
論據——與其他兩種傳世宋本相異，故即屬建本之說——所論與黃丕烈以異乎浙本
之殘宋本《姚少監詩集》，證其即爲蜀刻之論斷適犯同一弊端。固因宋時浙、蜀兩地
不必僅得一種劉集刻本。況其所謂「董影」（按：即日本天理圖書館現藏之宋本《劉
夢得文集》）、「徐影」（按：即臺北國立故宮博物院現藏之宋刊本《劉賓客文集》）分
屬蜀、浙二刻之說本可商榷。自刻工考證，即知兩本均屬浙刻（詳第三、四章有關
論證），故知版本雖異，仍可刻於同一地區，是以可否由此斷定殘宋刊本《劉夢得文
集》即爲建本，事實上就頗有可商榷餘地。

　　至若以版式與建刻本相類，而判定殘宋刊本《劉夢得文集》即爲建本，此中亦
有可議者。此等唐人文集，如本文開首所述，俱爲半葉十二行，每行二十一字，白
口、單魚尾、左右邊雙線，中縫無刻工姓名，欄線外無耳子，亦無每頁字數——此
爲殘宋刊本《劉夢得文集》及現存一系列十二行本宋刊唐人文集之版式；然而建刻
本版式，一般多爲黑口，又每有耳子記篇名、小題、字數等資料。〔註67〕即如屈氏
所舉萬卷堂本《春秋公羊經傳解詁》，前人嘗著錄其版式：

　　　　半葉十一行，行十九字，注雙行二十七字，細黑口，左右雙闌，版心
雙魚尾，記大小字數。〔註68〕

若取之與殘宋刊本《劉夢得文集》相較，即顯見二者版式並非一致。又如慶元間
（1195～1200）建安劉元起家塾刊本《後漢書注》、嘉定元年（1208年）建安蔡琪
一經堂刊本《後漢書註》等，均與萬卷堂此書版式相若，並有耳子記篇名〔註69〕，
此爲一般建刻版式，就版式而論皆與此等十二行本宋刊唐人文集相異。然而於建

〔註65〕案：屈氏文中所稱「徐影」，指現藏臺北國立故宮博物院之宋刊本《劉賓客文集》；
　　　　其所稱之「董影」，指現藏日本天理圖書館之宋刊本《劉夢得文集》。
〔註66〕同上，頁90。
〔註67〕有關建本版式特徵，可參見魏隱儒、王金雨編著之《古籍版本鑑定叢談》，第二章二
　　　　節「宋代的雕版事業」內建本特點一項。魏隱儒、王金雨：《古籍版本鑑定叢談》（北
　　　　京：印刷工業出版社，1984年），頁22。
〔註68〕見傅增湘《藏園群書經眼錄》卷一經部一著錄。傅增湘：《藏園群書經眼錄》（北京：
　　　　中華書局，1982年），卷一，頁74。
〔註69〕見傅增湘《藏園群書經眼錄》卷三史部一著錄。同上，卷三，頁195～196。

本中，亦有與此等宋刊唐人文集版式相類者，如乾道七年（1171 年）建安蔡夢弼東塾刊本《史記集解索隱》，其版式即爲：

> 半葉十二行，行二十二字，注雙行二十八字，白口，左右雙闌，版心雙魚尾，下魚尾記葉數。〔註70〕

其版式與上述唐人文集頗相近，然而此種版式於建本中亦不多見。故以版式相類而判定殘宋刊本《劉夢得文集》爲建本，似乎尚欠確據。

其餘二點——簡體字特多、校刊草率，脫誤屬害，僅足說明此本並非官本，極可能爲一坊刻本而已。坊間書肆刻書，往往爲求急功近利，加之工本低廉，故每充斥簡體字，又於校勘及刊刻方面每欠認眞，此點黃丕烈已言之。黃氏於《蕘圃藏書題識》卷七著錄校宋舊鈔本《孟東野詩集》時，曾提及取殘宋刊本《劉夢得文集》與其他刻本校勘一事，並指其間多有錯字：

> 曾藏二劉殘帙，板刻適同，取校劉集他刻，多有誤字。〔註71〕

黃丕烈於以上跋文內稱「多有誤字」之「二劉殘帙」，分別爲殘宋刊本《劉夢得文集》與殘宋刊本《劉文房文集》，兩種宋刻均多誤字，可見源出一致，故其弊適同。固然書中訛誤特甚，近於書肆刊本一貫風格，而建安又多書肆，王國維以爲《元微之文集》爲「建安書肆刊本」，就因建安多此等書肆，適有同一弊端而已，可見此種推論非獨屈氏所有。不過縱使此帙校刊草率，脫誤甚多，是否即可等同建刻，其事本尚可商榷。是以殘宋刊本《劉夢得文集》之刻地問題，相信仍有待於更具體直接之證據，然後方可論定。

如上一節論證所得，同此版式之宋刊十二行殘本《新刊元微之文集》，爲劉麟原刻於宣和六年（1124 年）刊本，今亦以此探求殘宋刊本《劉夢得文集》之刊地問題。洪适於乾道四年（1168 年）跋《元氏長慶集》，其中述及元集之流傳大略云：

> 傳于今者，惟閩、蜀刻本爲六十卷。〔註72〕

即明確指出傳世元集，僅閩、蜀兩種刻本爲六十卷本。今殘宋刊本《新刊元微之文集》殘存部份，正有卷五十一至六十。又於殘宋刊本《新刊元微之文集》卷首有劉麟序文，序文之前有「建安劉麟應禮」字樣，是知此書原板刻於建安，即洪适所言之閩刻。殘宋刊本《新刊元微之文集》既刻於建安，同一時地刻成之此等唐人文集，亦當一併於此地開雕，而殘宋刊本《劉夢得文集》之爲建刻本，即可自以上推論確定。

〔註70〕同上，頁 165。
〔註71〕黃丕烈：《蕘圃藏書題識》，廣文書局《書目叢編》本，卷七，頁 612。
〔註72〕見洪适《元氏長慶集》跋。引自《元稹集》附錄二序跋項。元稹：《元稹集》（北京：中華書局，1982 年），頁 734。

觀乎劉麟序文，可知其刻《新刊元微之文集》之原因。其序自述之所以會刊行
元集，原因就在於：

> 僕之　先子尤愛其文。嘗手自抄寫，曉夕玩味，稱嘆不已。蓋惜其文
> 之工，而傳之不久且遠也。迺〔邇〕者，因閱手澤，悲不自勝。謹募工刊
> 行，庶幾元氏之文，因先子復傳於世。〔註73〕

故知劉氏爲紀念先人，特刻成此集。又其於序言中，嘗慨嘆唐人諸文集之不傳於世，
其序云：

> 《新唐書・藝文志》載其當時君臣所撰著文集，篇目甚多。《太宗集》
> 四十卷，至武后《垂拱集》一百卷，今皆弗傳。其餘名公鉅人之文，所
> 傳蓋十一二爾。如《梁苑文類》、《會昌一品》、《鳳池蕖草》、《笠澤叢書》、
> 《經緯》、《宂餘》、《遺榮》、《霧居》，見於集錄所稱道者，毋慮數百家，
> 今之所見者，僅十數家而已。以是知唐人之文，亡逸者多矣。嗚呼，樵
> 夫牧叟詭異怪誕之說，鬼神幻惑不根之言，時時萃爲一書，以詒好事者
> 觀覽。至於士君子道德仁義之文，經國濟時之論，乃或沉沒無聞，豈不
> 惜哉！〔註74〕

於此可明劉氏何以刻《新刊元微之文集》既竟，復刻其餘各唐人文集之因由。正
以其有感於唐人文集之不傳於世，於深致慨嘆之餘，不欲士君子之文湮沒無聞，
故有先後刊刻各唐人文集之舉。各集之字體、版式、行款悉皆一致，足證殘宋刊
本《劉夢得文集》並上述各唐人文集，俱與殘宋刊本《新刊元微之文集》一併刻
於建安。

傳世三種宋刊劉禹錫文集中，宋刊殘本《劉夢得文集》較其餘二種，實更難考
見其刊刻時地，此因其殘存卷數不多，避諱亦欠嚴謹，加以並無刻工姓名可資稽考，
以故不得不借助於同一版式之十餘種宋刊唐人文集，始可證知其刊刻年代與刻書所
在地區。關於宋刊殘本《劉夢得文集》之刊刻時地問題，著錄諸家雖各有所見，然
而鮮有綜觀各集，而推求一合理解答者，往往僅就某一集而論，故一經比對即多見
其相互牴牾之處。今考諸同時刊行之一系列宋刊唐人文集，藉以推求宋刊殘本《劉
夢得文集》之版本問題，先述其流傳大略；復以版式、避諱等，證其刊刻年代；再
自諸集序跋，證其刊刻地區，凡此數端，非求諸各集必不能致此。

前已證知宋刊殘本《劉夢得文集》原版爲宣和年間劉麟刻於建安者，然而因

〔註73〕見殘宋刊本《新刊元微之文集》書前劉麟序。元稹：《新刊元微之文集》（上海：上
　　　　海古籍出版社影印《宋蜀刻本唐人文集叢刊》本，1994年），頁2。
〔註74〕同上，頁1。

書中闕筆至於「敦」字，致令以往論者，甚至現時著錄諸家，皆以爲屬於南宋光宗時刻本，而未考殘宋本《新刊元微之文集》序文內，其多處皆有空格尊稱，足以見出其爲北宋時原刻。嘉靖壬子董氏茭門別墅翻雕宋本《元氏長慶集》，劉麟序文「先子」及「手澤」之上皆未空格〔註75〕，於此正可作一旁證。事實上書中闕筆至光宗諱名者，乃後印刊落之故。就諸集避諱闕筆不一之現象推斷，知此批唐人集雖同時所刻，然而付印則有先後之別。劉麟刻《新刊元微之文集》於宣和六年（1126年），其後續刻各集當需不少時日。宣和六年距光宗在位末年（紹熙五年——1194年）共六十八年，南北宋之交，以靖康丙午之禍，中祕書版圖籍，爲金人輦載一空，而閩中未經兵燹，以故舊日書版多能保存。陳振孫於《直齋書錄解題》卷八內即提及此事：

　　　　閩中不經兵火，故家文籍多完具。〔註76〕

正如陳氏所稱，南北宋之交中原板蕩，然而因閩中不經兵火，先世圖書文籍多能完具，亦惟其如此，是以宋刊殘本《劉夢得文集》可鏤版於北宋末，而印於南宋光宗之世。故此正不必因其中「敦」字闕筆，而貿然定爲光宗一朝所刻。

　　宋刊殘本《劉夢得文集》鏤版雖早，所惜殘存四卷，僅爲原書卷帙十份之一。雖然此帙既非足本，兼之書中脫漏訛誤亦夥，然而劉集傳世三種宋刻，實以此帙之雕板年代最早，故於版本研究而言，可謂彌足珍貴；對於校理劉集方面，相信亦有一定裨益。

〔註75〕見上海商務印書館《四部叢刊初編》集部影印江南圖書館所藏明嘉靖三十一年（1552年）董氏茭門別墅刻本《元氏長慶集》，開首所附宣和六年劉麟〈元氏長慶集序〉。

〔註76〕見陳振孫：《直齋書錄解題》（臺北：廣文書局《書目叢編》本，1968年），卷八，目錄類，「吳氏書目」條下著錄。

第三章　日本天理圖書館所藏宋刊本
《劉夢得文集》版本考

　　現時仍然流傳於世之三種宋本劉禹錫文集，除前一章所述現藏北京圖書館殘存四卷之宋刊本《劉夢得文集》之外，另一宋本劉集現藏於日本奈良縣天理市之天理圖書館內。相對於北京圖書館所藏僅存四卷之宋刊本《劉夢得文集》殘帙，現藏日本天理圖書館之宋刊本《劉夢得文集》，全書內、外集俱全，是以日本天理圖書館所藏宋刊本《劉夢得文集》於清末爲國人發現以後，即多方設法令此一卷帙完好之宋本劉集得以影印付梓，冀能使此一流落異域之宋刊本《劉夢得文集》，得以藉影本而再度流傳中土。清末光緒年間董康（1867～1947）於日本京都得見此首尾完好之宋本劉集，對此帙推崇備至：

　　　　宋大字本《劉夢得文集》，每半葉十行，行十八字，中縫有刻工姓名。
　　書體遒麗，純仿開成石經，紙墨並妙。竊謂此書與東京圖書寮之《太平寰宇紀》、宋景文、王文公、楊誠齋等集，及吾國京師圖書館之殘《文苑英華》、昭文瞿氏之《白氏文集》，……可稱海內奇本。〔註1〕

茲將此一藏於日本天理圖書館內，如董康所稱堪爲「海內奇本」之宋刊本《劉夢得文集》，對其版本式樣、流傳概略及刊刻時地等版本問題，依次加以先後考述如下。

〔註1〕見民國二年（1913年）武進董康影印日本崇蘭館藏宋刊本《劉夢得文集》內董康跋語。劉禹錫：《劉夢得文集》（上海：商務印書館《四部叢刊初編》縮印本影印涵芬樓影印董康影宋本，1936年），頁269。

第一節　日本天理圖書館所藏宋刊本《劉夢得文集》版本式樣考

　　日本天理圖書館所藏宋刊本《劉夢得文集》，全書共十二冊〔註 2〕，總數四十卷。前三十卷題爲《劉夢得文集》，書名同於北京圖書館所藏宋刊殘本《劉夢得文集》；後十卷題爲《劉夢得外集》。原書版框長八寸六分，廣六寸四分〔註 3〕。行款爲半葉十行，每行十八字。細黑口，左右雙欄，有界。版心無魚尾，亦無每葉字數，有「劉夢得一」（外集則爲「劉夢得外一」）等書名及卷數簡稱，中記葉數，最下記刻工姓名，三者悉以橫線欄斷，故版心分爲六格。書有闕葉，無前後序跋可見。書前有卷一至三十總目，卷三十後有外集十卷總目，目錄首葉已闕，故前三十卷總目僅自卷二〈詠史〉一詩開始。每卷又各具子目，目後連接正文。卷一首行大題爲：「劉夢得文集卷第一」，次行低兩格小題：「古詩」。全書闕葉爲：卷首總目第一葉；卷五第二葉左面、第三、四葉；卷三十第十一葉；外集卷三第十三、十四及十五葉，均已闕去〔註 4〕。

　　此書外集十卷編次與臺北故宮博物院所藏宋刊本《劉賓客文集》，及傳世之通行本無異；獨其前三十卷編次與傳世各本俱迥異。宋諱玄、絃、眩、朗、敬、驚、境、弘、殷、慇、胤、恆、貞、楨、徵、煦、構、遘俱闕筆，高宗以下諱不避。書中刻工姓名可辨者有：中、升、卞、夏、家、單、詔、開、隆、權、壬止、扝章、呈卞、呂奇、王元、單民、王吟、王性、王信、王祥、王堪、王詔、王道、王榮、王權、任達、任顯、夏開、家宗、張千、張安、張定、單升、單隆、單達、揚中等。內集卷三十末葉鈐有「天山」爵形印記〔註 5〕。

〔註 2〕　見日本天理圖書館所編《天理圖書館稀書目錄》和漢書之部第三，第三〇九號《劉夢得文集》條下著錄。《天理圖書館叢書》（天理：天理圖書館，1961 年），第二五輯，頁 476。

〔註 3〕　見民國二年武進董康影印日本崇蘭館藏宋刊本《劉夢得文集》內所附內藤虎次郎跋語。今據商務印書館《四部叢刊初編》本述之。

〔註 4〕　今所見《四部叢刊初編》本，上述各葉俱非原刻，皆爲補寫之葉，或於左欄下角注明：「據結一廬本補」，或不予說明，然皆闕葉所在。

〔註 5〕　見天理圖書館編《天理圖書館稀書目錄》和漢書之部第三，第三〇九號《劉夢得文集》條下著錄。同注 2，頁同。

圖版一　天理圖書館所藏宋本《劉夢得　圖版二　天理圖書館所藏宋刻本《劉夢
　　　　文集》書影　　　　　　　　　　　得文集》內所鈐「天山」爵形
　　　　　　　　　　　　　　　　　　　　印記

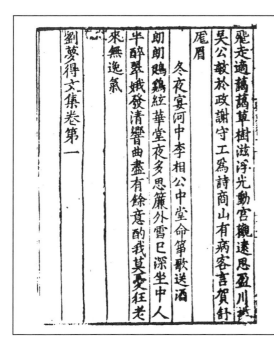
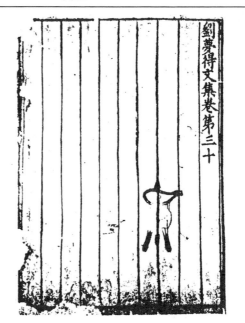

第二節　日本天理圖書館所藏宋刊本《劉夢得文集》流傳概略考

　　因是書發見甚晚，故歷代藏書家鮮有著錄，至近代始見諸傅增湘（1872～1949）《藏園群書經眼錄》卷十二集部一內著錄〔註6〕。又柳存仁教授所撰〈天理圖書館藏宋本書經眼錄〉一文〔註7〕，嚴紹璗教授《漢籍在日本的流布研究》一書〔註8〕，其中均提及此帙。於日本則有天理圖書館所編《天理圖書館稀書目錄》，和漢書之部第三文學部著錄〔註9〕。

〔註 6〕見傅增湘：《藏園群書經眼錄》卷十二集部一「劉夢得文集三十卷外集十卷」條下著錄。傅增湘：《藏園群書經眼錄》（北京：中華書局，1983 年），卷十二集部一，頁1066。
〔註 7〕柳存仁：〈天理圖書館藏宋本書經眼錄〉，載香港大學馮平山圖書館編：《馮平山圖書館金禧紀念論文集》（香港：香港大學馮平山圖書館，1982 年），頁 74～80。
〔註 8〕嚴紹璗：《漢籍在日本的流布研究》（南京：江蘇古籍出版社，1992 年），第十章〈日本宗教組織的漢籍特藏〉，頁 329～330。
〔註 9〕同注 2，頁同。

　　至於此帙之流傳情況，前人雖有提及，然而其事尚可予以具體考證及說明。茲就所搜求及考見材料，說明日本天理圖書館所藏此一宋刊本《劉夢得文集》之流傳概略如下。

　　此書源出日本東山建仁寺，內藤虎次郎跋武進董康（1867～1947）影印崇蘭館藏宋刊本《劉夢得文集》記此書源出云：

> 宋槧《劉夢得集》卅卷、外集十卷，蓋爲東山建仁寺舊藏，相傳千光國師入宋時所齎歸。〔註10〕

「千光國師」即建仁寺開山始祖榮西（1141～1215）。明人加蘭〈洛城東山建仁禪寺開山始祖明庵西公禪師塔銘〉記其祈雨應驗一事云：

> 淳熙間，歲大旱，郡請師禱雨，身發千光燭，天雨大澍，因號「千光」。
> 〔註11〕

以此知榮西號「千光國師」之緣起。榮西號明庵，生於近衛天皇永治元年〔宋高宗紹興十一年（1141 年）〕。爲備之中州吉備津宮人，其先賀陽氏〔註12〕。自少出家，篤好佛法，加蘭〈洛城東山建仁禪寺開山始祖明庵西公禪師塔銘〉內載榮西學佛法經過：

> 鳥丘鳥歲習《俱舍頌》，聰敏邁群兒。十一事郡之安養寺靜心，十四落髮，登叡山，戒壇受具戒。十七心亡，從其法兄千命。十八授以虛空藏求聞持法，自是精進，屢見靈應。十九赴上都，從叡山之有辯，學台教；又從伯州大山之有基，聞密乘，盡得其蘊。〔註13〕

故知其先榮西曾習俱舍之學，同時又習天台宗及密宗之學，其後因一心求法而兩度入宋。師鍊《元亨釋書》卷二「建仁寺榮西」條，詳述榮西入宋求法一事之始末：

> 仁安三年夏四月，乘商舶泛瀛海，著宋國明州界，乃孝宗乾道四年也。
> 五月，發四明，赴丹丘，適與本國重源遇，相伴登台嶺。秋九月，共源理歸楫。以所得天台新章疏三十餘部六十卷，呈座主明雲，明雲見疏加嘆。
> 西又以宋地台宗酬酢之言，及彼地名德書文與雲。〔註14〕

依《元亨釋書》所載，知榮西二十八歲時初次入宋，於宋孝宗乾道四年（1168 年）

〔註10〕 見內藤虎次郎跋董康影印日本崇蘭館藏宋刊本《劉夢得文集》內所述。同注 3。
〔註11〕 加蘭：〈洛城東山建仁禪寺開山始祖明庵西公禪師塔銘〉，載續群書類從完成會編：《續群書類從》（東京：續群書類從完成會，1932 年），卷二二五，傳部三六，頁 275。
〔註12〕 見師鍊《元亨釋書》卷二「建仁寺榮西」條所載。師鍊編：《元亨釋書》，載佛書刊行會編纂：《大日本佛教全書》（東京：佛書刊行會，1913 年），第五冊，頁 22。
〔註13〕 同注 11，頁 274。
〔註14〕 同注 12，頁 23。

夏五月抵明州（今寧波市），歷遊天台、阿育王諸山〔註 15〕，攜返經書典籍甚夥。
其後於文治三年（1187 年）榮西再度入宋。兩次入宋時間前後相距約二十載。《元
亨釋書》載其事云：

> 西又跂大志，欲重入支那，達於印度，拜牟尼八塔爲滅罪之要。……
> 遂以三年夏重入宋域。〔註 16〕

加蘭〈洛城東山建仁禪寺開山始祖明庵西公禪師塔銘〉又載榮西再度入宋時情況：

> 時北虜強大，西域不通，遂止。舶主告回，放洋三日，逆風俄起，反
> 至溫州瑞安縣。自謂未究參訪，故風濤阻我，乃別商主，直往天台萬年寺，
> 謁虛庵。……親炙數載。……淳熙末，虛庵移天童，師亦隨之。……紹熙
> 二年秋辭虛庵。〔註 17〕

榮西第二次入宋，自文治三年（宋孝宗淳熙十四年——1187 年）至建久二年（宋光
宗紹熙二年——1191 年），居宋境共達四年之久。榮西此番歸國，除得虛庵傳衣外，
更多攜坐具、寶瓶、拄杖及白拂等諸般禪門物件而返〔註 18〕。自是於日本宣揚禪要，
令禪風大暢於東瀛，日人推爲禪宗之祖〔註 19〕。

　　榮西先後兩度入宋，日本天理圖書館所藏宋刊本《劉夢得文集》當屬其攜返經書
典籍之一。除此之外又因劉禹錫晚年好禪，尤好與天台僧侶交遊，故其書亦宜爲禪門
中人所喜愛。劉禹錫於所作〈春日書懷寄東洛白二十二楊八二庶子〉一詩內即自稱：

> 曾向空門學坐禪，如今萬事盡忘筌。〔註 20〕

故知劉禹錫與禪門深具關係。劉氏又於〈送僧元暠南游引〉中，明確稱其本人對佛
教之深好：

> 雅聞予事佛而佞，亟來相從。〔註 21〕

自劉集所見，其中即頗多送僧之作。即如日本天理圖書館所藏宋刊本《劉夢得文集》
之卷七，通卷即屬送僧之詩歌。劉禹錫於貶居朗州、連州期間，慕名而訪之僧侶頗
眾，其〈送鴻舉師遊江南引〉即云：

> 始余謫朗州，爾時是師振麻衣，斐然而前，持文篇以爲僧贄。〔註 22〕

〔註 15〕同注 11，頁 274。
〔註 16〕同注 12，頁 23。
〔註 17〕同注 11，頁 274～275。
〔註 18〕師鍊《元亨釋書》及加蘭〈洛城東山建仁禪寺開山始祖明庵西公禪師塔銘〉之內均
　　　　載此事。
〔註 19〕《元亨釋書》贊云：「後世皆推禪門之大祖」。同注 12，頁 27。
〔註 20〕見劉禹錫：《劉賓客文集》（臺北：國立故宮博物院影印宋刊本，1973 年），外集卷
　　　　一，頁 3。
〔註 21〕同上，卷二九，頁 2。

又如〈送景玄師東歸引〉亦記僧侶之特意到訪：

> 盧山僧景玄，袖詩一軸來謁，往往有句輕而道。……獻詩巳，斂祇而
> 辭，且曰：「其來也與故山秋為期，夫丐者僧事也，今無它，請唯文是求。」
> 故賦一篇，以代瓔珞耳。〔註23〕

劉氏於〈送僧方及南謁柳員外引〉內亦記僧侶趨謁事：

> 予為連州，居無何而方及至，出祇中詩一篇以貺予，其詞甚富。……
> 一旦以行日來告，且曰：「雅聞鳥味之下有賢諸侯，願躋其門，如蹈十地，
> 敢乞詞以扺之。」予唯而賦，顧其有重請之色起於顏間耳。〔註24〕

其中又不乏送天台僧者，如〈送元簡上人適越〉云：

> 更入天台石橋路，垂珠璀璨拂三衣。〔註25〕

此外又如〈送霄韻上人遊天台〉云：

> 曲江僧向松江見，又道天台看石橋。〔註26〕

於劉集之內此等與東林、天台及域外僧酬酢之作頗多。又劉氏詩文之所以見重於僧
侶，可於集內〈秋日過鴻舉法師寺院便送歸江陵引〉一文中考見：

> 閏八月，余步出城東門謁仁祠，而鴻舉在焉。與之言移時，因告以將
> 去，且曰：「貧道雅聞東諸侯之工為詩者，莫若武陵（按：此指劉禹錫，
> 時貶朗州司馬）。今幸承其話言，如得法印。寶山之下，宜有所持，豈徒
> 衣祇之中眾花而已。」余聞是說，乃叩商而吟，成一章，章八句。〔註27〕

正因劉禹錫好內典而又詩名播於海內，僧侶每以得其一紙題贈為榮，故有鴻舉法師
等方外中人，爭相羅致並珍藏劉氏詩文。宋人虞樗於〈日本國千光法師祠堂記〉內，
稱榮西之學行云：

> 師自幼敏悟，晚通唐內外典。〔註28〕

故此可以得知榮西於中土經籍，不唯精於內典，且能通於其他典籍。劉禹錫既好禪，
又文名滿天下，加以集內多有與僧侶酬酢之作，如上文所述，榮西入宋除帶返禪門
典籍外，更有天台宗酬酢之言及名德書文。以此之故，劉禹錫詩文集為榮西所攜返

〔註22〕同上，卷二九，頁7。
〔註23〕同上，卷二九，頁9。
〔註24〕同上，卷二九，頁5。
〔註25〕同上，卷二九，頁10。
〔註26〕同上，卷二九，頁8。
〔註27〕同上，卷二九，頁4。
〔註28〕虞樗：〈日本國千光法師祠堂記〉，載續群書類從完成會編：《續群書類從》，卷二二
五，傳部三六，頁273。

亦屬頗爲合理之事。

除以上所舉之外，天理圖書館所藏宋刊本《劉夢得文集》既出於建仁寺舊藏，而榮西與建仁寺關係又極爲密切，加蘭〈洛城東山建仁禪寺開山始祖明庵西公禪師塔銘〉即載榮西返國後大量營建禪寺：

> 所創大道場三：曰建仁、曰壽福、曰聖福。〔註29〕

建仁寺即屬榮西自宋返國以後所創建大規模道場之一。師鍊於《元亨釋書》內對建仁寺之興建始末具載如下：

> 建仁二年，金吾大將軍源賴家施地于王城之東，營大禪苑。三年六月，
> 尚書省筍置台、密、禪三宗，西即而搆眞言、止觀二院于寺。〔註30〕

因知建仁寺之創建，始於建仁二年——即宋寧宗嘉泰二年（1202 年），征夷大將軍源賴家施地於王城之東營大禪苑，所謂「王城之東」，即洛外鴨河以東、四條以南、五條以北之地〔註31〕（今京都鴨川邊），榮西所創建之此一大禪苑，因年號而名曰「建仁寺」。自《元亨釋書》又知，其初建仁寺修習者並不限於禪宗，而兼爲天台、密二宗之道場。榮西既爲此寺之開山祖師，故其圓寂後亦葬於此。加蘭〈洛城東山建仁禪寺開山始祖明庵西公禪師塔銘〉云：

> 年七十五，臘六十三，塴于建仁之東。〔註32〕

正因榮西一生與建仁寺關係如斯密切，而此帙又出自建仁寺，是以有榮西入宋將歸之說。綜合以上所述三事，則知內藤虎次郎跋崇蘭館藏宋刊本《劉夢得文集》時所稱，相傳此一舊藏東山建仁寺之宋刊本劉集，乃千光國師榮西入宋時所齎歸文籍之說，其事既頗合乎情理，故此應具一定之可信程度。

榮西卒於建保三年，即宋寧宗嘉定八年（1215 年）〔註33〕，此一宋刊劉集，其後又爲室町幕府之大將軍足利義滿（1358～1408 年）所有。此書卷三十末葉，鈐有「天山」字樣之爵形朱文印記〔註34〕，足證此點，因「天山」即爲足利義滿之法名（詳見下文）。倘此一宋刊本《劉夢得文集》果爲榮西所將返者，則上距榮西圓寂之時計，此帙已庋藏於建仁寺逾百年之久。

〔註29〕同注 11，頁 276。

〔註30〕同注 12，頁 26。

〔註31〕見武田恒夫〈建仁寺の友松障壁畫〉一文。《障壁畫全集——建仁寺》（東京：美術出版社，1968 年），頁 65。

〔註32〕同注 11，頁 276。

〔註33〕榮西卒年，參見師鍊《元亨釋書》及加蘭〈洛城東山建仁禪寺開山始祖明庵西公禪師塔銘〉所載。

〔註34〕參見日本文部省文化廳所編：《重要文化財》（東京：每日新聞社，1976 年），第十九卷，漢籍集部，第一八七號《宋版劉夢得文集》圖版，頁 104。

足利義滿生於日本南北朝時代，後光嚴天皇延文三年，即元順帝至正十八年（1358 年）。爲開創室町幕府之征夷大將軍足利尊氏之孫；其父義詮，亦任大將軍一職。至足利義滿繼大將軍位後，北朝勢力日隆，南朝後龜山天皇乃於元中九年（1392 年）遜位，至是結束南北對峙局面，全國一統，而國柄遂宰制於足利義滿手中。

足利義滿一家，屢代均篤信禪宗，其祖尊氏、父義詮俱受戒於禪僧，並各有法名〔註 35〕。至足利義滿則所受影響更深，既營建禪院，又每至西芳寺舍利殿坐禪〔註 36〕。應安五年（1372 年），年十五，詣臨川寺三會院拜塔受衣，因有「天山」道號，法名「道有」之稱〔註 37〕。應永二年（1395 年）六月，更從禪僧空谷明應出家，其時正爲三十八歲〔註 38〕。足利義滿平生好書畫，所收集名品，多鈐上刻有其道號之爵形印記〔註 39〕，今臨川寺三會院、東福寺退耕庵，及丹覺寺等地匾額之上俱見鈐有此一印記（見圖版三），其式樣正與天理圖書館所藏宋刊本《劉夢得文集》卷三十末葉所鈐朱文爵形印記一致（見圖版二），可證足利義滿確曾一度擁有此書。

圖版三　丹覺寺、臨川寺及東福寺內匾額上足利義滿所鈐爵形印記

丹覺寺　　臨川寺三會院　東福寺退耕庵

足利義滿一生與建仁寺關係極爲密切。康安元年（1361 年）南軍大舉攻京都，足利義詮不敵，逃至近江（今滋賀縣），足利義滿則於左右護衛下，倉惶出奔至建仁寺，其時尚不足四歲〔註 40〕。其後足利義滿因深受禪僧義堂周信所影響，與之過從

〔註 35〕見臼井信義《足利義滿》一書第七章。臼井信義：《足利義滿》，日本歷史學會編集：《人物叢書》（東京：吉川弘文館，1970 年），頁 100。
〔註 36〕同上，頁 120。
〔註 37〕同上，第六章，頁 99。
〔註 38〕同上，第七章，頁 102。
〔註 39〕同上，頁 97。
〔註 40〕同上，第一章，頁 14。

甚密，乃特自鎌倉召之入京都，使之主持建仁寺〔註41〕，是爲建仁寺第五十五代主持〔註42〕。於此期間，義堂周信每應足利義滿所請，爲其講解內外典籍〔註43〕，又每於建仁、南禪諸寺，爲詩文之會，共賦和漢聯句〔註44〕。時足利義滿年方廿三、四〔註45〕，已領征夷大將軍一職，而好流連於五山十刹諸寺院間，日與僧眾講習內典，並以詩文唱和。宋刊本《劉夢得文集》之鈐上足利義滿道號印記，推之當即此際。尤其義堂周信主持建仁寺期間，足利義滿常出入建仁寺，向義堂周信請益，兼之義堂周信爲足利義滿講解內外典籍，或即因此得見是書，而鈐上刻有「天山」道號之爵形印記。

　　然而自上文所徵引之內藤虎次郎跋文可知，此書於明治以前仍存於建仁寺，可見足利義滿雖鈐上私章，然而並未將此書攜離建仁寺。固因足利義滿雖有出家之名，而其一生實未嘗離開政壇，日夕爲支配幕府而操心，可能未暇及此；況且建仁寺本屬官寺，足利義滿以征夷大將軍之尊宰制全國，即使建仁寺主持尚出其任命，故書存建仁寺中，與其私有無異。合此兩端，可明何以宋刊本《劉夢得文集》一直存於寺內。

　　足利義滿卒於應永十五年，即明成祖永樂六年（1408 年）〔註46〕。此後宋刊本《劉夢得文集》即藏於建仁寺中，沉湮垂四百餘年，方由建仁寺主持天章帶走。內藤虎次郎跋武進董康影印崇蘭館藏宋刊本《劉夢得文集》云：

> 近年寺主僧天章，以方外之身，勤勞王事，兼能詞翰，名著士林。明治初，退居西崦妙光寺，因帶此書而去。既爲凶奴所殪，藏書散佚，此書遂歸崇蘭館。〔註47〕

明治初即清同治初年（按：明治元年即同治三年，時爲公元 1868 年），正以建仁寺主持天章雅好詩文，亦嗜藏書，故自建仁寺帶出此帙。及至妙光寺後，天章遇刺身故，宋刊本《劉夢得文集》流出，遂爲崇蘭館所得。

　　崇蘭館爲京都平安福井氏藏書之所，屢世搜羅善本。內藤虎次郎跋武進董康影印崇蘭館藏宋刊本《劉夢得文集》，記述崇蘭館藏書始末：

> 平安福井氏崇蘭館，以多藏宋元古書聞於海內。安政中罹災，故物蕩

〔註41〕同上，第七章，頁 105。
〔註42〕同注 31，頁 66。
〔註43〕同注 35，第十二章，頁 202。
〔註44〕同上，頁 215～216。
〔註45〕同上，書後所附〈略年譜〉部份，頁 267～268。
〔註46〕同上，頁 279。
〔註47〕同注 3。

然。迄其後嗣克紹先志，兩世蒐購，收儲之富，不減曩日。〔註48〕
安政中即咸豐初年（按：安政元年即咸豐四年，時爲公元 1854 年）。福井氏先世所
藏既於安政中已付諸一炬，其後所見藏本，皆內藤虎次郎所謂「兩世蒐購，收儲之
富不減曩日」之新收善本。民國二年（1913 年）董康跋影印崇蘭館藏宋刊本《劉夢
得文集》，述其訪得此帙之經過：

> 光緒丙午，奉牒游日本。道出西京，因閱《訪古志》慕崇蘭館藏書之
> 富，訪之於北野別業。主人福井翁，漢醫也，清芬世紹，抱獨樂天，出示
> 宋元及古刻，且言凡經森氏簿錄者，慘罹秦厄，此皆劫餘所續得者也。縹
> 帙井然，如登宛委。內宋大字本《劉夢得文集》，每半葉十行，行十八字，
> 中縫有刻工姓名。書體遒麗，純仿開成石經，紙墨並妙。〔註49〕

董康於光緒丙午——即光緒三十二年（1906 年），奉牒出游日本時，獲睹此書於崇
蘭館之中。其時距此帙於天章身故後散出之時約四十年，上距崇蘭館於安政中罹火
災時近五十年，以此知此宋刊本《劉夢得文集》乃福井氏火厄之後續收之物。

六年之後——即民國元年（1912 年），董康避地東渡，僑居日本東山，再過訪
崇蘭館主人，遂有影印此一宋刊本《劉夢得文集》之議。董氏跋文又謂：

> 昨年避囂東航，僑居是地，復遇崇蘭翁，猶強健。罄閱所藏，始知是
> 集首尾完善，並附外集，尤所心醉。適小林忠治業珂羅製版，藝精爲全國
> 冠，……乃介內藤炳卿博士假歸，屬小林氏用佳紙精製百部。……癸丑
> （按：即民國二年——1913 年）夏日毘陵董康識於東山寄廬。〔註50〕

如以上所記，董康屬小林忠次郎以玻璃版法精印百部〔註51〕，是書自此方得以流傳
中土。上海涵芬樓嘗將董康此一影宋本劉集影印，其後商務印書館再據涵芬樓影本

〔註48〕 同上，頁同。
〔註49〕 見民國二年武進董康影印崇蘭館藏宋刊本《劉夢得文集》董康跋語。同注1，頁同。
〔註50〕 同上，頁同。
〔註51〕 據屈守元之見，董康囑小林忠次郎以玻璃版法精印崇蘭館藏宋刊《劉夢得文集》
百部之說殊堪商榷。屈氏於〈談劉禹錫詩文集的兩個影宋本〉一文中云：「據董康
跋，此書在日本印了一百部。據我所見，四川省圖書館收藏兩部，紙質、邊幅、
刷印、裝潢，優劣懸殊。疑董氏百部之說不可信。」兩種宋刊《劉夢得文集》複
影本既經屈氏目驗，其非同一影本固無可疑。然而自兩者紙質與刷印等優劣懸殊
一事，令人頗疑當日董康將此宋刻影印百部後，此影本於國內又爲人所仿製影印。
蓋因董氏自稱用佳紙精製，而小林忠次郎又爲製珂羅版第一名手，即所印逾百部，
亦不致優劣相去如是。惟其精印精製，故當日流傳國內已售價不菲，據繆荃孫《藝
風堂友朋書札》所載，此影印本一部售價高達銀洋三十元（見「吳昌綬」第一二
四札）。今所見劣本，疑乃書賈以董康影印本仿製射利所爲，未必董氏故爲百部之
說以自高身價也。

影印此一宋刊本《劉夢得文集》〔註52〕，收入《四部叢刊初編》之內。

宋刊本《劉夢得文集》原書，其後自崇蘭館流入天理圖書館。天理圖書館位於日本奈良縣天理市天理大學之內，成立於大正十四年（1925 年）〔註53〕。宋刊本《劉夢得文集》之自崇蘭館流出，至入藏奈良縣之天理圖書館內，當爲民國十四年（1925年）以後之事。

第三節　日本天理圖書館所藏宋刊本《劉夢得文集》刊刻時地考

因日本天理圖書館所藏宋刊本《劉夢得文集》至近代始爲人知悉，是以歷來藏書家著錄中鮮有論及。除刊行此帙影本時，書內有內藤虎次郎及董康題跋外，前人對此帙之刊刻時地等版本問題加以集中論述者，日本方面有木村三四吾所撰之〈宋版劉夢得文集解題〉〔註54〕，專論此帙之版本問題。此外阿部隆一所撰〈天理圖書館藏宋金元版本考〉一文〔註55〕，於論述天理圖書館所藏宋版書時，亦論及此書刊刻等版本問題。國內則有屈守元教授所撰〈談劉禹錫詩文集的兩個影宋本〉一文，依據董康影本及徐森玉影本，分別論述日本天理圖書館所藏此一宋刊本《劉夢得文集》，與國立故宮博物院所藏宋刊本《劉賓客文集》之版本問題。〔註56〕

倘擬對日本天理圖書館所藏宋刊本《劉夢得文集》之刊刻時地問題具體深入考證，可以自其中避諱闕筆、刻工、行款、版式、字體，並諸家著錄，以至文獻上著錄或說明等與此本相關之各方資料，加以一併歸納論證。茲將宋刊本《劉夢得文集》之刊刻時地問題，區分爲刊刻年代與刊刻地區二事，先後論述如下。

一、日本天理圖書館所藏宋刊本《劉夢得文集》刊刻年代考

先論日本天理圖書館所藏宋刊本《劉夢得文集》之刊刻年代問題。自此一宋刊

〔註52〕商務印書館《四部叢刊初編》集部所收宋刊本《劉夢得文集》書前著錄，即標明此本爲「上海涵芬樓景印董氏景宋本」。

〔註53〕見日本學術會議編：《日本圖書館總覽》（東京：自然科學書協會，1954 年），「奈良縣」下「天理圖書館」條，頁 395。

〔註54〕木村三四吾：〈宋版劉夢得文集解題〉，載天理圖書館編：《ビブリア》，第四期（1955年），頁 36～37。

〔註55〕阿部隆一：〈天理圖書館藏宋金元版本考〉，載天理圖書館編：《ビブリア》，第七五期（1980 年），頁 389～410。

〔註56〕屈守元：〈談劉禹錫詩文集的兩個影宋本〉，載《四川師範學院學報》，1977 年第三期，頁 64～74。

劉集之流傳史料，可推知其大概之刊刻時間。此書既爲日本僧人榮西所攜東渡扶桑，則其刊刻年代，當不晚於此際。如上一節考證此帙流傳概略中提到，榮西分別於宋孝宗乾道四年（1168 年）五月及淳熙十四年（1187 年）兩度入宋；其東歸則分別於孝宗乾道四年九月，及光宗紹熙二年（1191 年）。換言之，此書之刻成及印行，當不後於光宗紹熙二年，是爲此書刊刻年代之下限。

　　復自書中避諱情況推斷，其中之避諱闕筆僅至於高宗之諱名「構」字止，由此可以推知此書之刊刻時間，必不早於南宋高宗之世，是爲此書刊刻年代之上限。自其刊刻年代之上下限可知，此書必於高宗建炎元年（1127 年），至光宗紹熙二年（1191 年）間刻成。然而此一推斷不過言其大略而已，擬對此一宋刊本《劉夢得文集》之刊刻年代下一明確定論，當更待於有關文獻資料上之進一步探討。

　　近代學者間對於天理圖書館所藏宋刊本《劉夢得文集》刊刻時地問題之論述中，以屈守元先生之論證最爲詳盡。屈氏〈談劉禹錫詩文集的兩個影宋本〉一文，推定此一宋刊劉集當爲紹興初年刊本，並謂其刻版當於紹興十年（1140 年）以前〔註57〕。其有關論據可述之如下：

　　（一）晁公武《郡齋讀書志》卷四上著錄：「《劉禹錫夢得集》三十卷，《外集》十卷」，書名卷數皆與此本相合。〔註58〕

　　（二）此本既著錄於《郡齋讀書志》之內，則可據此推定其刻版時代。《郡齋讀書志》中所著錄典籍，絕大多數爲四川轉運使井度所贈予，井度任四川轉運使，於紹興十一年至十四年（1141～1144 年），此本既爲井度於川中所收以贈晁氏者，故其刻版當在紹興十年（1140 年）以前。〔註59〕

　　（三）證之以避諱闕筆，書中避諸帝諱嫌止於高宗趙構之名，故知其爲紹興時刻版無疑。〔註60〕

屈氏以上論證，自三方面舉出具體證據考訂宋刊本《劉夢得文集》刊刻時間，若其所論不誤，則此書當刻於高宗建炎元年至紹興十年（1127～1140 年）之間。其刊刻年月雖未能確指，不過已將其範圍限於此十四年之內，其說可謂辨析頗爲明確。然而屈氏以上各項論證，倘更加以細考，則可見其中仍然不乏有待商榷之處。

　　屈氏以爲井度書皆收於紹興十一年至十四年四川轉運使任內，因而有是書刻於

〔註57〕見屈守元：〈談劉禹錫詩文集的兩個影宋本〉，《四川師範學院學報》，1977 年第三期，頁 65。
〔註58〕同上，頁同。
〔註59〕同上，頁同。
〔註60〕同上，頁同。

紹興十年以前之結論，今考之袁本晁公武《郡齋讀書志》卷首自序，所稱井度收書之事云：

> 南陽井公天資好書，自知興元府，領四川轉運使，常以俸之半傳錄，時巴蜀獨不被兵，人間多有異本，聞之未嘗不力求，必得而後已。歷十餘年，所有甚富。既罷，載以舟，即廬山之下居。〔註61〕

自袁本《郡齋讀書志》晁公武序以上所載，固知井度收書前後「歷十餘年」之久，而衢本《郡齋讀書志》內晁公武序，此處更作「歷二十年」，可見井氏收書，並非僅限於屈氏所指之四年任內。

又屈氏此說，乃基於以爲晁氏著錄盡皆爲井氏書〔註62〕，然而衢本《郡齋讀書志》自序內記井氏遺書晁氏一事云：

> 書凡五十篋，合吾家舊藏，除其複重，得二萬四千五百卷有奇。〔註63〕

自衢本《郡齋讀書志》晁氏序內「合吾家舊藏」一語觀之，則益知《郡齋讀書志》內所著錄諸書，並非僅屬井度所贈書籍，其中實雜有晁氏故家舊藏。雖然「合吾家舊藏」之語，僅見於衢本《郡齋讀書志》，亦與晁公武自序內，上文「然自中原無事時，已有火厄，及兵戈之後，尺素不存也」之言似相牴牾。然晁氏既以世代藏書著稱，雖兵戈之後尺素不存，亦未必無續得之書也。尤其自序中慨言：「余仕宦連蹇，久益窮空，雖心志未衰，而無書可讀，每恨之。」正以劫火之餘，每恨無書可讀，故於井度晚年贈書之先，是否有晁氏自收之書，此實頗堪存疑，此其一也。又袁本《郡齋讀書志》無「合吾家舊藏」之句，而衢本則有，其中更具體而明確開列卷帙數目（「除其複重，得二萬四千五百卷有奇」），若袁本定稿在先，衢本乃補訂於後〔註64〕，則袁本中無此語，固不足爲怪，此其二也。合二者觀之，晁公武寫此序時，若自兵戈以後，收書至於紹興二十一年（1151年）（衢本《郡齋讀書志》自序所題年月爲「紹興二十一年元日」），則以其所續得稱之爲「吾家舊藏」，於理亦無不合。是以可確信衢本《郡齋讀書志》所錄，其中實雜有晁氏本人之藏書。

〔註61〕見晁公武〈郡齋讀書志序〉。晁公武：《昭德先生郡齋讀書志》（上海：商務印書館影印宋淳祐袁州刊本，1937年），頁6。

〔註62〕原文爲：「《郡齋讀書志》著錄的書絕大部份是四川轉運使井度贈送給他的。……不可能有井度贈送以後新增之書。」同注57，頁同。

〔註63〕同注61，後志衢本自序，頁740～741。

〔註64〕有關《郡齋讀書志》袁、衢本兩本之定稿及補訂問題，詳孫猛〈《郡齋讀書志》衢袁二本的比較研究——兼論《郡齋讀書志》的成書過程〉一文論證，載《文史》（北京：中華書局，1983年），第二十輯，頁97～120。

　　此外於《郡齋讀書志》內史部實錄類下，著錄有《哲宗新實錄》一書，其中對此描述云：

　　　　紹興四年三月壬子，太上皇帝顧謂宰臣朱勝非等曰……。〔註65〕

於《郡齋讀書志》內同一部雜史類下，又著錄《建炎日曆》一書，並附有以上一段說明：

　　　　右皇朝汪伯彥撰。記太上皇帝登極時事。〔註66〕

高宗於紹興三十二年（1162 年）六月禪位於孝宗以後，始有「太上皇帝」之稱，是知《郡齋讀書志》之成書時限，必不早於紹興三十二年六月以前，就此而論，其中所錄者自然可後至高宗紹興末所續收之書，更不必限於著錄紹興初井度所贈舊藏。

　　況且屈氏判定此帙刻版之具體年代，其主要論據在於《郡齋讀書志》內所著錄即爲此一宋刊本劉集，自此方可推出上述「其刻版當在紹興十年」結論。然而考乎《郡齋讀書志》之版本，其傳世諸本皆源出二途：一爲晁公武刊原志於蜀後，蜀中別行姚應績編二十卷本，至理宗淳祐九年（1249 年），南充游鈞傳刻姚本於信安郡，是爲「衢本」；一爲番陽黎安朝守袁州時，於原志四卷後，錄以趙希弁藏書爲《附志》，並衢本所增爲《後志》，又增訂《考異》，於淳祐十年（1250 年）合刊於宜春郡，是爲「袁本」〔註67〕。今屈氏所據者，乃係袁本《郡齋讀書志》，故有書名、卷數悉同之說；然衢本於此所著錄者有所出入。衢本《郡齋讀書志》內所著錄劉集爲：

　　　　劉禹錫集三十卷，外集十卷。〔註68〕

則書名但作「劉禹錫集」，而非「劉禹錫夢得集」，則其中所著錄書名，是否可謂之與此宋刊本《劉夢得文集》全然相合，實一頗堪存疑問題。兼之以《劉夢得文集》爲名者，除天理圖書館所藏此本之外，北京圖書館又另藏一宋刊殘本，名稱與此適同，版本則與此本迥異。以此之故，晁氏《郡齋讀書志》內所著錄者，是否即屬天理圖書館現藏此一宋刊本《劉夢得文集》，相信仍有待於深考究竟，然後方可下一定論。既然未能遽定此書必爲《郡齋讀書志》中所著錄之劉集，則由此推論其必爲井度所贈，又基於此而斷定此帙乃井度收於四川轉運使任內，從而得出此宋刊本《劉夢得文集》當刻於紹興十年以前結論，凡此種種推論，與所得出之論證結果，就考

〔註65〕同注 61，卷二上，頁 124。

〔註66〕同上，頁 139。

〔註67〕見張元濟《昭德先生郡齋讀書志》跋文。張元濟著，顧廷龍編：《涉園序跋集錄》（上海：古典文學出版社，1957 年），頁 145。

〔註68〕見衢本《郡齋讀書志》卷十七所錄。晁公武：《郡齋讀書志》（臺北：廣文書局《書目續編》本影印王先謙校刊衢州本，1967 年），卷十七，頁 1038。

訂日本天理圖書館所藏宋刊本《劉夢得文集》刊刻年代問題而言，恐怕仍未足以此定案。

　　雖然屈氏所提出此一宋刊本《劉夢得文集》刻於紹興十年以前之說，未足論定此帙之刊刻年代，然而要具體考見此書之刊刻時間問題，更可自書中避諱及刻工等資料，對此作進一步之推求。

　　自天理圖書館所藏宋刊本《劉夢得文集》之避諱情況可見，書中遇宋帝諱嫌：玄、眩、絃、朗、敬、驚、境、弘、殷、胤、恆、貞、楨、徵、煦、構、遘諸字均加以闕筆。可知此書避諱，至於南宋高宗嫌名，諸如：

- 卷一古詩──〈遊桃源一百韻〉之「買山構精舍」
- 卷十一賦──〈問大鈞〉之「納材葦而構明堂兮」，
- 卷二十九碑──〈崔公神道碑〉之「構于其堂」，
- 外集卷二詩──〈白侍郎大尹自河南寄示池北新茸水齋即事招賓十四韻兼命同作〉之「結構疏林下」

上述各例中「構」字均闕筆，俱可證此書避高宗名諱。又此帙於孝宗以下諸帝諱俱不避，例如：

- 卷六送別詩──〈送湘陽能判官孺登府罷歸鍾陵因寄呈江西裴中丞二十三兄〉之「愼簡由宸廑」
- 卷十二論──〈華佗〉之「亦可愼諸」
- 卷十四書──〈上杜司徒〉之「謂愼獨防微爲近隘」
- 卷十五表──〈代讓同平章事〉之「名器斯愼」
- 卷十九表──〈蘇州謝上〉之「愼擇牧守」
- 卷二十五雜說──〈口兵戒〉之「以愼爲鍵」，〈猶子蔚適越戒〉之「愼微以爲櫝」及「愼諸」
- 卷二十九碑──〈崔公神道碑〉之「愼選僚屬」
- 外集卷一詩──〈白舍人自杭州寄新詩有柳色春藏蘇小家之句因而戲誚兼寄浙東元相公〉之「蠆鬥嘘天樓閣成」

於以上所舉各例中，孝宗嫌名「愼」及「蠆」字凡十見，均悉數未見闕筆。此外光宗諱名「惇」，嫌名兼避「敦」及「燉」等字，於此本之中屢見光宗上述諱嫌：

- 卷二十二狀──〈薦處士王龜〉之「必以惇惠者教之」
- 卷二十六記──〈汴州刺廳壁〉之「詔書命河南尹敦煌令狐公來涖來刺」，〈山南西道節度使廳壁〉之「遂命左僕射燉煌公往踐」
- 外集卷二詩──詩題〈和樂天耳順吟兼寄敦詩〉，詩題〈樂天見示傷微之敦詩

晦叔三君子皆有深分因成是詩以寄〉

· 外集卷四詩——詩題〈樂天示過敦詩舊宅有感一篇吟之泫然追想昔事因成繼
和以寄苦懷〉

以上所舉各例，其中光宗嫌名凡六見，亦悉數俱未闕筆。以此觀之，此書既避諱至
於高宗，由此推知其刊刻年代必不早於高宗之世。另一方面如上文所論，榮西兩度
入宋，最後歸去時間為光宗紹熙二年，故此書之刻成時間必不晚於紹熙二年。合以
上二者觀之，可以推定日本天理圖書館所藏宋刊本《劉夢得文集》之刊刻年代，其
上限當在南宋高宗建炎元年（1127 年），其下限則在光宗紹熙二年（1191 年）。

復證諸刻工年代。日本天理圖書館所藏宋刊本《劉夢得文集》於各葉中縫所見
刻工，其中王信於南宋初年刊《文選》，又於淳熙間刊《通鑑紀事本末》；王榮於南
宋初刊《漢書》及《後漢書》，又於紹興間雕刊《世說新語》；王元於紹興中為湖北
茶鹽司刊《漢書》，俱見諸長澤規矩也氏〈宋刊本刻工名表〉著錄〔註 69〕。刻工張
定於孝宗時雕刊《南史》，又於淳熙十四年（1187 年）刻《新刊劍南詩稿》，均見於
傅增湘氏《藏園群書經眼錄》內著錄〔註 70〕。自以上刻工資料可證，日本天理圖書
館所藏宋刊本《劉夢得文集》當刻於南宋初紹興至淳熙間。

以上自書中避諱闕筆、所見刻工年代，及此帙之流傳經過等三方面綜合推斷，
由此論證日本天理圖書館所藏宋刊本《劉夢得文集》刊刻年代之大致範圍，知此帙
之雕刊上限必不早於高宗之世；其下限則不能後於紹熙二年。此一推論雖未能確指
其刊刻年月，然而自高宗建炎元年（1127 年）至光宗紹熙二年（1191 年），其間前
後計共六十五年，則日本天理圖書館所藏宋刊本《劉夢得文集》之刻印年代，已可
確認於此一時期之內。

二、日本天理圖書館所藏宋刊本《劉夢得文集》刊刻地區考

因日本天理圖書館所藏宋刊本《劉夢得文集》自宋以後均藏於東瀛，至清末民
初始為國人所見，故以往藏書家鮮有論及。先是王國維於〈兩浙古刊本考〉內，稱
此為嚴州刊本：

> 大字劉賓客集，日本京都崇蘭館藏大字本。文集三十卷，外集十卷，
> 每半葉十行，行十八字。殆即嚴州所刊。此淳熙戊申陸放翁守嚴時重刊，

〔註 69〕 長澤規矩也：〈宋刊本刻工名表〉，《長澤規矩也著作集》（東京：汲古書院，1983 年），
第三卷，頁 158～196。

〔註 70〕 見傅增湘《藏園群書經眼錄》卷三史部一及卷十四集部三著錄。傅增湘：《藏園群書
經眼錄》（北京：中華書局，1983 年），卷三，頁 179；卷十四，頁 1244。

見放翁《世說》跋。〔註71〕

王氏之所以有此帙爲「嚴州所刊」推論，本基於先見陸游（1125～1210）跋《世說新語》之言（「見放翁《世說》跋」）。陸游跋《世說新語》時，曾提及重雕劉集於嚴州一事。放翁原跋謂：

> 郡中舊有《南史》、《劉賓客集》版，皆廢於火，《世說》亦不復在。
> 游到官始重刻之，以存故事。《世說》最後成，因併識于卷末。淳熙戊申
> 重五日新定郡守笠澤陸游書。〔註72〕

王氏即據此論定日本京都崇蘭館藏大字本劉集，即爲陸游於郡內重刻本，是以有此帙刻於嚴州之說。

此外又有主張此一宋刊本爲浙刻者。於王國維後，蔣復璁復據字體版式，推定此書爲浙刻本。蔣氏於〈景印宋本劉賓客文集序〉內，即提出帙爲浙刻之說：

> 《劉夢得集》存世宋刊凡有三部：一爲東瀛崇蘭館藏本，董康氏曾影
> 印百部於扶桑，商務印書館據以印入《四部叢刊》。其本半葉十行，行十
> 八字。字體方整，浙刊集部之版式，王靜安先生定爲嚴州本者也。〔註73〕

主張此帙爲浙刻本者，又有昌彼得先生。昌氏於〈跋宋刊本劉賓客文集〉一文中，即提出此本爲浙刻之說：

> 崇蘭館藏本，即民國二年武進董氏誦芬室以珂羅版據以覆印者，商務
> 印書館又從董本影印，收入《四部叢刊初編》，今通行較廣。其本曰《劉
> 夢得文集》，每半葉十行，行十八字，版心線口，下記刊工姓名。……復
> 據其刻工觀之，似亦在浙中刊版。〔註74〕

自以上跋文內「復據其刻工觀之，似亦在浙中刊版」一句知，昌氏自書中刻工之屬地推求，然後得出此帙爲浙刻之結論。

又日本版本學者阿部隆一於〈天理圖書館藏宋金元版本考〉一文中，亦以爲此書屬於浙刻：

> 本版字樣は大字端嚴なる精刻の早印にして、南宋初の浙刊本中の尤

〔註71〕王國維：〈兩浙古刊本考〉，《王觀堂先生全集》（臺北：文華出版公司，1968 年），
　　　　第十一冊，頁 4629。

〔註72〕見明嘉靖十四年（1535 年）袁褧嘉趣堂刻本《世說新語》書後所附陸游跋文。此處
　　　　據《中國版刻圖錄》書影。北京圖書館編：《中國版刻圖錄》（京都：朋友書店影印
　　　　本，1983 年），圖版四一三。

〔註73〕蔣復璁：〈景印宋本劉賓客文集序〉。國立故宮博物院影印宋刊本《劉賓客文集》（臺
　　　　北：國立故宮博物院，1973 年），卷首序。

〔註74〕昌彼得：〈跋宋刊本劉賓客文集〉，國立故宮博物院故宮季刊編輯委員會編：《慶祝蔣
　　　　復璁先生七十歲論文集》（臺北：國立故宮博物院，1969 年），頁 211～218。

品たる天壞間の孤本である。〔註75〕

可見阿部隆一自字體推斷，而判定天理圖書館所藏此一宋刊本《劉夢得文集》爲南宋初之浙刊本。

除浙刻之說（包括王國維嚴州本之說）外，又另有主張此一宋刊本爲蜀刻者。屈守元先生於〈談劉禹錫詩文集的兩個影宋本〉一文中，即以此書出於蜀刻。其論據歸納之有以下四方面：

（一）晁公武《郡齋讀書志》卷四上著錄此書，《郡齋讀書志》所著錄書俱井度所贈，井度任四川轉運使時於川中廣收異本，故此書當爲井度川中所收蜀本。屈氏原文爲：

> 晁公武《郡齋讀書志》（以下省稱《晁志》）卷四上著錄「《劉禹錫夢得集》三十卷，《外集》十卷。」書名卷數皆與「董影」（按：因屈氏所據爲董康影印本，故稱天理圖書館所藏宋刊本《劉夢得文集》爲「董影」）合。《郡齋讀書志》所著錄的書絕大部份是四川轉運使井度贈送給他的。井度的書，主要從四川收集。《郡齋讀書志》自序曾講到井度收書的情況，說：「時巴蜀獨不被兵，人間多有異本，未嘗不力求，必得而後已。」因此，《郡齋讀書志》裡的書，特多蜀刊「異本」。這部《夢得集》的版本，與「董影」相同，是蜀大字本，可能性是很大的。〔註76〕

（二）《文苑英華》卷九百八十八載劉禹錫〈祭柳員外文〉，於「朋友製服」句「製」字下校語有：「蜀本作則」。屈氏檢劉集諸本皆作「製」，獨此本作「則」。故知此本爲蜀本。屈氏原文爲：

> 《文苑英華》卷九百八十八載劉禹錫的《祭柳員外文》，在「朋友製服」句的「製」字下，有一條校語，說：「蜀本作則。」今檢劉集諸本，此文皆在《外集》卷十。這個字，「徐影」（按：屈氏稱現藏國立故宮博物院宋刊本《劉賓客文集》之景本爲「徐影」。）同於《文苑英華》，作「製」，通行本（按：屈氏自注，此指《結一廬朱氏賸餘叢書》本《劉賓客文集》。）亦然；惟獨「董影」作「則」。這是一個明證，「董影」之爲蜀本，確然可知。〔註77〕

（三）從字體風格上判斷，因此帙字體方整厚重，具宋蜀刊本特徵，故推論此一宋

〔註75〕阿部隆一：〈天理圖書館藏宋金元版本考〉，日本天理圖書館編：《ビブリア》，第七五期（1980年），頁389～410。

〔註76〕同注57，頁同。

〔註77〕同上，頁65。

刊本劉集爲蜀刻。屈氏原文爲：

> 「董影」字體方整厚重，具有宋蜀刊本的特徵。〔註78〕

（四）宋蜀刻本中多單、任二姓刻工，此宋刊本劉集書內刻工有單隆、單達、任顯、任達等人，當亦爲蜀中刻工，故此本應爲蜀刻。屈氏論此之原文爲：

> 從「董影」書版中縫的刻字工人署名，也給我們提供了一些它是蜀刊本的證驗。這些工人的名字，有單隆、單達、任顯、任達等。單、任兩姓的刻字工人在宋蜀刊本中是常見的。今存有九百四十五卷之多的宋蜀刊本《太平御覽》，是寧宗慶元五年（1199年）刻成的。其時距紹興之初，已有六十年光景。《御覽》的刻字工人，如：單遠、單阿亥、單輪保、單阿回、單桂一、單桂二、單壽三、單壽四、單和九、任通、任宏等，屬於單、任兩姓的不少。南宋初期的刻字工人，用他們自己的鐵筆，紀錄了當時手工業工人家傳技藝的歷史實況，也給我們鑒定這些書籍版本的雕刻時代和地區留下了可貴的資料，這是我們應該珍視的。〔註79〕

屈氏自字體、刻工，及《郡齋讀書志》著錄與《文苑英華》校語等文獻所錄，推求此一宋刊本《劉夢得文集》之刊刻地區，實爲諸說中論述最爲詳盡者。惟是屈氏所舉以上四端，其中亦不乏可商榷處。

屈氏所論基於井度任四川轉運使時於川中收書，及後轉贈所藏予晁公武，故宋刊本《劉夢得文集》見於《郡齋讀書志》著錄內，由此證明此帙當爲蜀刻。屈氏此一論證，事實上又關乎以下三點：

（一）井度所贈予晁公武之書，俱自蜀中收得。

（二）晁公武於《郡齋讀書志》內所錄，悉數爲井度所贈予之藏書。

（三）晁公武於《郡齋讀書志》內所著錄劉集確爲此本。

屈氏所提出之蜀本推論，要證成其說，以上三者闕一不可。雖然上文論天理圖書館所藏此一宋刊本《劉夢得文集》刊刻年代時，經提及以上問題，茲更具體歸納及說明於下，以助解決此一宋刊本《劉夢得文集》刊刻地區等相關問題。於論證此帙是否確爲蜀刻問題時，以上提出必須先加以考慮之三點，可以進一步再推論如下：

（一）井度於蜀任四川轉運使不過四年，然而《郡齋讀書志》自序稱井氏收書所歷多年，叮見井氏藏書來源不限於四川任內所得，故此帙未必即爲蜀中所收刻本。

（二）《郡齋讀書志》自序稱「合吾家舊藏」（見衢本序文），則《郡齋讀書志》

〔註78〕同上，頁64。

〔註79〕同上，頁同。

內所著錄者，未必盡爲井氏所贈之書。

（三）《郡齋讀書志》著錄，袁本作「劉禹錫夢得集」，衢本則作「劉禹錫集」，書名未必盡同，此可疑一也。又即使依袁本書名爲「劉禹錫夢得集」，然而北京圖書館另藏一宋刊殘本，書名適同於此本，而版本則全然迴異，然則《郡齋讀書志》所著錄者究爲何本？此可疑二也。是故亦未足據此定《郡齋讀書志》所著錄確爲此本。

此三者既難證成其說，則屈氏以爲《郡齋讀書志》著錄此帙，由此證明此本爲蜀刻推論，亦自難成立。

復論屈氏以字體方整厚重，而定此帙爲蜀刻之說。傅增湘於《藏園群書經眼錄》卷十二集部一「劉夢得文集三十卷外集十卷」條下亦云：

> 此日本崇蘭館所藏，董君綬金已影印行世。全書大字疏古，紙墨精良，審其刀工，似是吾蜀所梓。〔註80〕

傅氏亦以此定爲蜀刻。然而蔣復璁與阿部隆一，則依據此帙「字體方整」而定其爲浙刻。以此之故，正如屈氏於〈談劉禹錫詩文集的兩個影宋本〉一文中，對於憑字體風格判斷刻地做法所提出之意見：

> 把它定爲蜀刊本，顯然不能僅僅根據這種出於「望氣」的揣測。〔註81〕

固因以審定字體推斷刻地，易近乎主觀臆測，故屈氏譬之於「望氣」云云。細驗此本字體，介乎歐、顏之間，是以論者見仁見智，各執一端，則終難就書中字體風格審定，而得出一客觀尺度，從而判定此一宋刊本《劉夢得文集》之必爲蜀刻。

以下更論屈氏論證中據《文苑英華》校語，定此爲蜀刻之說。屈氏據《文苑英華》卷九百八十八所載，劉禹錫〈祭柳員外文〉內「朋友製服」一句，以「製」字下有「蜀本作則」之校語，因此本適作「則」，而定此一宋刊劉集爲蜀刻本。屈氏所檢劉集諸本，除此本「製」字作「則」字外，其餘所見國立故宮博物院藏宋刊本《劉賓客文集》〔註82〕，及坊間通行之仁和朱氏結一廬《臕餘叢書》本《劉賓客文集》〔註83〕俱不作「則」字，故此屈氏得出此本爲蜀刻結論。然而此乃屈氏未嘗查攷此三者以外其他劉集版本，因而得出此一結論。現時北京圖書館所藏明范氏臥雲山房抄本《劉賓客文集》，所抄底本既避宋諱，版心抄錄原刊刻工皆爲宋人，故知此本亦源出宋刻。范氏

〔註80〕 同注70，卷十二集部一，頁1066。

〔註81〕 同注57，頁64～65。

〔註82〕 屈氏所據爲徐森玉珂羅版影印本，故其稱之爲「徐影」。同上，頁64。

〔註83〕 屈氏稱仁和朱氏結一廬《臕餘叢書》本《劉賓客文集》爲劉集「通行本」。同上，頁73，注10。

臥雲山房抄本《劉賓客文集》編次既與日本天理圖書館所藏宋刊本《劉夢得文集》迥異，可見兩者並非源於同一版本，翻查此一明抄本劉集，該句亦正作「朋友則服」。以此之故，既未能判定《文苑英華》所稱「蜀本」究指何種宋刻，則不能罔顧臥雲山房抄本亦同此異文，而遽定天理圖書館所藏宋刊本《劉夢得文集》即為《文苑英華》校語所稱之蜀本。

　　至於屈氏又以蜀刻《太平御覽》刻工多單、任二姓為由，而論證此書刻工單隆、單達、任顯、任達等亦同屬蜀地刻工，此點尤其缺乏確鑿證據。蓋因屈氏所舉列之蜀刻《太平御覽》刻工單遠、單阿亥、單輪保、單阿回、單桂一、單桂二、單壽三、單壽四、單和九、任通、任宏等多達十一人，當中竟無一與天理圖書館所藏宋刊本《劉夢得文集》內刻工單隆、單達、任顯、任達等四人名字相合。僅得姓氏相同，則不足為據以定此書刻工必為蜀人——因單、任二姓固非川中所獨有姓氏。

　　如上文所述，屈氏先定此一宋刊本《劉夢得文集》為紹興十年（1140 年）以前刻本，而蜀本《太平御覽》又有蒲叔獻慶元五年（1199 年）序文，因二者年代相差懸遠，故僅能舉其刻工同姓，謂當為蜀中世業相傳，冀能自圓其說。事實上正如屈氏推論，兩書刊刻年代相距甚遠，必無法藉蜀本《太平御覽》推知此一宋刊本《劉夢得文集》之刊地。此因年代不同，劉集刻工必不能於六十年後刻《太平御覽》一書，屈氏亦無法證實蜀中單、任二姓，必與劉集刻工有關，故知不能以此謂天理圖書館所藏宋刊本《劉夢得文集》即為蜀刻。

　　又上文已證知，屈氏紹興初刻之推論有誤，天理圖書館所藏宋刊本《劉夢得文集》之刊刻年代，僅能定其上限為自高宗即位——建炎元年（1127），下限為光宗紹熙二年（1191 年），於此六十五年之間刻成。倘據此推論，則其刊刻年代距蜀刻《太平御覽》之雕刊尚未太遠（光宗紹熙二年與寧宗慶元五年相去不過八年）。然而考乎島田翰《古文舊書考》，及長澤規矩也〈宋刊本刻工名表〉所載蜀本《太平御覽》刻工〔註84〕，復檢商務印書館影印宋蜀本《太平御覽》各葉版心刻工名字〔註85〕，俱無與此書刻工相同者〔註86〕。《太平御覽》卷帙浩繁，需羅致大量蜀中刻工雕刊，

〔註84〕 島田翰：《古文舊書考》（臺北：廣文書局《書目叢編》本，1967 年），頁 329～336。長澤規矩也.〈宋刊本刻工名表〉，《長澤規矩也著作集》（東京：汲古書院，1983 年），第三卷，頁 181。

〔註85〕 李昉等撰：《太平御覽》（北京：中華書局縮印 1935 年商務印書館影印南宋蜀刊本，1960 年）。

〔註86〕 其中有刻工王道二書俱見，然而並非同一人。屈守元以為蜀本《太平御覽》之「王道」，乃刻工「王道七」之簡稱（見屈氏〈談劉禹錫詩文集的兩個影宋本〉一文，頁 74 注 16 內所論。）；阿部隆一則以為二者恐屬同名異人，因於浙刻中又每見王道其

而數以百計刻工名字內，竟無一與此書相同，可見亦未能以《太平御覽》刻工姓名而論定此書爲蜀刻。

蜀刻之說既未能成立，其次更論浙刻主張。王國維因陸游跋《世說新語》有重刻劉集之語，而稱此一宋刊本《劉夢得文集》爲當日陸氏守嚴州之重刻本。然而傳世之宋刊劉集，至今可見者至少有三種不同刻本——北京圖書館所藏宋刊殘本《劉夢得文集》、國立故宮博物院所藏宋刊《劉賓客文集》，及今所論之天理圖書館所藏宋刊《劉夢得文集》，王氏並未具體論證陸氏重刊本劉集，是否即爲此一宋刊本《劉夢得文集》，故此嚴州刻本之說，必待進一步稽考方可取決，是以此一推論，其實亦有待商榷。

此本之決非陸游守嚴州時重刻本劉集，可由以下三方面論之：

（一）考乎陸游《世說新語》原跋，稱嚴州郡內重刻本劉集爲「劉賓客集」，然而天理圖書館所藏此一宋刊本則名爲「劉夢得文集」，兩者書名既異；而現藏於國立故宮博物院之另一宋刊本劉集，又正名爲「劉賓客文集」，與陸游《世說新語》跋內所稱重刻本名稱適同，則陸游《世說新語》跋內提及之「劉賓客集」，倘自書名推之，恐指名稱相若之國立故宮博物院所藏宋刊本《劉賓客文集》，多於指書名相去懸遠之天理圖書館所藏宋刊本《劉夢得文集》。

（二）其次陸游《世說新語》跋內稱郡中舊版遭火，故重刻《世說新語》、《南史》及《劉賓客集》諸帙。與此版本迥異現藏國立故宮博物院之宋刊《劉賓客文集》，書後有董弅守嚴州時所刻劉集跋文，以時地推之，陸氏所稱嚴州郡中舊版，其中廢於火之《劉賓客集》版，當即董弅守嚴州時原刻，則故宮博物院所藏宋本《劉賓客文集》爲陸氏重刻本之可能，實遠逾於此本多矣。

（三）又陸游跋中稱到郡後將《劉賓客集》與《南史》、《世說新語》一併重刻，其任內又刻《新刊劍南詩稿》。今可考見之嚴州宋刊本，有《南史》及《新刊劍南詩稿》，二書刻工相同者多至八人〔註87〕。天理圖書館所藏宋刊本《劉夢得文集》若爲陸游於嚴州重刻者，刻工當亦與上述二書大多雷

人（見阿部隆一〈天理圖書館藏宋金元版本考〉，頁 407。）。有關刻工王道身份，當於下文論此宋刊本《劉夢得文集》與《眉山七史》關係時詳述。

〔註87〕關於二書刻工姓名，《南史》刻工見於傅增湘《藏園群書經眼錄》卷三史部一所載；《新刊劍南詩稿》刻工，則見於北京圖書館所編《中國版刻圖錄》頁25，及《藏園群書經眼錄》卷十四集部三所載。兩者之相同刻工分別爲：王恭、李忠、金彥、金敦、張定、張明、翁祐、徐通等八人。

同。然而核對之下，除一張定之外，其餘刻工名稱絕無相同，故知此本決非陸游之嚴州重刻本——因若三書同時先後開雕，刻工不應更動至僅餘一舊人，是知此本當非陸氏嚴州重刻本。

至此可以得知，能審定是書刻工之所屬地域，即可決定此本之刊刻地區，昌彼得即據刻工而稱此宋刊本《劉夢得文集》「似在浙中刊版」，惜其未予詳述耳。

細審此書刻工，其中與世稱「眉山七史」之九行本宋刊南北朝七史（《宋書》、《南齊書》、《梁書》、《陳書》、《魏書》、《北齊書》、《後周書》）多有相同者，茲據商務印書館影印《百衲本二十四史》內所載此九行本宋刊南北朝七史，將各本中所見刻工，與天理圖書館所藏宋刊本《劉夢得文集》內所見相同者表列如下，以資考見其間關係：

天理圖書館所藏宋刊本劉集與宋刊南北朝七史刻工比較表

刻工姓名	與天理圖書館所藏宋刊本劉集刻工相同之九行本宋刊南北朝七史
王　信	《宋書》、《南齊書》、《梁書》、《陳書》、《魏書》、《周書》。
王　堪	《梁書》、《魏書》。
王　道	《魏書》
任　顯	《梁書》
任　達	《梁書》
單　昇〔註88〕	《魏書》
家　宗	《魏書》
夏　開〔註89〕	《北齊書》

兩者相較下，可見其中相同刻工多至一共八人，由此可見「眉山七史」之刊刻時地，必與天理圖書館所藏宋刊本《劉夢得文集》之刻地相若。是以能決定「眉山七史」之刻地，即可明確得悉此一宋刊本《劉夢得文集》之刊刻地區。

「眉山七史」刻地，自宋以來均謂其刻於四川眉山，故此以往將此等九行本宋刊南北朝七史冠以「眉山」二字。其說又源於晁公武。晁氏《郡齋讀書志》卷二上正史類「宋書」條下載：

　　嘉祐中，以宋、齊、梁、陳、魏、北齊、周書舛繆亡缺，始命館職讎

〔註88〕天理圖書館所藏宋刊本《劉夢得文集》內「昇」字作「升」，宋刊刻工多將姓名筆劃減省，二字當同。

〔註89〕百衲本《北齊書》作「下開」，「下」字當為「夏」字之簡化。

校。曾鞏等以祕閣所藏多誤，不足憑以是正，請詔天下藏書之家，悉上異本，久之始集。治平中，鞏校定南齊、梁、陳三書上之，劉恕等上後魏書、王安國上周書。政和中始皆畢，頒之學官，民間傳者尚少。未幾，遭靖康丙午之亂，中原淪陷，此書幾亡。紹興十四年，井憲孟爲四川漕，始檄諸州學官，求當日所頒本，時四川五十餘州，皆不被兵，書頗有在者，然往往亡缺不全，收合補綴，獨少後魏書十許卷，最後得宇文季蒙家本，偶有所少者，於是七史遂全，因命眉山刊行。〔註90〕

自是著錄諸家均祖晁氏之說，稱此爲「眉山七史」。至清代王國維始對此提出異議。王氏於〈五代兩宋監本考〉內「七史」條下，即明確指出昔人所稱爲「眉山七史」之宋刊南北朝七史非眉山舊刻，實爲南宋監本：

> 右南北朝七史，明南雍並有九行十八字舊板，即南宋監本。昔人皆以爲眉山七史，實則重刊北宋或眉山本耳。〔註91〕

於《傳書堂藏善本書志》史部「宋書」條，王氏對此更有具體而詳細申論：

> 每半葉九行，行十九字。明南監所藏，宋時刊板，有嘉靖八年、十年修補之葉。宋（案：當是「齊」字之誤）、梁、陳、魏、北齊、後周六書，板式皆與此同，世謂之「眉山七史」，亦謂之「蜀大字本」，實則北宋監本，南渡後江南、蜀中皆有翻刊，而今日所傳南監印本，皆江南本，非蜀中本也。〔註92〕

王氏以爲流傳至今之宋刊九行本七史實爲江南翻刻，並非當日晁公武所稱刻於蜀中之「眉山七史」。於《傳書堂藏善本書志》中，王氏更舉出文獻所載，以證成其說：

> 《玉海》（卷四十三）載嘉祐六年八月庚申，詔之三館祕閣校理宋、齊、梁、陳、後魏、周、北齊七史，書有不全者，訪求之。七年十二月，詔以七史板本（疑「校本」之訛）四百六十四卷，付國子監鏤板。是爲七史第一刻。晁氏《讀書志》：嘉祐中、以宋、齊、梁、陳、魏、北齊、周書舛謬亡闕，命館職讎校。治平中，曾鞏校定南齊、梁、陳三書上之，劉恕等上後魏書，王安國上周書。政和中始皆畢，頒之學官（嘉祐鑄板，至政和始畢者，蓋謂校畢。宋世諸史，往往刊後再校，校畢修板，《史記》、

〔註90〕 同註61，頁103～104。
〔註91〕 王國維：〈五代兩宋監本考〉，《王觀堂先生全集》（臺北：文華出版公司，1968年），第十一冊，頁4444。
〔註92〕 王國維：《傳書堂藏善本書志》（臺北：藝文印書館影印密韻樓寫本，1974年），第二冊，頁15。

《漢書》諸校本皆如是。）。紹興十四年，井憲孟爲四川漕，始檄諸非縣學，求當日所頒本，時四川五十餘州，皆不被兵，於是七史遂全，因命眉山刊行——此刊於蜀中者也。《玉海》載紹興九年九月七日，詔下諸郡，索國子監元頒善本校勘鏤板——此刊於江南者也。今世所傳七史，元時板在西湖書院，明時移入南監，則非蜀中刊本，而爲江南刊本，可斷言也。世人見宋大字本，輒謂之蜀本，如日本所覆《爾雅注》，末有李鶚書一行，明係南宋所覆五代舊監本；又如南監所印大字本《史記》，乃淮南轉運司所刊，題記具存，世皆謂之蜀本，則於南北朝七史，又何怪焉。〔註93〕

其後趙萬里推衍王國維之說，益以字體、刻工等，論證「眉山七史」之爲浙刻。其〈兩宋諸史監本存佚攷〉云：

南北朝七史，雖未詳確爲何地所刊，然必爲江南或浙杭附近所雕，則可斷言。……至南北朝七史，世稱之眉山本，亦謂之蜀大字本，蓋本《郡齋讀書志》，實則出於北宋舊監本，與眉山本無涉。江南、蜀中紹興間皆有翻刊。《玉海》卷四十三云：「嘉祐六年八月庚申，詔三館祕閣校理宋、齊、梁、陳、後魏、周、北齊七史書，皆不全者，訪求之。七年十二月詔以七史板本四百六十四卷，送國子監鏤板」。《晁氏讀書志》云：「嘉祐中以宋、齊、梁、陳、魏、北齊、周書舛謬亡缺，命館職讎校。治平中曾鞏校定南齊、梁、陳三書上之，劉恕等上校《魏書》，王安國上《周書》，政和中皆畢，頒之學官。紹興十四年，井憲孟爲四川漕，始檄諸非縣學官求當日所頒本。時四川五十餘州皆不被兵，於是七史遂全，因命眉山刊行」。此刊於蜀中者也。《玉海》云：「紹興九年九月九日詔下諸郡，索國子監元頒善本校對鏤板」。此刊於臨安者也。是臨安、蜀中二本，皆出北宋監本。然今所傳者，乃臨安本而非眉山本，其確證有三：傳世大字本七史，元時版入西湖書院，明時版在南監。凡入南監諸版，皆江南或浙閩所雕，無蜀中刻本。其證一。眉山刊書，當時最有盛名。傳世宋刻本確爲眉山本者，小字則有《冊府元龜》、《國朝二百家名賢文粹》、《東都事略》諸書，大字則有蘇文定、蘇文忠、秦淮海、陳后山、洪盤洲諸家全集。諸書無論大小字本，刊工體勢與傳世宋刊七史均不合，而七史字體方整古厚，與浙本相近。其證二。七史中《梁書》版心下記刊工姓名有龐知柔等所刊。觀於龐等重修《梁書》，其爲浙刊而非蜀刊，斷可知矣。其證三。世每見大字本，

〔註93〕同上，頁同。

輒謂之蜀本，遂並淮南漕司本《史記》亦謂之蜀大字本，則於七史又何怪焉。〔註94〕

趙氏之說大體同於王國維之言，唯多字體、刻工兩項耳。

今更詳論七史刻地如下。晁公武於《郡齋讀書志》中稱，嘉祐中七史舛繆亡缺，故命館職讎校。考諸《玉海》卷四十三藝文部「嘉祐校七史」條下載：

> 嘉祐六年八月，校梁、陳等書鏤板。七年冬始集，八年七月，《陳書》始校定。〔註95〕

於《玉海》同卷中又提到：

> 嘉祐六年八月庚申，詔三館秘閣校理宋、齊、梁、陳、後魏、周、北齊七史，書有不全者訪求之。〔註96〕

又今所見宋刊九行本《南齊書》有治平二年（1065年）牒文云：

> 崇文院嘉祐六年八月十一日，敕節文：《宋書》、《齊書》、《梁書》、《陳書》、《後魏書》、《北齊書》、《後周書》，見今國子監並未有印本，宜令三館秘閣，見編校書籍官員，精加校勘，同與管勾使臣選擇書，如法書寫板樣，依《唐書》例，逐旋封送杭州開板。〔註97〕

自以上敕令七史「封送杭州開板」記載可知，七史原刻於杭州。及遭丙午之禍，國子監書板為金人輦載北去，是以高宗南渡後遂有求書之詔，其後即大規模重雕北宋原先經史圖籍。《玉海》卷四十三藝文部「乾德求書」條下載：

> 紹興二年二月甲子，詔平江守臣訪求圖籍。四月，詔分經、史、子、集四庫，分官日校。三年四月二十一日，劉岑請詔求四方求遺書，從之。十三年七月九日，又詔廣行訪募，法漢氏之前規，精校遺亡，按開元之舊目。〔註98〕

同書卷四十三藝文部「景德群書漆板」條下又載：

> 紹興九年九月七日，詔下諸郡索國子監元頒善本校對鏤板。……二十一年五月，詔令國子監訪尋五經三史舊監本刻板。上曰：「其他闕書，亦

〔註94〕趙萬里：〈兩宋諸史監本存佚攷〉，國立中央研究院所編：《慶祝蔡元培先生六十五歲論文集》（北平：中央研究院歷史語言研究所，1933年），上冊，頁171～172。

〔註95〕王應麟：《玉海》（臺北：華文書局影印國立中央圖書館藏元後至元三年（1337年）慶元路儒學刊本，1964年），頁852。

〔註96〕同上，頁853。

〔註97〕見雙鑑樓藏宋蜀大字本《南齊書》書後牒文。《縮印百衲本二十四史》（上海：商務印書館，1958年），頁528。

〔註98〕同註95，頁851。

令次第鏤板，雖重皆所費，亦不惜也」。緜是經籍復全。〔註99〕

由此可知，南渡之初屢訪求舊監本重刊經史圖籍，《玉海》內「其他闕書，亦令次第鏤板」，及「經籍復全」等記載，皆足證紹興間國子監曾於江南重刻經史一事。至於晁公武《郡齋讀書志》內稱井度於眉山刻七史，與此當爲二事。因傳世九行本七史，原刻既出杭州，則翻刻自當於此，不必遠赴蜀中也。岳珂於《刊正九經三傳沿革例》中「書本」條下即稱：

紹興初，僅取刻板于江南諸州。〔註100〕

自岳珂以上所記，知紹興初經傳等刻版皆取自江南諸州，可見各種經籍於江南自有刻本，不獨井度刻於蜀中也。

其次，傳世九行本七史，其補板版心有「至元十八年杭州錢弼刊」，及「至元十八年杭州劉仁刊」等字樣，可以證明元代時七史原板當在杭州，故得於至元間補板。由此可知傳世九行本七史，自嘉祐中開板刻於杭州，至紹興間下詔諸郡索國子監原頒善本重刻，然後下遞至元代，七史刻版皆於江南流傳，本與井度蜀中所刻七史無涉。

對此張元濟又提出另一說法，以爲傳世九行本七史皆眉山所刻，不過其後書版離蜀入浙而已。張氏《百衲本二十四史・宋書跋》云：

右《宋書》爲宋眉山刊本。……是本刊於蜀中，陸存齋謂明洪武中取天下書版實京師，其版遂歸南京國子監，然是本列傳第三十四，版心有署「至元十八年杭州錢弼刊」者；第五十八有署「至元十八年杭州劉仁刊」者，是在元時此版已離蜀矣。〔註101〕

張氏篤信此本原刻於蜀，乃受晁公武「眉山七史」之說影響，如其《百衲本二十四史・南齊書跋》中，即引《郡齋讀書志》晁氏稱井度刻七史於眉山一節，以明是書「當是紹興蜀中重刊之本」〔註102〕。然而張氏又未能解開種種矛盾處，其《百衲本二十四史・宋書跋》又云：

余嘗見宋慶元沈中賓在浙左所刊《春秋左傳正義》，其刻工姓名與是本同者有：張堅、劉昭、史伯恭、李忠、李允、金滋、劉仁、張亨、張斌、周明、宋琚、何昇、何澄、朱玩、方堅、方至、蔣容、方中、王明、

〔註99〕同上，頁853～854。
〔註100〕岳珂：《刊正九經三傳沿革例》（臺北：臺灣商務印書館《叢書集成簡編》本，1965年），頁1。
〔註101〕見商務印書館《縮印百衲本二十四史》本，影印嘉業堂藏宋蜀大字本《宋書》書後所附張氏跋文。《縮印百衲本二十四史》（上海：商務印書館，1958年），頁1396。
〔註102〕張元濟著，顧廷龍編：《涉園序跋集錄》（上海：古典文學出版社，1957年），頁58。

王信、余敏、張升、王壽三、王壽、嚴智、王定、李師正、張明、徐大中、楊昌、吳志、沈文、孫日新等，其餘六史，同者亦夥，其鐫工亦極相肖，是又宋時此版先已入浙之證。卷中字體遒斂，與世間所傳蜀本同出一派。其版心畫分五格者，可定爲蜀中紹興原刊，餘則入浙以後，由宋而元遞有補刻。〔註103〕

張氏既本舊說，深信七史刻自眉山；復因字體遒斂，近於傳世蜀刻，而定此爲眉山刊本，然而因所舉刻工俱爲浙人，則顯與蜀本之說相互牴牾，故不得不以書版離蜀入浙之說釋之，並以版心畫分五格者爲蜀中原刻，餘則浙中補刻，冀能以此自圓其說。

考之宋刊九行本七史，版心既有畫分五格者；亦有畫分三格者；更有完全不分格，僅有單魚尾於版心者，式樣不一而足。張氏未明言何以定版心分五格者爲蜀中原刻，然而今所論之天理圖書館所藏宋刊本《劉夢得文集》，版心悉畫分六格，亦無魚尾，同樣依次記書名、卷數、頁數、刻工姓名等，是以若七史版心畫作五格者果爲蜀刻，則此《劉夢得文集》亦當屬同一刻地。

此外版本學專家潘美月教授著有〈南宋重刊九行本七史考〉一文，專論宋代九行本七史之版本問題。〔註104〕潘氏於文中嘗取百衲本七史內版心畫分五格之刻工列成一表，證明張元濟以上所論之不足入信。潘氏於文中論此云：

> 按傳世宋本確刻於眉山而可信者，南宋初葉刊本有《蘇文忠文集》，刻工有宋彥（見中央圖書館宋本圖錄）；《蘇文定公文集》，刻工有袁次一、李閩（見中央圖書館宋本圖錄）。南宋中葉刻本有《新刊增廣百家詳註唐柳先生文》，刻工有張福孫、文望之、史丙（見《中國版刻圖錄》）；《新刊國朝二百家名賢文粹》，刻工有王朝（見《中國版刻圖錄》）。今檢上表所列刻工無一人與此眉山本相同。然考所列刻工如許忠、陳榮、張明、王誠、朱宥、徐高、王華等，皆南宋初葉浙江刻工，散見於南宋初葉浙刻本各書中；如張亨、孫琦、沈文、陳壽、沈珍、邵亨、求裕、占讓、蔣榮祖、王桂、俞榮、高異、楊明、王才、王壽、王榮、陳新、龐知柔等，皆南宋中葉浙江刻工，散見於南宋中葉浙刻本各書中。……此外，如胡慶十四、李寶、徐泳、胡昶、茅文龍、茅化龍、弓華、劉仁、鄭埜、何建、徐友山、蔣佛老、范堅、張阿狗、任阿伴等，皆元代杭州地區刻工，散見於宋杭州

〔註103〕同註101，頁同。

〔註104〕潘美月：〈南宋重刊九行本七史考〉，國立故宮博物院編：《故宮圖書季刊》，第四卷，第一期（1973年），頁55～92。

刻元遞修本各書之元修版部分。張氏《宋書》跋文中所舉列傳第五十八，
署有至元十八年杭州劉仁刊者，亦見於上表所列，其所謂蜀中原刊葉之刻
工中。跋文所舉宋慶元沈中賓在浙左所刊《春秋左傳正義》之刻工姓名，
與上表所載蜀中原刊葉刻工相同者，有劉仁、張亨、王壽、張明、沈文等。
綜上數點，則張氏所謂「版心畫分五格者可定爲蜀中紹興原刊」之說，其
不可信者亦明矣。〔註105〕

潘氏論析具體深入，自其上述所舉各端，可得以下結論：

（一）九行本七史版心畫分五格者，自刻工年代考訂，可見其實包括紹興初至
　　　元代遞修之版，並非如張元濟所稱「其版心畫分五格者，可定爲蜀中紹
　　　興原刊」。

（二）於九行本七史之內，舉凡版心畫分五格者，俱無蜀地刻工。

（三）所見九行本七史內版心畫分五格之刻工，無論南宋初、南宋中葉抑元代
　　　補版者，俱屬浙地刻工。

自潘氏論證可以明確得知，張元濟以爲宋刊九行本七史書版原刻於蜀，及後又入浙
補修之說實不足爲據。

　　茲結合上述所引各文獻，並一併歸納論宋刊九行本七史之刻地問題。七史既原
刻於杭州，如《玉海》所載，紹興二年至二十一年（1132～1151）間，南宋朝廷屢
於江南重刻經史，則宋刊九行本七史，不必即爲晁公武所稱井度刻於眉山之本。以
字體而論，張元濟以其「字體遒斂，與世間所傳蜀本同出一派」，據此推論七史原刊
於蜀；然而趙萬里則以七史「字體方整古厚，與浙本相近」，而以爲浙刻，可見於此
未有一客觀證據足以定其是非。然而刻工一項，最足以證明此本原刻於浙中。潘美
月於論證當中，明確指出七史內版心畫分五格者其刻工皆屬浙地工匠；自張元濟及
趙萬里對七史論述中，又知版心畫分五格以外之刻工亦爲浙人，是以宋刊九行本七
史刻地，自茲可證爲浙刻無疑，如此則既合於《玉海》所載，亦合乎七史書版於元
代時保存於杭州等種種事實。

　　傳世所謂「眉山七史」之刻地既得澄清，則與此刻工多同之天理圖書館藏宋刊
本《劉夢得文集》刻地，亦得以藉此推定其同屬浙中所刻。

　　除此之外，更可自此宋刊《劉夢得文集》書中刻工身份，直接證明此本之爲
浙刻。其中刻工王信於淳熙中刊《通鑑紀事本末》於嚴州，又於南宋初年於贛州
刊《文選》；王榮於南宋初於杭州刊《漢書》及《後漢書》；王元於紹興中爲湖北

〔註105〕同上，頁70。

茶鹽司刊《漢書》，俱見諸長澤規矩也〈宋刊本刻工名表〉〔註 106〕。張定於淳熙十四年（1187 年）刻《新刊劍南詩稿》及《南史》於嚴州，均見於傅增湘《藏園群書經眼錄》內〔註107〕；又刻工王道，於乾道二年（1166 年）刊《孔氏六帖》於泉南郡庠，見於阿部隆一〈天理圖書館藏宋金元版本考〉內〔註108〕，又於湖州刊《思溪丹覺大藏經》，見於尾崎康〈宋元刊南北史・七史および隋書について〉一文〔註 109〕。然而「王道」其名，又見於慶元間蜀刊《太平御覽》，及蜀刻《蘇文定公文集》〔註110〕，當爲同名異人耳。

　　綜上所述，自此本之流傳情況、史料記載，及刻工活動區域考之，足以證明日本天理圖書館所藏宋刊本《劉夢得文集》，既非王國維所稱陸游重刻於嚴州之劉集刊本，亦非屈守元所稱之蜀中所刻劉集。由以上多方論證，可以明確得知此本爲浙刻無疑。經上述考證所得，雖未確知此帙刻於浙中何處，然而諸家論爭及有關此帙刻地之疑問，庶幾可於此一一廓清焉。

〔註106〕同注 69。
〔註107〕同注 70。
〔註108〕同注 75，頁 407。
〔註109〕尾崎康：〈宋元刊南北史・七史および隋書について〉，《斯道文庫論集》，第二十輯
　　　　　（1983 年），頁 309。
〔註110〕同上，頁同。

第四章　國立故宮博物院所藏宋刊本
《劉賓客文集》版本考略

　　傳世三種宋本劉禹錫文集，除前兩章所述現藏北京圖書館殘存四卷之宋刊本《劉夢得文集》，及現藏於日本奈良縣天理市天理圖書館內之宋刊本《劉夢得文集》外，最後一種宋本劉集，爲現藏國立故宮博物院之宋刊本《劉賓客文集》。國立故宮博物院所藏宋刊本《劉賓客文集》，與天理圖書館所藏宋刊本《劉夢得文集》，同樣全書內、外集俱全，較諸北京圖書館所藏僅殘存四卷之宋刊本《劉夢得文集》卷帙更爲完整。屈守元先生論國立故宮博物院所藏此一宋刊本《劉賓客文集》之版本價值時，即將之與天理圖書館所藏宋刊本《劉夢得文集》相提並論，認爲兩者「基本上反映了兩部完整的宋刊本面貌，是研究劉禹錫詩文最重要的版本。」〔註1〕於所撰〈談劉禹錫詩文集的兩個影宋本〉一文中，論述上述兩種宋本劉集版本問題後，更提出以下結論：

　　　　經過初步比較，「董影」（按：即屈氏所據之天理圖書館所藏宋刊本
　　　《劉夢得文集》董康影本，）、「徐影」（按：即屈氏所據之國立故宮博物
　　　院所藏宋刊本《劉賓客文集》徐森玉影本）的佳勝之處，實遠非通行諸
　　　本所能及，毫無疑問，兩個影宋本是現存劉集最好的版本。〔註2〕

可見屈氏於比對校勘宋本與通行諸本後，將故宮博物院所藏宋刊本《劉賓客文集》，與天理圖書館所藏宋刊本《劉夢得文集》，同時推許爲「現存劉集最好的版本」。民國初年傅增湘曾借閱此帙，並以通行本互校，得出結論爲此一宋刊本《劉賓客文集》

〔註1〕見屈守元：〈談劉禹錫詩文集的兩個影宋本〉，載屈守元、卞孝萱合撰：《劉禹錫研究》
　　　　（貴陽：貴州人民出版社，1989年），頁1。
〔註2〕同上，頁16。

為「傳世劉集最善之本也」。〔註3〕

　　北京圖書館所藏宋刊殘本《劉夢得文集》，及天理圖書所藏宋刊本《劉夢得文集》之版本問題既已考述如上，以下將對傅增湘所稱，此一現藏故宮博物院「傳世劉集最善之本」之宋刊本《劉賓客文集》，自版本式樣、流傳概略及刊刻時地等版本問題，依次加以考述。

第一節　故宮博物院所藏宋刊本《劉賓客文集》版本式樣考

　　現藏國立故宮博物院之宋刊本《劉賓客文集》，全書四十卷，內分《劉賓客文集》三十卷，《劉賓客外集》十卷，共十二冊，〔註4〕桑皮紙印，原書版框長一六・二公分，廣一一・七公分。〔註5〕內集每半葉十二行，每行二十二字（按：間有二十一、二十三字者）；外集則每半葉十三行，每行亦二十二字。白口，左右雙闌，有界。版心具單黑魚尾，〔註6〕無每葉字數，魚尾下記書名簡稱並卷數，以卷一為例，即標「文一」（外集作「禹一」）於魚尾之下。版心中記葉數，其下刊刻工姓名。書前無首序與總目，每卷正文前有該卷篇目，卷一首行大題：「劉賓客文集卷第一」，次行低一格署：「正議大夫檢校禮部尚書兼太子賓客贈兵部尚書劉禹錫」（餘卷無題署），三行低兩格，標全卷篇目，正文後隔行標明「劉賓客文集卷第一」（見圖版一）。外集則首行大題：「劉賓客外集卷第一」，次行低一格小題「詩四十六首」，三行低三格，列該卷篇目，正文後亦隔行標明「劉賓客外集卷第一」（見圖版二）。

〔註3〕傅增湘：《藏園群書經眼錄》（北京：中華書局，1983 年），卷十二，集部一，頁 1066。

〔註4〕國立故宮博物院編：《國立故宮博物院宋本圖錄》（臺北：國立故宮博物院，1977 年），頁 151。

〔註5〕昌彼得：〈跋宋刊本劉賓客文集〉，《慶祝蔣復璁先生七十歲論文集》（臺北：國立故宮博物院《故宮季刊》編輯委員會，1969 年），頁 211。

〔註6〕其中刊工楊思所刻之葉，版心每為雙黑魚尾，或三黑魚尾，詳見下一節「刊刻時地」部份之申論。

圖版一　故宮博物院所藏宋刊本《劉賓　圖版二　故宮博物院所藏宋刊本《劉賓
　　　　客文集》內集首頁書影　　　　　　　　客文集》外集首頁書影

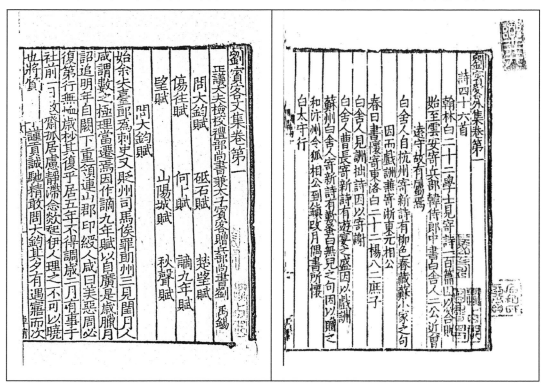

　　全書闕二葉：內集卷十三之第三、第六葉。編次與傳世各本俱同，僅日本天理圖
書館藏宋刊本內集與此迥異。遇宋諱：玄、弦、絃、泫、鉉、眩、懸、朗、敬、儆、
警、驚、擎、竟、境、鏡、弘、泓、殷、慇、匡、筐、恇、胤、耿、恆、緪、禎、貞、
偵、楨、徵、懲、署、樹、勗、讓、吉、畢、蹕、桓、完、莞、筦、構、購、遘、殼
等，均闕筆，唯亦有不諱者，宋高宗（1127〜1162）以下諸帝諱均不避。

　　書中所見刻工有：王、文、江、劉、宝、元、迁、明、楊、泉、棠、思、王
文、方迁、方通、方遠、江泉、江孫、李棠、徐立、徐宗、卓宥、楊明、羊思、
楊思、駱元、駱昇、嚴定、劉寶、張明、葉明等，有宋時修補葉。卷一、十一、
二十一及外集卷一大題下均鈐有方形朱文「篤」、「壽」渾珠印，及長方形朱文「遼
西郡圖書印」印記；卷十、二十、三十及外集卷十末葉左下角，均鈐有方形白文
「項篤壽印」，及方形朱文「萬卷堂藏書記」印記；首冊末護葉又有葫蘆形朱文「眞
賞」，及方形白文「華夏」二印。另有方形朱文「白和氏眞賞」印，鈐於外集卷一
首葉右欄外下角；又有長形白文「樂天」印鈐於卷十末葉左欄內側，及外集卷一
首葉右上角（見圖版二）。又扉葉有「嘉靖乙巳四月觀于中甫華君之東沙草堂文嘉」

觀款，其下有朱文「休」、「承」連珠印（見圖版三）。書後又有傅增湘所書「歲在
戊午二月江安傅增湘借讀四月讀畢謹記」觀款一行（見圖版四）。

圖版三　故宮博物院所藏宋刊本《劉　　圖版四　故宮博物院所藏宋刊本《劉賓
　　　　賓客文集》扉葉華夏鈐及文　　　　　　　客文集》書後傅增湘觀款
　　　　嘉題記

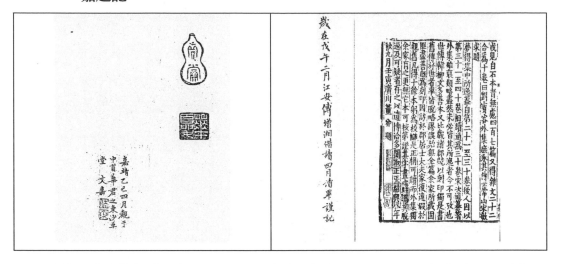

外集卷十後附後序二篇，一為無年代之宋敏求（1019～1079）後序，一為紹興
八年（1138 年）九月之董棻〔生卒不詳，紹興七年（1137）知嚴州〕後序。宋敏求
後序言傳世劉集逸其十卷，故特裒輯劉禹錫遺文，合為《劉賓客外集》十卷之經過
大略；董序則記述校讎並刻印此書之緣起。兩篇均為研究劉集版刻流傳之重要材料
（見圖版五）。

圖版五　故宮博物院所藏宋刊本《劉賓客文集》外集卷十後所附宋敏求及董棻後序

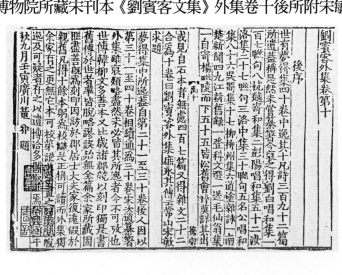

　　陳振孫（約 1183～1249）《直齋書錄解題》卷十六別集類上「劉賓客集三十卷外集十卷」條下稱：

　　　　集本四十卷，逸其十卷，常山宋次道裒輯其遺文，得詩四百七篇，雜
　　文二十二篇為外集，然未必皆十卷所逸也。〔註7〕

陳氏《直齋書錄解題》內所載劉集散逸情況，及宋敏求裒輯劉禹錫集外遺文，而編成劉賓客外集等以上各資料，當即據宋敏求及董弅二人後序而撰述。又因傳世劉集諸本書後俱缺去宋、董二人後序，是以歷來著錄諸家亦僅援引陳氏之說述其大略，鮮有直接提及此兩篇後序者。

第二節　故宮博物院所藏宋刊本《劉賓客文集》流傳概略考

　　國立故宮博物院所藏宋刊本《劉賓客文集》，宋、元以來未見著錄於藏書家筆下，入明以後僅見於豐坊〔生卒不詳，嘉靖二年（1523 年）進士〕〈眞賞齋賦〉之內著錄。〔註8〕近代則著錄於傅增湘（1872～1949）《藏園群書經眼錄》卷十二集部一，國立故宮博物院《國立故宮博物院宋本圖錄》內亦著錄此帙。〔註9〕日本版本學家阿部隆一《中國訪書志》內有此帙解題。〔註10〕單篇論文則有國內學者昌彼得所撰〈跋宋刊本劉賓客文集〉〔註11〕，及屈守元所撰之〈談劉禹錫詩文集的兩個影宋本〉〔註12〕，兩篇專文均考述此宋本劉集之版本問題。

　　此書之流傳大略，可自其中鈐印、觀款，及其餘文獻所載考見。是書首冊末護葉鈐有「眞賞」、「華夏」等印，故知此帙於明時嘗藏於華夏眞賞齋中。華夏（？～1648）字中甫，號東沙子，又號「東沙居士」〔註13〕，明嘉靖時人，世居無錫。《無錫金匱縣志》卷二十二「文苑」記其人：

〔註7〕陳振孫：《直齋書錄解題》（臺北：廣文書局《書目續編》本，1968 年），卷十六，
　　　　別集類上，頁994。
〔註8〕豐坊：〈眞賞齋賦〉，繆荃孫輯：《藕香零拾》（光緒三十四年（1908 年）原刊本），
　　　　第二五冊。
〔註9〕同注3。
〔註10〕阿部隆一：《中國訪書志》，（東京：汲古書院，1983 年），頁277～279。
〔註11〕同注5，頁211～218。
〔註12〕屈守元：〈談劉禹錫詩文集的兩個影宋本〉，《四川師範學院學報》，1977 年第三期，
　　　　頁64～74。
〔註13〕相臺岳氏家塾刊本《周禮註》內，鈐有「華夏私印」、「東沙居士」等印，可知華夏
　　　　又號「東沙居士」。見傅增湘：《藏園群書經眼錄》（北京：中華書局，1983 年），卷
　　　　一，經部一，頁45。

華夏，字中甫，少師事王守仁，守仁謫龍場驛，夏周旋患難。中歲與
吳下文徵明、祝允明輩為性命交。〔註14〕

豐坊於所撰〈眞賞齋賦〉內載華夏其人云：「東沙子夏，字曰中甫。」〔註15〕並於
其下注云：

中甫乃南坡之孫，而小山翁欽之長子。幼鞠於祖母錢碩人，錢卒，終
身慕之。李文正爲篆題：「東沙」。遊王陽明、喬白巖之門，而海內名公，
若邵二泉、呂涇野、都南濠、王南原、陳石亭、蔡林屋、文衡山、鄒東郭、
高公次、林志道、黃勉之尤相善。〔註16〕

可知華夏號「東沙」之由。又正以其本爲無錫望族，故得以廣交當世名公雅士。王
世貞（1526～1590）於〈延祥鄉役田記〉中稱：

今天下財賦，獨江南最大。江南常州部邑，獨無錫最大。無錫諸區，
又獨南延最大，其長賦者又最觥。區之田可十餘萬畝，無他姓，皆華氏田。
〔註17〕

以其財力富贍，故得恣意鑑眞搜古。文徵明（1470～1559）於〈眞賞齋銘序〉內記
華夏之雅好圖史：

家本溫厚，蓄甾所入，可以裕欲，而於聲色服用，一不留意。惟圖史
之癖，精鑒博識，得之心而寓於目。每併金懸購，故所蓄咸不下乙品。自
弱歲抵今，垂四十年，志不少息。〔註18〕

可見華夏數十年來之一意搜古。亦惟其博雅好古，是以築眞賞齋以貯藏圖籍鼎彝。
《無錫金匱縣志》又載華夏構建眞賞齋之經過：

搆眞賞齋於東沙，藏三代鼎彝、魏晉以來金石縑素，品鑒推江東巨眼。
徵明爲之銘眞賞齋，拓本妙埒「宣和」，「停雲」、「快雪」而下，不敢望也。
〔註19〕

豐坊於〈眞賞齋賦〉內亦記述建眞賞齋經過稱：「乃闢故址，開三徑，建新齋，閟
幽境。……縣李書，原米名。」〔註20〕並於其下注云：「米元章有『平生眞賞』印。」

〔註14〕 斐大中：《無錫金匱縣志》（臺北：成文出版社景印光緒七年（1881年）刊本，1970
年），卷二二〈文苑〉，頁379。

〔註15〕 同注8，頁10。

〔註16〕 同上。

〔註17〕 王世貞：〈延祥鄉役田記〉，載沐雲叟：《錫金志外》（臺北：成文出版社景印道光二
十六年（1846年）刊本，1983年）卷二，頁185。

〔註18〕 文徵明：〈眞賞齋銘序〉，載沐雲叟：《錫金志外》，頁196。

〔註19〕 同注14。

〔註20〕 同注8。

〔註21〕故知華夏眞賞齋之所以取名「眞賞」，源於米芾「平生眞賞」之印而來。華夏建成眞賞齋，李東陽特爲以八分書扁〔註22〕，文徵明爲作〈眞賞齋銘〉，豐坊爲撰〈眞賞齋賦〉，堪稱一時盛事。其中所藏，多世所罕覩者，文徵明〈眞賞齋銘序〉又載：

> 室廬靚深，庋閣精好，讌談之餘，焚香設茗，手發所藏，玉軸錦縹，爛然溢目。法書之珍有鍾太傳〈薦季直表〉、王右軍〈袁生帖〉、虞永興〈汝南公主墓銘起草〉，王方慶〈通天進帖〉、顏魯公〈劉中使帖〉、徐季海絹書〈道經〉，皆魏晉唐賢劇蹟，宋元以下不論也；金石有：周穆王壇山古刻、蔡中郎石經殘本、淳化帖初刻、〈定武蘭亭〉、下至〈黃庭〉、〈樂毅〉、〈洛神〉諸帖，則其次也；圖畫器物，抑又次焉，然皆不下百數，於乎富哉！〔註23〕

文徵明〈眞賞齋銘序〉以上所錄，不過言其大略而已。就豐坊〈眞賞齋賦〉所記即知，王獻之所書〈洛神賦〉，華氏齋中即具全帙。豐氏記其事云：

> 王獻之好寫〈洛神賦〉，世傳惟十三行，中甫獨得其全，且鐫搨獨精妙，奇寶也。〔註24〕

可見華夏眞賞齋內藏品之精。至若其中所收藏各類文獻珍本，豐坊於〈眞賞齋賦〉內更舉出：

> 暨乎劉氏《史通》、《玉臺新詠》，則南唐之初梓也；聶宗義《三禮圖》、俞言等《五經圖說》乃北宋之精帙也。荀悅《前漢紀》、袁宏《後漢紀》，嘉史久遺；許嵩《建康錄》、陸游《南唐書》，載記攸罕；宋批《周禮》，五采如新；古注《九經》，南雍多闕。〔註25〕

豐氏所舉皆其中尤者。其餘次一等者，諸如：相臺岳氏《左傳》、建安黃善夫《史記》〔註26〕，如豐氏之言，皆「傳自宋元，遠有端緒，牙籤錦笈以爲藏，天球河圖而比

〔註21〕同上。
〔註22〕豐坊〈眞賞齋賦〉又云：「太史李文公八分題扁曰：『眞賞齋』。眞則心目俱洞，賞則神境雙融。林文公爲圖爲銘，昭其趣也。」同注8，頁7。
〔註23〕同注18，頁197。
〔註24〕同注8，頁5。
〔註25〕同上。
〔註26〕黃善夫，〈眞賞齋賦〉原文作「王善夫」（見頁5）。案：「王」字當爲「黃」字之誤。黃氏爲宋時建陽名肆，《中國版刻圖錄》載有宋建安黃善夫刊《史記集解索隱正義》書影圖版（圖版一七五、一七六），是書目錄後有「建安黃善夫刊于家塾之敬室」牌記，可證此節。

重。」〔註27〕華氏眞賞齋內所庋藏此等宋元珍本中，即數有此一宋刊劉集。於豐氏〈眞賞齋賦〉內載：

> 《劉賓客集》。共四十卷，內《外集》十卷。〔註28〕

所稱正爲此一宋刻本《劉賓客文集》。又豐氏於〈眞賞齋賦〉內「握如脂之古印」句下注云：

> 白玉螭紐三印，今改刻：瓢印曰「眞賞」、方印一曰「華夏」、一曰「眞賞齋印」。〔註29〕

今於故宮博物院所藏宋刊本《劉賓客文集》一書內所見，首冊護葉所鈐葫蘆形朱文「眞賞」，及方形白文「華夏」二印（見圖版三），即豐氏賦中所言「白玉螭紐三印」其中之二，益證此一宋刊本《劉賓客文集》，確曾藏於華夏眞賞齋之中。又扉葉所題「嘉靖乙巳四月觀于中甫華君之東沙草堂文嘉」之觀款（見圖版三），知嘉靖廿四年（1545）文嘉曾於華夏處觀賞此帙。文嘉（1501～1583），字休承，號文水，文徵明子，善書畫，官至和州學正，〔註30〕華夏與文徵明既雅善，則其子文嘉自可爲眞賞齋常客，此觀款下所鈐「休」、「承」連珠印，所刻即爲文嘉之字。

此外自書中所鈐「篤」、「壽」連珠印，及「項篤壽印」、「萬卷堂藏書記」等印記（見圖版一、二及四），可知其後此一宋刻本《劉賓客文集》又歸項篤壽（1521～1586）所有。過廷訓《本朝分省人物考》卷四十五〈項篤壽〉條，記項氏生平云：

> 項篤壽，字子長，秀水人，嘉靖壬戌進土，授刑部主事，改南歷考功郎，……持論甚正，而多與當事忤。出爲廣東參議，不赴任。篤壽爲鄭端簡婿，受其學。博綜通達，不究其用而卒。〔註31〕

項篤壽生平又見於焦竑《國朝獻徵錄》卷九十九〈廣東布政使司左參議少谿項公篤壽墓志〉內：

> 大夫名篤壽，字子長，別號少谿。生正德辛巳五月癸亥，卒萬曆丙戌九月癸丑，享年六十有六。〔註32〕

可知項氏名篤壽，字子長，別號少谿，爲明嘉靖浙江嘉興府秀水人，生於武宗正

〔註27〕同注8，頁7。
〔註28〕同上，頁6。
〔註29〕同上，頁19。
〔註30〕吳晗：《江浙藏書家史略》（北京：中華書局，1981年），頁123。
〔註31〕過廷訓：《本朝分省人物攷》（臺北：成文出版社景印明天啓二年（1622年）刊本，1971年），卷四五〈項篤壽〉條，頁3795。
〔註32〕〈廣東布政使司左參議少谿項公篤壽墓志〉，焦竑：《國朝獻徵錄》（臺北：臺灣學生書局景印國立中央圖書館藏明刊本，1965年），卷九九，頁65。

德十六年（1521 年），世宗嘉靖四十一年（1562 年）登進士，卒於神宗萬曆十四年（1586 年）。其弟即墨林山人項元汴（1525～1590），朱彝尊（1629～1709）〈書萬歲通天帖舊事〉載云：

> 其季弟子京（案：元汴字子京），以善治生產富，能鑒別古人書畫金石文玩物，所居天籟閣，坐質庫估價，海內珍異，十九多歸之。顧嗇于財，交易既退，予價或浮，輒悔，至憂形于色，罷飯不啜。子長偵諸小童，小童告以實，子長過而問曰，弟近收書畫，有銘心絕品，可以霽心悅目者乎？子京出其價浮者，子長賞擊不已，如子京所與值償焉，取以歸。其友愛若是。〔註33〕

項篤壽除自其弟項元汴處收得書畫外，本身亦一藏書大家。王世貞〈項伯子詩集序〉記其事云：

> 伯子（案：篤壽兄元淇）業素饒，有弟仲、季（案：即篤壽、元汴），伯子篤好書籍，仲、季亦好書籍。〔註34〕

可知項篤壽之篤好書籍。又朱彝尊於〈書萬歲通天帖舊事〉內，載項篤壽性好藏書，及其庋藏經過：

> 性好藏書，見祕冊，輒令小胥傳抄，儲之舍北萬卷樓。〔註35〕

於此朱彝尊稱項篤壽藏書處爲「萬卷樓」，然而項氏自稱其藏書樓則曰「萬卷堂」。今檢《天祿琳琅書目》卷二所著錄《唐宋名賢歷代確論》，其中即有「項篤壽印」，及「萬卷堂藏書記」鈐印，〔註36〕與此宋刻劉集適同；又《寶禮堂宋本書錄》集部著錄《河東先生集》，亦有「項篤壽印」、「項氏萬卷堂圖籍印」鈐印，〔註37〕俱可證明項篤壽藏書處當爲「萬卷堂」。

故宮博物院所藏宋刊本《劉賓客文集》，何時自華夏眞賞齋流入項氏萬卷堂中，雖未可確考，惟自文嘉「嘉靖乙巳四月觀于中甫華君之東沙草堂」觀款，可以推知嘉靖廿四年（1545 年）四月以前，此書已入藏於眞賞齋之中。又豐坊〈眞賞齋賦〉後署：

〔註33〕 朱彝尊：〈書萬歲通天帖舊事〉，載朱彝尊：《曝書亭集》（臺北：世界書局，1964 年），卷五三，頁 625。

〔註34〕 王世貞：《弇州山人續稿》（臺北：文海出版社影印明崇禎間刊本，1970 年），卷四三，頁 2318。

〔註35〕 同注 33。

〔註36〕 彭元瑞：《欽定天祿琳琅書目》，《書目續編》（臺北：廣文書局，1968 年），卷二，頁 127～129。

〔註37〕 潘宗周：《寶禮堂宋本書錄》（臺北：文海出版社，1963 年），集部，頁 16～17。

　　　嘉靖二十八年，屠維作噩，月在鶉火之次，日在參，前進士、天官尚

　書郎、南隅外史豐道生人叔著。〔註38〕

因賦內尚著錄此帙，故知嘉靖二十八年（1549 年）此書尚存於華夏眞賞齋中。文徵明〈眞賞齋銘序〉稱華夏因數十年來雅好搜古，以致家道中落：

　　　每併金懸購，故所蓄咸不下乙品，自弱歲抵今，垂四十年，志不少怠，

　家坐是稍落。〔註39〕

正如以上文徵明所稱，華夏中歲以後家道稍挫，因而將部份藏品出讓，其中鬻與項篤壽者頗眾。《墨緣彙觀》卷上〈法書〉類之內，著錄有蔡襄《八帖冊》，其中並記：

　　　在明曾經錫山華氏所收，有「眞賞」、「華夏」二印。後歸項篤壽家，

　每幅有項氏收藏印。〔註40〕

又於《式古堂書畫彙考》卷十八所載〈虞伯生書雍公誅蚊賦并識卷〉，其中記項元汴題識云：

　　　此帖今藏余家，往在無錫蕩口，得於華氏中甫處，少溪家兄（案：篤

　壽號少谿）重購見貽之物。元汴。〔註41〕

自項元汴所記，可見華夏眞賞齋舊藏，頗不乏流入項篤壽萬卷堂者。此宋刊本《劉賓客文集》，當亦於此際歸於項篤壽萬卷堂所有。

　　宋刊本《劉賓客文集》書內鈐印，除「篤壽」、「項篤壽印」及「萬卷堂藏書記」爲項氏藏章外，其中「遼西郡圖書印」，當亦爲其鈐印（見圖版一及二）。因《石渠寶笈續編》著錄項元汴孫項聖謨（1597～？）之〈天寒有鶴守梅花圖〉，鈐印中有「大宋南渡以來遼西郡人皇明世冑之中嘉禾處士」印，〔註42〕故知項氏先世嘗居河北一帶，而以遼西郡人自居。又潘宗周《寶禮堂宋本書錄》載宋白鷺洲書院刊本《漢書》，亦有「浙右項篤壽子長藏書」、「遼西郡圖書印」等鈐印；宋白鷺洲書院刊本《後漢書》，則有「浙右項篤壽子長藏書」、「項篤壽印」、「少谿主人」及「遼西郡圖書印」等鈐印。〔註43〕《天祿琳琅書目》卷二載有《唐宋名賢歷代確論》，並鈐有「項篤

〔註38〕同注 8，頁 26。

〔註39〕同注 18，頁 197。

〔註40〕安岐：《墨緣彙觀》（臺北：正中書局影印宣統元年（1909）武昌刻本，1958 年），卷上〈法書〉，頁 28。

〔註41〕虞集：〈虞伯生書雍公誅蚊賦并識卷〉，卞永譽：《式古堂書畫彙考》（上海：鑑古書社影印吳興蔣氏密均樓藏本，1921 年），卷十八。

〔註42〕王杰、彭元瑞：《欽定祕殿珠林石渠寶笈續編》（開平譚氏區齋影印內府鈔本，1948 年）。

〔註43〕同注 37，史部，頁 5～9。

壽印」、「萬卷堂藏書記」及「遼西郡圖書印」諸印；〔註44〕兼之宋刊本《劉賓客文集》書內「遼西郡圖書印」鈐印，其篆文刀法，與書內所鈐「萬卷堂藏書記」之印文絕相類。綜合以上各端，故得推定此印亦爲項篤壽之藏章。

及後此一宋刊本《劉賓客文集》又流入清室大內。依朱彝尊〈書萬歲通天帖舊事〉之言，項篤壽後人俱爲宦達：

> 子長子德楨，萬曆丙戌進士；夢原，萬曆己未進士。德楨子鼎鉉，萬
> 曆辛丑進士；聲國，崇禎甲戌進士。鄉人以爲厚德之報也。〔註45〕

因項氏後人多通顯，由此推知此書於篤壽身後仍應存於項家。及至乙酉之亂〔案：順治二年（1645年）清軍陷嘉興〕，項氏世代珍藏遂於兵亂中散佚一空。《明通鑑》附編卷二下，記順治二年事云：

> 自六月至閏月，大兵連下蘇、常，克嘉興，于是紹興諸郡亦多望風納
> 款。〔註46〕

項篤壽姪孫聖謨，於所作〈三招隱圖〉畫卷上題識記當日之事：

> 于閏六月廿有六日，禾城既陷，劫火熏天，余僅子身負母，并妻子遠
> 竄，而家破矣。凡余兄弟所藏，祖君之遺，法書名畫，與散落人間者，半
> 爲踐踏，半爲灰燼。〔註47〕

自項聖謨題識所記可知，項氏屢世珍藏悉數喪失於當日嘉興城陷之中。又朱彝尊於〈項子京畫卷跋〉內，記項氏所藏盡散失於乙酉之亂一事：

> 予家與項氏世爲婚姻，所謂天籟閣者，少日屢登焉。乙酉以後，書畫
> 未燼者，盡散人間。〔註48〕

不獨項元汴天籟閣所藏，於乙酉之亂中盡失；項篤壽所珍藏書畫，亦悉數散佚於此次兵燹之中。朱彝尊〈書萬歲通天帖舊事〉云：

> 聲國（案：篤壽孫）字仲展，除知雅州事，卒于京師，予祖姑歸焉。
> 乙酉之亂，祖姑避地深村，長物盡失。〔註49〕

故知篤壽珍藏，至其孫聲國而後，盡失於嘉興城陷之中。姜紹書《韻石齋筆談》嘗

〔註44〕同注36。
〔註45〕同注33，頁626。
〔註46〕夏燮：《明通鑑》（臺北：世界書局，1962年），附編卷二下，清順治二年（1645年）條，頁3592。
〔註47〕陸心源：《穰梨館過眼錄》（臺北：學海出版社影印光緒十七年（1891年）吳興陸氏家塾刊本，1975年），卷三一，頁1313～1314。
〔註48〕朱彝尊：〈項子京畫卷跋〉，載朱彝尊：《曝書亭集》，卷五四，頁643。
〔註49〕同注33，頁626。

載其事：

> 乙酉歲，大兵至嘉禾，項氏累世之藏，盡爲千夫長汪六水所掠，蕩然無遺。〔註50〕

據此言之，則項氏累世珍藏，未毀於戰火者，俱爲清兵所掠去。今檢《祕殿珠林》、《石渠寶笈》諸編，及《式古堂書畫彙考》、《故宮書畫錄》各帙，其中著錄清宮所藏法書名畫，多爲項篤壽、項元汴舊藏，可證姜氏所言非虛。此一宋刊本《劉賓客文集》，當亦於乙酉之亂——即順治二年（1645年）以後流入清宮之內。

清代時此宋刊本《劉賓客文集》一直藏於承德避暑山莊，成清帝賞玩禁臠，世人無由得見。傅增湘於《藏園群書經眼錄》卷十二集部一著錄此帙時，曾提及此節：

> 此故宮藏書，自承德避暑山莊移來者，徐君森玉主館事時曾影印行世。〔註51〕

又李盛鐸於〈民國吳興徐氏景印宋紹興刻本《劉賓客文集》跋〉內記此帙出處，亦提到其此一宋版劉集，其先儲於清室之避暑山莊一事：

> 小字本《劉賓客文集》三十卷，《外集》十卷，宋紹興初刊。藏之天府，在熱河避暑山莊，人間無由得見也。〔註52〕

避暑山莊在今河北省承德市內。《承德府志》內記載康熙年間興建承德避暑山莊之原因：

> 康熙四十二年，肇建避暑山莊，爲時巡展覲，臨朝聽政之所。〔註53〕

故此宋刊本《劉賓客文集》之入藏熱河行宮避暑山莊，當在清聖祖康熙四十二年（1703年）以後。然而觀乎此帙，並無乾、嘉以來諸帝藏章，復闕內府殿閣收藏等鈐印；復考諸《天祿琳琅書目》、《天祿琳琅書目續目》、阮元《四庫未收書目提要》等著錄，俱未嘗提及此本。即使《四庫全書》所收入劉集，亦僅揚州所進鈔本，〔註54〕由此推論，此一宋刊本《劉賓客文集》當於乾隆九年（1744年），敕檢內府善本庋藏昭仁殿，而成天祿琳琅祕藏以前，經已儲存於承德避暑山莊之內，

〔註50〕姜紹書：《韻石齋筆談》，《美術叢書》（上海：神州國光社，1928年），卷下〈項墨林收藏〉條，頁11。

〔註51〕同注3。

〔註52〕李盛鐸：《木犀軒藏書題記及書錄》（北京：北京大學出版社，1985年），集部，頁35。

〔註53〕廷杰：《承德府志》（臺北：成文出版社影印光緒十三年（1887年）重訂本，1968年），卷一「山莊」條，頁1。

〔註54〕永瑢等總裁，紀昀等總纂：《四庫全書總目提要》（北京：中華書局影印浙江杭州刊本，1965年），卷一五〇，集部別集類三，頁1290。

是以宮中及內府諸書目均未予著錄。

　　此書庋藏於避暑山莊垂二百載，至清末民初始移諸故宮。先是於宣統元年（1909），學部具摺奏請移熱河行宮典藏書籍至京。於〈學部奏籌建京師圖書館摺〉內具載其事：

　　　　竊查中祕之書，內府陪都而外，惟熱河文津閣所藏尚未遺失。近年曾
　　經熱河正總管世綱、副總管英麟查點一次，與避暑山莊各殿座陳設書籍，
　　一併查明開單具奏在案。擬懇聖恩俯准，將文津閣《四庫全書》並避暑山
　　莊各殿座陳設書籍，一併賞交臣部祗領，敬謹建館存儲。〔註55〕

學部此一奏摺上後，其議未行而清室覆亡。民初內務部依前清此一奏案，提交熱河行宮庋藏書籍至京。民國四年（1915年）教育部致函京師圖書館館長夏曾佑時，提到起運熱河前清行宮書籍入京一事：

　　　　民國三年，內務部起運熱河前清行宮書籍及陳列各件來京，是項書籍
　　即隨同他項物品，由內務部交付所設之古物陳列所收管。〔註56〕

故知此宋刊本《劉賓客文集》當於民國三年（1914年），自熱河避暑山莊運至北平，並一度入藏於古物陳列所。

　　觀乎書後「歲在戊午二月江安傅增湘借讀四月讀畢謹記」觀款（見圖版四），可知傅增湘於民國七年（1918年）二月至四月間，曾將此宋刊《劉賓客文集》借出，是以傅氏得以著錄於其《藏園群書經眼錄》之內，並記謂：

　　　　余嘗以校朱氏結一廬新刊本，是正良多，傳世劉集最善之本也。〔註57〕

其後古物陳列所將此帙陳列於故宮武英殿內，供人觀賞。徐森玉（1881～1971）曾取出影印，李盛鐸（1858～1935）即購得徐氏影印本，並於〈民國吳興徐氏影印宋紹興刻本《劉賓客文集》跋〉內記其事云：

　　　　近年，行宮寶物移入京師，陳列武英殿，縱人觀覽。徐子森玉商典守
　　者假歸，以西法影出付印，公諸同好，可為《中山集》發一異彩矣。〔註58〕

今《增訂四庫簡明目錄標注續錄》著錄「民國吳興徐氏影印宋紹興刊本」，即為此一影本。

〔註55〕見《學部官報》第一百期宣統元年（1909年）八月初五日〈學部奏籌建京師圖書館
　　　　摺〉。轉引自李希泌、張椒華編：《中國古代藏書與近代圖書館史料》（北京：中華書
　　　　局，1982年），頁133。
〔註56〕見《京師圖書館檔案》1915年9月4日〈教育部飭京師圖書館館長夏曾佑文〉。轉
　　　　引自《中國古代藏書與近代圖書館史料》（北京：中華書局，1982年），頁205。
〔註57〕同註3。
〔註58〕同註52。

及至「九一八」事變遽起（1931 年），宋刊本《劉賓客文集》遂與故宮其餘文物圖籍等，於 1933 年南運上海，繼而轉徙於南京，庋藏於朝天宮之內。直至抗戰期間，此帙又隨其餘文物播遷至重慶。〈國立故宮博物院善本舊籍總目序〉記此甚詳：〔註59〕

> 「九一八」事變後，華北動盪，政府爲策安全，下令本院選擇精品南遷，……於二十二年與古物、文獻兩館所選文物，分批南運，初貯上海，後移南京，於朝天宮建庫藏置。抗戰爆發，播遷四川。勝利還都，幸安然無恙。〔註60〕

自以上記載，可知宋刊本《劉賓客文集》於抗戰時流離播遷之經過，亦知抗戰勝利後此帙一度又運返首都。至於此書遷臺之始末，昌彼得嘗詳述之：

> 先是民國二十二年十月五日中央政治會議第三七七次會議決議，內政部所屬古物陳列所所存物品，均劃作中央博物院基本物品，直至勝利復原後，始由中央博物院籌備處將南遷物品，分批接收保管，此書遂歸藏於中央博物院，得以播遷來臺。〔註61〕

故知因此帙原屬古物陳列所藏品，是以其後依中央政治會議決議撥歸中央博物院所有。宋刊本《劉賓客文集》遂於遷臺以後，移諸國立故宮博物院善本書庫之內庋藏。於《國立故宮博物院宋本圖錄》內稱此帙：

> 爲國立中央博物院舊藏，今移厝本院善本書庫庋置。〔註62〕

國立故宮博物院於 1965 年復置於臺北士林外雙溪，〔註63〕此宋刊本《劉賓客文集》現藏於院內圖書館善本書庫。

此帙自明時入藏華夏眞賞齋，至庋藏於國立故宮博物院，其間幾經兵燹災劫，而猶得存於天壤間，豈非前人所謂文字英靈，在在處處有神物護持者邪？噫！斯亦詩人之幸歟。

〔註59〕 按：〈國立故宮博物院善本舊籍總目序〉詳述故宮博物院所藏文物播遷大略，據昌彼得〈跋宋刊本劉賓客文集〉（同注 5，頁 217）稱，「九一八」事變後，古物陳列所圖書文物隨故宮博物院遷徙，故可以此序述此書之轉徙概況。

〔註60〕 國立故宮博物院編：《國立故宮博物院善本舊籍總目》（臺北：國立故宮博物院，1983年），頁 4 序文。

〔註61〕 同注 5，頁 217～218。

〔註62〕 見國立故宮博物院編：《國立故宮博物院宋本圖錄》（臺北：國立故宮博物院，1977年），宋刊本《劉賓客文集》解題。

〔註63〕 王景鴻：〈開啓故宮知識寶庫的鑰匙——國立故宮博物院圖書館〉，《故宮文物月刊》，第三一期（1985 年），頁 92。文中謂：「及至民國六十四年政府因應需要，選定在景色宜人的外雙溪，恢復設置國立故宮博物院，直屬行政院，並於是年十一月十二日正式開放展覽。」

第三節　故宮博物院所藏宋刊本《劉賓客文集》刊刻時地考

　　故宮博物院所藏宋刊本《劉賓客文集》雖早於明代已著錄於豐坊〈眞賞齋賦〉內，然而豐氏僅以「傳自宋元，遠有端緒」稱之（見以上第二節所述），則是未能考見其確實之刊刻時地。又此帙每冊封面書籤上，俱題：「舊刊劉賓客集」〔註64〕，故知題署人亦未確定此本究爲何時何地所刻。及後因此書藏諸天府，人間無由得見，遂再鮮有論及此者。至近世始有傅增湘、昌彼得、屈守元諸先生著文論及此節，唯其持論各異，其中亦不無可商榷之處。茲更將是帙之刊刻年代、刊刻地域諸問題，自其版式、行款、刻工、避諱闕筆，及文獻記載與諸家著錄等，詳論宋刊本《劉賓客文集》之版本問題如下。

一、故宮博物院所藏宋刊本《劉賓客文集》刊刻年代考

　　因故宮博物院所藏宋刊本《劉賓客文集》於書後附有紹興八年（1138年）董弅後序，記述刻印此書之緣起，是以論者每據之判定此帙之刊刻年代。傅增湘《藏園群書經眼錄》卷十二集部一著錄此本，即稱此帙爲：「宋紹興八年嚴州刻本」。〔註65〕又李盛鐸《木犀軒藏書題記》，亦以此本爲「宋紹興初刊」；〔註66〕其後屈守元於所撰〈談劉禹錫詩文集的兩個影宋本〉一文中，亦以董弅後序所題年月爲據，定此爲紹興八年刊本。〔註67〕

　　顧諸家之所以有此推論，除本乎故宮博物院所藏宋刊本《劉賓客文集》書後董弅序外，實又受陸游（1125～1210）之言所左右而致。明嘉靖十四年（1535）袁褧嘉趣堂刻本《世說新語》，書後錄有陸游跋文：

> 郡中舊有《南史》、《劉賓客集》版，皆廢于火，《世說》亦不復在。
> 游到官始重刻之，以存故事。《世說》最後成，因併識于卷末。淳熙戊申
> 重五日新定郡守笠澤陸游書。〔註68〕

故知陸游於淳熙十五年（1188）嘗於嚴州（案：嚴州古稱新定）重刻《世說新語》、

〔註64〕見吳哲夫〈故宮宋版書之旅〉一文，頁83此帙圖片。吳哲夫：〈故宮宋版書之旅〉，《故宮文物月刊》，第三一期（1985年），頁82～91。

〔註65〕同注3。

〔註66〕同注52。

〔註67〕屈氏於〈談劉禹錫詩文集的兩個影宋本〉一文中，即謂：「浙刻董氏原本即『徐影』」（案：屈氏所據爲此帙之徐森玉影本，故稱之爲「徐影」）。《四川師範學院學報》，1977年，第三期，頁68。

〔註68〕見明嘉靖十四年（1535年）袁褧嘉趣堂刻本《世說新語》書後所附陸游跋文。此處據《中國版刻圖錄》書影。北京圖書館編：《中國版刻圖錄》（京都：朋友書店影印本，1983年），圖版四一三。

《南史》，及《劉賓客集》等書籍。

圖版六　嘉靖十四年袁褧嘉趣堂刻本《世說新語》書後陸游跋文

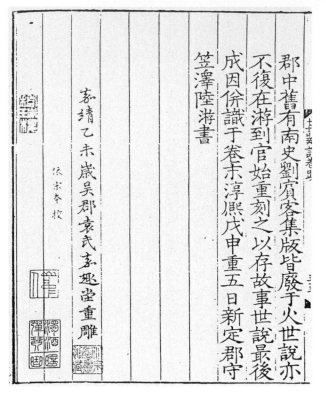

陸游知嚴州之具體年月，可於陳公亮所撰《嚴州圖經》之內考見：

　　淳熙十三年七月初三日，以朝請大夫權知；淳熙十五年七月初六日

滿。〔註69〕

自以上記載可以得悉，陸游知嚴州之確實時間爲淳熙十三年（1186 年）七月初三日，至淳熙十五年（1188 年）七月初六日。《嚴州圖經》又載其先董弅知嚴州之時期爲：

　　紹興七年十一月初三日，以左朝奉大夫充徽猷閣待制知；紹興九年八

月初五日罷任。〔註70〕

故知董弅於高宗紹興七年（1137 年）十一月初三日，至紹興九年（1139 年）八月初五日期間知嚴州。因二人俱曾於嚴州任內刊印劉集，又陸氏既稱「郡中舊有」《劉賓

〔註69〕陳公亮：《嚴州圖經》（臺北：大化書局影印光緒丙申漸西村舍本，1980 年），卷一，頁 32。
〔註70〕同上，頁 34。

客集》版，正合乎董弅嚴州任內刊行劉集一事，是以傅增湘即以爲此一宋刊本《劉賓客文集》，實爲董弅之嚴州舊刻。傅氏於《藏園群書經眼錄》內推定此宋刊本《劉賓客文集》版本時就提出：

此即放翁跋《世說》中之嚴州舊版廢於火者。〔註71〕

屈守元亦以爲此一宋刊本《劉賓客文集》即董弅原刻，蓋亦本諸陸氏跋文而有此推論。屈氏〈談劉禹錫詩文集的兩個影宋本〉一文內，論及此帙版本問題時即謂：

據陸游的《世說新語》跋文講，董弅所刻的《劉賓客文集》版片，在陸游知嚴州前，已「廢于火」，「《世說》亦不復在」。陸游到嚴州，才把一起被火災的《南史》和這兩部書重刻。陸游起知嚴州在淳熙十三年（1186年）。那時距董弅刻成《劉賓客文集》四十八年，而此書版片早已「廢于火」。〔註72〕

若如傅增湘、李盛鐸及屈守元等之見，此帙果爲陸游跋《世說新語》內所稱之嚴州舊版，則是董弅原刻當刊行於紹興八年（1138年）前後，然而昌彼得據避諱闕筆及刻工年代二事考之，則有異乎傅、李、屈三家之論。昌氏於〈跋宋刊本劉賓客文集〉一文中，論故宮博物院所藏此一宋刊本《劉賓客文集》之刻版年代時明確指出：

攷此本避宋諱至構字止，孝宗以下諸帝諱嫌不避，當是宋高宗時代所刊版。〔註73〕

昌氏據書中避諱闕筆至高宗諱名「構」字，而孝宗以下諸帝諱嫌則不避，由此推定此一宋刊劉集爲高宗世之刊本。昌氏復自刻工年代考論此帙之刊刻年代，並推論謂：

復攷其刻工如卓宥、李棠、方逵、方通、羊思、楊思、江泉、楊明、劉寶、嚴定、王文等皆爲南宋初葉浙江地區刊雕良匠。如卓宥於紹興年間爲國子監刊雕《漢書》及《後漢書》，見國立中央圖書館及北平圖書館藏本；又於南宋初年刊《周禮鄭注》，見《寶禮堂宋本書錄》。方逵、方通、羊思、楊思、江泉、楊明、劉寶、嚴定等於紹興年間刊《世說新語》，王文於紹興年間刊雕《吳志》及《宛陵集》，均見長澤規矩野氏編〈宋元刻工名表初稿〉。則此本之爲高宗紹興年間浙中刻本，殆無可疑。〔註74〕

昌氏雖以避諱及刻工二事，定此爲紹興間浙刻，然而復據書中所見刻工之年代，否定此本爲紹興八年董弅刻本。昌氏於〈跋未刊本劉賓客文集〉一文中論此謂：

〔註71〕同注3。

〔註72〕同注12，頁67。

〔註73〕同注5，頁212。

〔註74〕同上。

　　然亦不可能爲紹興八年董弅氏所原刻。蓋卓宥於光宗時嘗刊雕《論
衡》，李棠、張明嘗爲兩浙東路茶鹽司刊雕《周易註疏》及《尚書正義》，
均見〈宋元刻工名表〉、攷八行註疏合刻本《禮記正義》載有紹熙三年黃
唐後序謂：「本司舊刊《易》、《書》、《周禮》，正經註疏，萃見一書」。《周
易》與《尚書》刊年雖不可確攷，然其本據《文祿堂訪書記》之記載，已
避敦字諱，敦字爲光宗嫌名，則其書要亦光宗初年所刊版。自高宗紹興八
年下至光宗紹熙元年，凡五十三年。如以十八歲始習其業，年逾七十高齡
猶未退休，一工匠似不可能從業如此之久。由此推之，則此本殆爲紹興末
年浙中從董本翻刻，或距事實不遠也。〔註75〕

則以刻工從業年限，推論此帙爲紹興末年浙中重刻董弅刊本。其後阿部隆一於所著
《中國訪書志》內著錄此書，論及此書刊刻年代一節，亦據昌氏此一推論，而以爲
並非董氏原刻。

　　しかし越刊八行本には補刻市にその名が見え、紹興八年刊とすれ
ば、その間少くとも約五十年餘の距りがあり、刻工から考えれば紹興八
年刊とするにはかなり無理となる。從って昌彼得氏は紹興末年浙に於け
る董本よりの翻刻と推定した。〔註76〕

　　雖然故宮博物院所藏宋刊本《劉賓客文集》之刻版時地，前人經考論如上，然
而夷考上述諸家持論，則可見其中頗有可商榷者。若傅增湘、屈守元諸等所論，僅
據董弅後序及陸游《世說新語》跋文，而判定此帙爲紹興八年董氏原刻，實未免有
斷案過早之嫌。此帙雖具董弅後序，然而未必即爲原刻，因重刻之際亦可將此序一
併收入，此其一也。

　　又陸氏跋《世說新語》，雖稱嚴州舊有此書之刻版，惟陸氏知嚴州於孝宗淳熙十
三年（1186年），上距高宗紹興八年（1138年）幾五十載，其間嚴州書版之變易如
何，諸家對此既未予以深考，則未可遽指陸跋所稱郡中劉賓客集舊版，即爲此宋刊
本《劉賓客文集》，此其二也。

　　倘故宮博物院所藏宋刊本《劉賓客文集》果爲董弅所刻劉集之重刻本，則於
陸游跋中，既云於嚴州任內將此帙及《世說新語》等一併重刻，誠如傅增湘於《藏
園群書經眼錄》內著錄此宋刊劉集時所稱：「其刊工有與《世說新語》及余藏《新
刊劍南詩稿》同者。」〔註77〕傅氏所稱此一《新刊劍南詩稿》，乃淳熙十四年（1187

〔註75〕同上。
〔註76〕同注10，頁279。
〔註77〕同注3。

年）陸游於嚴州任內所刊。〔註78〕既然此宋刊《劉賓客文集》之刻工，同於陸游嚴州任內所刊《新刊劍南詩稿》，以是言之，又焉知此帙非陸游當日知嚴時之重刊本？此其三也。

又此帙倘為嚴州以外地區，據董弅所刊《劉賓客文集》再翻刻者，則自董弅而後，此書之刊刻時間，更未可以董氏後序，及陸氏跋文推求得知，此其四也。合此數端，則知所謂董弅紹興八年原刻之說，原未足以一下定案。

至於昌彼得以避諱闕筆及刻工年代，推定此帙為紹興末年刻本者，雖可謂探賾索微，然其立論純以此本避諱闕筆至於高宗嫌名，乃定其刊刻年代不逾紹興之世；又以其中刻工，有見於光宗時之刊本者，故合此二端而推定此帙為紹興末年所刻。然而宋本避諱闕筆，每有欠缺嚴謹者，如吉州本《歐陽文忠公集》，既有周必大慶元二年（1196年）跋語，則必後至寧宗之世刻成，然而是書雖避宋諱極謹，唯止於孝宗（1163〜1189）嫌名而已〔註79〕，可證避諱欠嚴謹，乃宋刊中每見之事，未足以此推定此宋刊《劉賓客文集》必刻於高宗之世。

其次昌氏又以刻工內有光宗時刻書者，故疑此宋刊劉集既有相同刻工，則不應於紹興初刻成，由此有此帙當刻於紹興末之推論，藉以殺減其間年代之差距。然而此中有一極重要之問題，關乎審定此帙刊刻年代，而又為昌氏所未論及者——此即是帙之修補問題。傅增湘既曾目驗此書，其後著錄於《藏園群書經眼錄》內，即謂其中：「有宋時修補之葉」。〔註80〕是以既有宋時之修補葉，若適於光宗之世補刊蠹損舊版，自當雜有光宗時刻工在內——倘以此推定是帙之刊刻年代，則每易將先後混淆，因惑於補刊刻工年代，而有較原刻為晚之年代推定。

因舊說於論定此帙刊刻年代問題上容有未盡善處，是以此帙之刊刻年代當重行推求。若綜上所論，就所知之董弅後序、陸游跋語，及具宋時修補闕葉等各方面資料結合推斷，故宮博物院所藏宋刊本《劉賓客文集》之刻成時間，有如下四種可能：

（一）為紹興八年（1138），董弅於嚴州任內所刊之原刻本，其後曾予以修補闕葉。

〔註78〕　北京圖書館編：《中國版刻圖錄》（京都：朋友書店影印本，1983年），《新刊劍南詩稿》解題，頁25。

〔註79〕　見傅增湘《藏園群書經眼錄》卷十三集部二所著錄宋慶元二年（1196年）周必大吉州刊本《歐陽文忠公集》，記此書謂：「附錄末有編定、校定、覆校銜名，更有周必大跋語。」又謂：「避宋諱極謹，至慎字止。」傅增湘：《藏園群書經眼錄》，卷十三集部二，頁1148〜1149。

〔註80〕　同注3。

（二）為陸游於淳熙十三年（1186 年）至淳熙十五年（1188 年）知嚴州期間，據董弅本重刻之刊本，之後嘗修補闕葉。

（三）為陸游據董本重刻《劉賓客文集》之後，再據陸氏重刻本翻雕之劉集刊本。

（四）為董弅刻成《劉賓客文集》之後，嚴州以外地區據董氏刻本翻雕之刊本，嗣後曾修補闕葉。

如前文所述，董弅、陸游開雕諸書，俱在嚴州任內，今考乎鄭瑤之《景定嚴州續志》卷四「書籍」一項，其中開列嚴州經史詩文方書凡八十種，所載有：「大字《劉賓客集》」、「《世說》」、「《南史》」等目〔註 81〕。陸游跋《世說新語》所稱，重刻郡中舊有《劉賓客集》、《南史》及《世說》諸書，正與《景定嚴州續志》所錄契合。然而《景定嚴州續志》所載劉集，是否即為此帙，則猶待深考始可下一斷語。《景定嚴州續志》所稱此一「大字《劉賓客集》」，王國維（1877～1927）以為即是陸游知嚴州時之重刻本，惟其以舊藏日本崇蘭館之《劉夢得文集》屬之而已。王國維於〈兩浙古刊本考〉內「大字劉賓客集」條下注云：

> 日本京都崇蘭館藏大字本，文集三十卷，外集十卷，每半葉十行，行十八字，殆即嚴州所刊。此淳熙戊申陸放翁守嚴時重刊，見放翁《世說》跋。〔註82〕

王氏以上所稱，淳熙十五年（1188 年）陸放翁守嚴時重刊之舊藏崇蘭館宋本《劉夢得文集》——即現藏於日本天理圖書館之宋刊本《劉夢得文集》，固與此嚴州重刊本劉集無涉，此節經於前一章論之甚詳。然而必須注意者為，《景定嚴州續志》所錄之「大字《劉賓客集》」，與陸游重刊本之關係究竟如何？又是否即為國立故宮博物院所藏之此一宋刊《劉賓客文集》？凡此諸端，倘能尋得其中真相，則此帙之刊刻時地問題，信可迎刃而解。

至於傅增湘於《藏園群書經眼錄》內，謂此帙刻工有與《世說新語》，及陸游刻於嚴州之《新刊劍南詩稿》相同者，倘如傅氏所言，則故宮博物院所藏之此一宋刊《劉賓客文集》，極有可能即為陸游於嚴州任內之重刻本。

細檢載於《景定嚴州續志》內與此有關典籍，其中至今可考者，除此一「大字《劉賓客集》」外，尚有《世說新語》、《南史》、《新刊劍南詩稿》及《通鑑紀事本末》

〔註81〕 鄭瑤：《景定嚴州續志》（臺北：大化書局景印文瀾閣傳抄本，1980 年），卷四，頁 10 及 12。

〔註82〕 王國維：〈兩浙古刊本考〉，《王觀堂先生全集》（臺北：文華出版公司，1968 年），第十一冊，頁 4629。

等。其中傅增湘所稱同此劉集刻工之《世說新語》，即日本前田氏尊經閣所藏宋刊本，〔註83〕其中刻工與故宮博物院所藏宋刊《劉賓客文集》同者，計有：方遷、方通、方邍、江泉、羊思、楊思、楊明、徐宗、葉明、劉寶、嚴定等人〔註84〕。若因字體簡省，而推定「羊思」及「楊思」當爲同一人，則兩者之相同刻工竟多至十人之眾。由此可以明確推論，故宮博物院所藏此一宋刊本《劉賓客文集》，必與上述宋刻本《世說新語》於同一時地開雕。

又傅氏《藏園群書經眼錄》卷三史部一，載有一宋刊本《南史》。《藏園群書經眼錄》記其中刻工有：王恭、吳棠、金彥、金敦、余政、徐通、徐遺、徐達、姜仲、李紹、李忠、周彥、何彥、朱貴、張明、張定、張暉、翁祐等人。〔註85〕倘將兩書中所見之刻工加以比對，即知除張明一人外，其餘刻工均與故宮博物院所藏此一宋刊本《劉賓客文集》相異。反之此一宋刊本《南史》，與《藏園群書經眼錄》及《中國版刻圖錄》所載宋淳熙十四年嚴州郡齋刻本《新刊劍南詩稿》刊工，其同者有：李忠、王恭、張定、張明、金彥、金敦、翁祐、徐通等八人。〔註86〕以是推知上述四種宋刊本實可分爲兩類：《世說新語》與此《劉賓客文集》爲同時同地所刻一類；而《南史》與《新刊劍南詩稿》則爲另一時地所刻。

據傅增湘《藏園群書經眼錄》卷十四集部三所載，此宋刊本《新刊劍南詩稿》書內有鄭師尹題署。傅氏所記云：

> 前有序二葉，大字九行，題淳熙十四年臘月幾望門人迪功郎監嚴州在城都稅務括蒼鄭師尹謹書。〔註87〕

淳熙十四年（1187年）適在陸游知嚴州期間，鄭師尹既在嚴州任內題署此帙，則此本必爲陸游守嚴時或稍後之嚴州刻本。又陳振孫《直齋書錄解題》卷二十詩集類下，載有「《劍南詩稿》二十卷、《續稿》六十七卷」，並對此帙記述如下：

> 陸游務觀撰。初爲嚴州，刻前集稿，止淳熙丁未。自戊申以及其終，

〔註83〕傅增湘於《藏園群書經眼錄》內著錄「宋刊本《世說新語注》」條下，即以爲此書乃「紹興間嚴州官本」，並注明此書藏於「日本前田氏尊經閣」。傅增湘：《藏園群書經眼錄》（北京：中華書局，1983年），卷九，頁746～747，。

〔註84〕《世說新語》一書之刻工姓名，見長澤規矩也〈宋刊本刻工名表〉。長澤規矩也：〈宋刊本刻工名表〉，《長澤規矩也著作集》（東京：汲古書院，1983年），第三卷，頁167。

〔註85〕見傅增湘《藏園群書經眼錄》卷三，史部一「宋刊本《南史》」條下所記，頁179。

〔註86〕此本刊工，見諸傅增湘《藏園群書經眼錄》卷十四集部三者有：張明、張戚、徐通、李忠、金彥、張定、金敦、王恭、師順、張彥等；見諸《中國版刻圖錄》頁25者有：李忠、張明、金敦、翁祐等。除其重複，可知刻工共有十一人，故得與宋刊本《南史》刻工比對。

〔註87〕同注3，頁1244。

當嘉定庚午，二十餘年，爲詩益多，其幼子通復守嚴州，續刻之。篇什之
富以萬計，古所無也。〔註88〕

故知其先陸游刻《劍南詩稿》於嚴州，其子通守嚴州時加以續刻者，則爲陸游於淳
熙十四年至嘉定三年（1187～1210）間之詩作而已。自其刻工考之，其中如：金彥、
翁祐、張明、張暉等，嘗於淳熙二年（1175年）刻嚴陵郡庠刊本——即世稱小字本
之《通鑑紀事本末》，〔註89〕因而傅增湘斷此宋刊本爲陸氏原刻。傅氏於《藏園群
書經眼錄》內稱宋刊本《新刊劍南詩稿》云：

有淳熙鄭師尹序，核其刊工與篋藏嚴州小字本《通鑑紀事本末》合，
其爲淳熙十四年嚴陵刊本無疑。〔註90〕

宋刊《新刊劍南詩稿》既屬淳熙十四年時之嚴州刊本，以此推論，與《新刊劍南詩
稿》刻工大部相同之《南史》，當亦爲淳熙十四年前後，陸游重刻於嚴州之刊本。自
刻工年代推定《新刊劍南詩稿》與《南史》爲淳熙十四年前後刻本，則刻工與其迴
異之宋刊本《劉賓客文集》及《世說新語》，其非當日陸氏知嚴之重刊郡中舊本，至
是亦可斷言。

更自《世說新語》一書方面考之。陸氏之重刊本今雖不存，然而明代時此帙尚
在人世，袁褧嘗據以翻雕，今《四部叢刊初編》即收有袁氏翻刻本，可據以考見陸
游刻本之大概。袁褧於〈刻世說新語序〉內提到：

余家藏宋本，是放翁校刊本。謝湖躬耕之暇，手披心寄，自謂可觀，
爰付梓人，傳之同好。〔註91〕

可知袁氏所重刻之《世說新語》，所採用者爲舊日陸游之校刊本。又因袁刻本後附有
陸游跋文，及董弅紹興八年（1138年）跋，故知陸氏重刻本乃據董弅舊本翻雕者。然
而以袁氏此本（以下省稱爲「袁本」）與日本尊經閣所藏宋刊本《世說新語》（以下省
稱爲「尊經閣藏本」。校文據此本，不另稱引。）互校，可見二者有以下相異之處：
（一）文句彼此相出入——茲舉例說明如下：
 ・卷上葉一「陳仲舉言爲士則」條下注文「清妙高時」——「時」字袁本作「跱」。

〔註88〕陳振孫：《直齋書錄解題》，廣文書局《書目續編》本，卷二〇，詩集類下，頁1248。
〔註89〕見潘宗周：《寶禮堂宋本書錄》（臺北：文海出版社，1963年），史部，頁14～15。
　　　刻工名除據此外，並參考長澤規矩也〈宋刊本刻工名表〉同此刻之靜嘉堂藏本刊工
　　　名表。長澤規矩也：〈宋刊本刻工名表〉，《長澤規矩也著作集》（東京：汲古書院，
　　　1983年），第三卷，頁169～170。
〔註90〕同注3，頁1248。
〔註91〕見明嘉趣堂刊本《世說新語》袁褧序。《四部叢刊初編》（上海：商務印書館，1936
　　　年）。

- 同卷葉二「郭林宗至汝南造袁奉高」條下注文「袁閎字表高」——袁本「閎」作「宏」；「表」作「奉」。
- 同一條下注文「雖清易挹耳」——「耳」字袁本作「也」。
- 同卷葉六「王戎云與嵇康居二十年」條下注文「嵇本姓奚」——「奚」字袁本作「溪」。
- 同卷同葉「王戎和嶠同時遭大喪」條下「武帝謂劉仲雄」——袁本於「雄」字下有「曰」字。
- 同一條下「聞和哀苦過」——其下袁本有「禮」字。
- 同卷葉九「周鎮罷臨川郡還都」條下注文「清約寡欲」——袁本於「清」字上有「鎮」字。
- 同卷葉十「桓常侍聞人道深公者」條下注文「累遷散騎」——袁本下有「常侍」二字。
- 卷中葉一「南陽宗世林」條下注文「松柏之志猶有」——袁本「有」作「存」。
- 同卷葉二「郭淮作關中都督」條下注文「淮在關中二十餘年」——袁本「二」字作「三」。
- 同卷葉六「武帝語和嶠曰」條下注文「稽顙陳乞留」——袁本於其下多「之」字。
- 卷下葉一「嵇康身長七尺八寸」條下注文「不如飾屬」——袁本「如」作「加」。
- 同卷葉三「有人詣王太尉」條下注文「仕至脩武縣令」——袁本無「縣」字。
- 同卷葉四「周侯說王長史父」條下注文「訥字文淵」——「淵」字袁本作「開」。
- 同卷同葉「石頭事故」條下注「有謠歌曰」——袁本「曰」作「側」。
- 同一條下「溫忠武與庾文康投陶公云」——袁本於「陶公」下多出「求救陶公」四字。
- 同卷葉五「王敬豫有美形」條下「問訊王公」——袁本於其下多「王公」二字。
- 同卷葉六「王長史爲中書郎」條下「步入尚書省」——袁本「省」字作「著」，其下又多「公服」二字。

一經比對之下，即見袁褧翻雕本與日本尊經閣所藏宋刊本《世說新語》，兩者間存有大量之異文、闕文、衍文等。因書中同此者眾，茲不遍舉。

（二）編次迥異——尊經閣藏本但分上、中、下三卷；而袁氏翻刻之陸氏重刊本，

　　則除分上、中、下卷外，每卷又分爲上、下兩部份——則是一六卷本之《世說新語》。

（三）尊經閣藏本《世說新語》內，附有汪藻〈世說敍錄〉、〈考異〉及〈人名譜〉各一卷；袁氏翻刻之陸氏重刊本，書內俱無以上各種附錄可見。

　　由此可知，尊經閣所藏宋本《世說新語》，與陸游當日嚴州重刻郡中舊本，其非同一刻本甚明。既知尊經閣所藏宋本《世說新語》並非陸跋所稱嚴州重刊本，則與此刊工大部相同之故宮博物院所藏宋刊《劉賓客文集》之非陸游知嚴時重刊本，於此亦得以斷言。

　　除此之外，北京圖書館現藏一明代時之臥雲山房抄本《劉賓客文集》，此書舊藏於周叔弢（1891～1984）家中，周氏於《自莊嚴堪善本書目》集部著錄此帙云：「明范氏臥雲山房照宋抄本」。〔註92〕自此帙卷中遇宋帝諱闕筆觀之，周氏此本爲「照宋抄本」之言不謬。兼之於此抄本中縫抄有人名，俱爲南宋中期刊工名字，可證此帙抄自宋本。今細檢於此帙內之刻工，其可辨者有：王恭、方茂、方通、羊春、何彥、余政、李用、李忠、李憲、李師順、師順、金彥、金敦、吳安、朱貴、阮祐、張定、張明、張彥、張暉、章宇、楊永、顏茂諸人。於各刻工之中，與故宮博物院所藏宋刊本《劉賓客文集》相同者，僅得張明、方通二人；〔註93〕然而與《南史》相同者，則有：李忠、王恭、何彥、余政、張定、張暉、張明、金彥、金敦、朱貴等多至十人；與《新刊劍南詩稿》相同者，亦有：李忠、王恭、張定、張彥、張明、金彥、金敦、師順等八人。由此可見，此明抄本《劉賓客文集》之原本，實與上述《南史》及《新刊劍南詩稿》，同爲淳熙間陸游守嚴時所刻，亦即陸氏跋《世說新語》所稱重刊郡中舊本之翻刻本。

　　取明代臥雲山房此一抄本《劉賓客文集》（以下簡稱「抄本」）校勘故宮博物院所藏宋刊本《劉賓客文集》（以下簡稱爲「故宮本」，校文以此本爲據，故不另稱引），其相異者有如下數端：

（一）文句互有出入入——茲舉例說明如下：

　　‧卷一〈問大鈞賦〉「巾金巾而煒煌」——其中「金巾」之「巾」字，抄本作「甲」。

　　‧同篇「生類積意」之「意」字——抄本作「億」。

　　‧同卷〈砥石賦〉之「不灌不碎兮」——「碎」字抄本作「淬」。

　　‧卷二〈代郡開國公王氏先廟碑〉「廟加常祀」——「常祀」抄本作「祀室」。

〔註92〕周叔弢：《自莊嚴堪善本書目》（天津：天津古籍出版社，1985年），頁74。
〔註93〕二人當屬補版刊工，詳見下文論證。

・同卷〈彭陽侯令狐氏先廟碑〉「今上元年某月」──「某月」二字，抄本作「七月十三日」。

・同篇「進爵爲侯」──抄本於「侯」字上有「魯」字。

・同篇「其先文王之昭」──抄本於「文」字上有「周」字。

取兩者加以比對即知，明代臥雲山房抄本《劉賓客文集》與故宮博物院所藏宋刊本《劉賓客文集》存在大量異文、闕文、衍文等。兩書中類此者甚夥，於此不逐一舉述。

（二）抄本每有注文或校語，多爲故宮本書中所未見者。茲舉例述之如下：

・卷一〈砥石賦〉「逌爾謝客」──抄本於「逌」字下注：「余周切」。

・同卷〈楚望賦〉「投粔籹以鼓戰」──抄本於「籹」字下注：「尼呂反」。

・同篇之「卻略躨跜」──抄本於「跜」字其下，有「躨跜虯龍動貌靈光賦」九字注文。

・同卷〈傷往賦〉「飄零白及之蕚」──抄本於「蕚」字下，有「日及槿也朝生暮落一名王蒸爾雅」十四字注文。

・卷二〈彭陽侯令狐氏先廟碑〉「四爲今稱」句下──抄本有「一作四進太保五爲上公」之校語。

自以上各例可見，明代臥雲山房抄本《劉賓客文集》書內有大量音義注釋及校勘文字，俱屬故宮博物院所藏宋刊本《劉賓客文集》書中所未見者。各卷內同此者甚多，茲不遍舉。

（三）故宮本外集名爲「劉賓客外集」，每卷正文之前列有子目──抄本外集則名爲「劉夢得外集」，書名既別，且於正文之前並無子目可見。

綜合以上各端觀之，可見故宮博物院所藏宋刊本《劉賓客文集》，與當日陸游知嚴時重刻之劉集，實爲截然不同之兩種劉集刻本。兼之自以上論及之《世說新語》、《南史》、《新刊劍南詩稿》諸刊之版本考訂，知此一宋刊本《劉賓客文集》，其刊工與陸游當日嚴州重刻郡中舊本大相逕庭，益可佐證此帙非陸游知嚴時之重刻劉集。是以前述此本爲陸游於淳熙十三年至十五年知嚴州期間，據董弅刊本重刻之此一設想，至此殆可全然推翻。至於另一假設──即此帙在陸游重刻劉集之後，據陸氏重刻本翻雕之刊本，亦可因上述比對故宮本與明抄本，其間相異之處甚夥，而知此帙既於內容及編次上與陸氏重刻本相去懸遠，則其爲翻雕陸本之刊本，亦屬絕無可能之事。

至此可知，此帙刻成之時地，僅餘下列兩可能──即此帙爲紹興八年董弅於嚴州任內之刊本；或於董弅刻成劉集後，據董本重刊於他處之刊本。以下將進一步自書中所見刻工、字體、行款、版式、避諱闕筆諸端，驗證上述推論。

正如以上所述，欲審定此帙之刊刻年代，其間不可不注意者，即爲此本之修補問題，除上文提到傅增湘曾指出此一宋刊本《劉賓客文集》「有宋時修補之葉」外；其後日本學者阿部隆一，於國立故宮博物院目驗此帙後，於所撰之《中國訪書志》內，更詳論此節：

補刻が多く、修補は大別すれば二種、一は宋前期より中期にがけて字樣原刻に近く、二は宋後期のそれで、原刻或は第一次修に更に部分的修補が加った箇所む存する。〔註94〕

阿部隆一所見，此帙補刻之葉頗多，其中自字樣判別，又可分爲兩種補版：一爲南宋前期至中期修版，一爲南宋後期修版，故稱此帙爲：「南宋初刊、南宋遞修」刻本，〔註95〕然而阿部隆一對此宋刊《劉賓客文集》補刻問題又提出：「原刻か修補かの識別が困難である。」〔註96〕可知阿部隆一僅確知此帙有補刻之葉，然而未能予以區別其中孰爲原刻與補刻。

今細審篇中字體，大別之可分爲三類：其一字形稍長，筆畫方折有角，字仿歐體，而較拙樸者，當爲其原來刻板。蓋因刷印既多，筆鋒稜角逐漸次磨平。其刊工計有：駱昇、江泉、江孫、葉明、徐立、嚴定、徐宗、方遷、方逵諸人。其一字亦仿歐陽率更，然而瘦勁峻峭，當爲稍後之補版。其刊工有：卓宥、李棠、張明、楊思諸人。其一則方整峭厲，字畫豐滿，間架開闊，字近顏體者，當屬另一補版，惟未能定其與前一補版孰先孰後耳。其刊工有：王文、劉寶等人。是以於此可見，此一宋刊本《劉賓客文集》於刻成以後，至少曾經兩度修補，此與阿部隆一之言相符。惟阿部隆一既云原刻與補修難於識別，則又何以能定其一爲南宋前期至中期修版；一爲南宋後期修版？是以阿部隆一此一說法，實不免啓人疑竇。

復以版式考之，其中刊工楊思（按：或簡筆成「羊思」、「思」等）所刻書版，既有同於各版之單魚尾，然而其中更多見者爲雙魚尾，甚或三魚尾之書版。如卷十七葉二、三、四等，皆爲雙魚尾；且每行字數，爲廿三至廿六字不等；卷八葉二、卷廿五葉一，俱爲三魚尾。凡此均與全書版式、行款相異，故證知此等書版，必爲後來所補修者，而刊工楊思其人，亦可由此推知當屬補版刻工。

既自字體、版式行款諸端，考見此帙確曾屢經修補，則更可自刊工年代，尋繹原刻與補刻之先後關係。此一宋刊本《劉賓客文集》書內刊工，可考見其具體年代者分別爲：葉明、駱昇二人，同於紹興廿八年（1158年）以前，刻宋明州刊本《文選》；

〔註94〕同注10，頁279。

〔註95〕同上，頁277。

〔註96〕同上，頁278。

〔註97〕而徐宗則於紹興廿八年補修此帙，俱見於吳哲夫氏〈故宮善本書志〉宋明州刊本《文選》述要。〔註98〕葉明於紹興間嘗刻《王文公文集》，見長澤規矩也《宋本書影》此帙解題，〔註99〕又於紹興間刻南宋刊本《王黃州小畜外集》、南宋初刊本《增廣司馬溫公全集》，及南宋初刊本《外臺秘要方》，俱見諸長澤規矩也〈宋刊本刻工名表〉所載。〔註100〕又刻紹興初兩浙東路茶鹽司公使庫刊本《資治通鑑目錄》，見傅增湘《藏園群書經眼錄》卷三史部。駱昇則於紹興間刊吳中刻本《杜工部集》、南宋初於杭州刊《經典釋文》；又於紹興初刊兩浙東路茶鹽司刻本《唐書》，俱見諸《中國版刻圖錄》所載。〔註101〕又刻紹興中杭州府刊本《毛詩正義》，見長澤規矩也〈宋刊本刻工名表〉。〔註102〕徐宗刻南宋初杭州刊《經典釋文》，見諸《中國版刻圖錄》。又刻南宋初刊《春秋五禮例宗》、紹興間刊《樂府詩集》，俱見傅增湘《藏園群書經眼錄》。〔註103〕又刻南宋刊本《歐公本末》、南宋刊本《儀禮疏》；及紹興初兩浙東路茶鹽司刊本《唐書》，〔註104〕俱見於長澤規矩也〈宋刊本刻工名表〉之內。〔註105〕又刻南宋刊本《通典》，見金子和正〈天理圖書館藏宋刊本刻工名表〉所載。〔註106〕又刻工江泉，於紹興廿一年（1151 年）刊《臨川先生文集》，見諸阿部隆一《中國訪書志》。〔註107〕此外嚴定、方逵二人，曾與葉明、徐宗等人，合刻紹興間嚴州刊本《藝文類

〔註97〕此帙書後有跋云：「右文板久漫滅殆甚，紹興二十八年冬十月，直閣趙公來鎮是邦，下車之初，以儒雅飭吏事，首加修正，字畫爲之一新。」故知是帙曾修補於紹興廿八年。今葉明、駱昇俱爲原刊刻工，因知其當於修補年份之前刻成此書也。以上具見於吳哲夫〈故宮善本書志〉此書提要。吳哲夫：〈故宮善本書志〉，《故宮圖書季刊》，第四卷，第一期（1973 年），頁 95～99。
〔註98〕同上。
〔註99〕此書卷中遇「構」字，其下注記「御名」二字，故知其爲紹興刊本。長澤規矩也：《宋本書影》（東京：日本書誌學會，1933 年），圖版四八《王文公文集》解題。
〔註100〕長澤規矩也：〈宋刊本刻工名表〉，《長澤規矩也著作集》（東京：汲古書院，1983 年），頁 157～196。
〔註101〕北京圖書館編：《中國版刻圖錄》（京都：朋友書店影印本，1983 年），依次爲頁 26、11 及 20。
〔註102〕同注 100，頁 190。
〔註103〕同注 83，分別爲頁 79、1484。
〔註104〕長澤規矩也所據爲百衲本影印本《舊唐書》，然考諸《中國版刻圖錄》，原書當爲紹興初刊本，故今據以稱之。
〔註105〕同注 100，依次爲頁 169、190 及 175。
〔註106〕金子和正：〈天理圖書館藏宋刊本刻工名表〉，《書誌學》（東京：日本書誌學會，1970 年），復刊新 18 號，頁 43。
〔註107〕阿部隆一：《中國訪書志》（東京：汲古書院，1983 年），頁 565。此帙因有紹興廿一年兩浙西路常平茶鹽公事王珏題序，書內遇「構」字又注「今上御名」，故知爲紹興中刊本。

聚》，見於《中國版刻圖錄》所載。〔註108〕自以上考論得以明確知悉，故宮博物院所藏宋刊本《劉賓客文集》一書內所見刊工，自其所刻諸帙考之，可見均屬紹興年間浙地之刻工。

　　至若此帙中所見之另一批刊工，其中卓宥於孝宗時嘗刻監本《漢書》，見阿部隆一《中國訪書志》所載。〔註109〕又於孝宗時刻婺州市門巷唐宅刊本《周禮注》，見傅增湘《藏園群書經眼錄》。〔註110〕更於孝宗至光宗期間，於杭州附近刊雕《論衡》一書，見長澤規矩也〈宋刊本展覽會陳列書解說〉。〔註111〕李棠於孝宗之世，刻越刊八行本《周易注疏》，見長澤規矩也〈宋刊本刻工名表〉。〔註112〕又於孝宗時刻《新雕重校戰國策》，見《文祿堂訪書記》所載〔註113〕。又刻南宋初杭州刊本《後漢書》，見長澤規矩也〈宋刊本刻工名表〉所載。〔註114〕楊明嘗補刊紹熙三年（1192 年）黃唐跋之八行本《禮記正義》，又刻孝宗以後刊之《史記集解》，俱見《寶禮堂宋本書錄》著錄。〔註115〕張明刻南宋刊補修本《史記》，又補修南宋初贛州刊本《文選》，於孝宗時刻越刊八行本《尚書正義》，〔註116〕又於淳熙初刻小字本《通鑑紀事本末》，俱見諸〈宋刊本刻工名表〉。〔註117〕南宋中期又刊《攻

〔註108〕同注 101，頁 24。

〔註109〕同注 10，頁 432。

〔註110〕因此帙避諱至於「慎」字，故推之當爲孝宗時刊本。同注 83，頁 43〜44。

〔註111〕長澤規矩也：〈宋刊本展覽會陳列書解說〉，《長澤規矩也著作集》（東京：汲古書院，1983 年），第三卷，頁 15〜16。

〔註112〕同注 100，頁 172。原表僅稱《周易注疏》爲「越刊八行本」，然而長澤規矩也於〈越刊八行本注疏考〉一文中，以刊工中多有與孝宗時刊本《廣韻》，及光宗時所刊本《論衡》相同；又據《禮記正義》黃唐紹熙三年（1192）跋稱：「本司舊刊《易》、《書》、《周禮》」之言，而定《周易注疏》等八行本宋刊爲孝宗一朝所刻。故以此帙爲孝宗時刊本。長澤規矩也：〈越刊八行本注疏考〉，《長澤規矩也著作集》（東京：汲古書院，1983 年），第一卷，頁 26〜31。

〔註113〕《文祿堂訪書記》內僅稱此帙爲「宋剡川刻本」，未定其刊行年份。今按此帙雖有紹興十六年（1146 年）姚宏等人跋，然考其刻工，王珍、毛昌嘗刻越刊八行本《周易注疏》，及光宗時刊本《論衡》（見長澤規矩也〈宋刊本刻工名表初稿〉所載），足證是帙與越刊八行本《周易注疏》當屬同時所刊。王文進：《文祿堂訪書記》，《書目叢編》（臺北：廣文書局影印民國三十一年（1942 年）印本，1967 年），卷二，頁 141。

〔註114〕同注 100，頁 176。

〔註115〕因《史記集解》內有補修葉，而楊明又見諸原刊之中，原刊避諱至於「慎」字，是以定此帙爲孝宗或其後所刻刊本。同注 37，兩書分別見經部頁 13〜16，史部頁 1〜3。

〔註116〕長澤規矩也於〈越刊八行本注疏考〉一文中，據刊工及《禮記正義》內黃唐跋，推定越刊八行本各帙皆爲孝宗時所刻。因《尚書正義》屬越刊八行本之一，故亦爲孝宗時刊本。長澤規矩也考證詳見注112。

〔註117〕同注 100，頁次分別爲：177、160、174 及 169。

媿先生文集》，〔註 118〕並刻淳熙三年（1176 年）張杅桐川郡齋刊淳熙八年（1181
年）耿秉補刊本《史記集解索隱》，於淳熙中又刻《南史》與《新刊劍南詩稿》於
嚴州，均見諸《藏園群書經眼錄》所載。〔註 119〕又與楊明補刻南宋刊本《資治通
鑑目錄》，見阿部隆一《中國訪書志》著錄。〔註 120〕自以上刊工之刻書年代觀之，
皆爲孝宗至光宗期間刊工，可謂灼然甚明。

　　至於刊工王文，於寧宗嘉定年間嘗刻《放翁先生劍南詩稿》一書，見《藏園群
書經眼錄》。〔註 121〕又於南宋時修補北宋咸平刊本《吳書》，於嘉定十七年（1224
年）補修紹興中宣州軍州學刊本《宛陵先生文集》，〔註 122〕又於孝宗至光宗之世，
刊《東坡集》，〔註 123〕於光宗時刊《武經七書》於浙中，〔註 124〕俱見〈宋刊本刻工
名表〉所載。〔註 125〕另一刊工劉寶，於寧宗慶元二年（1196 年）刊周必大刻本《歐
陽文忠公集》於吉州，見《藏園群書經眼錄》所載。〔註 126〕又如上文所述，故宮博
物院所藏宋刊本《劉賓客文集》，與日本尊經閣所藏宋本《世說新語》刊工多有相同
者。觀乎尊經閣所藏宋本《世說新語》之內，刻工劉寶所刻諸版多爲三魚尾，而異
乎原刻之單魚尾，故知其又曾補刊此帙。

〔註 118〕按《攻媿先生文集》之作者樓鑰（1137～1213），《四庫總目提要》卷一五九稱其嘗
　　　　　草光宗內禪制詞，故其集之刊行當在孝宗以後，其集或刊雕於光宗至寧宗之世。
〔註 119〕同註 83，頁次依次爲：1237、167、179 及 1244。
〔註 120〕同註 10，頁 465～466。
〔註 121〕按《放翁先生劍南詩稿》爲陸游詩卷之續稿，究爲其子子遹之嚴州刻本；抑另一子
　　　　　子虡之江州刻本，論者雖未有定說，然此帙必刻於嘉定三年（1210 年）以後，則並
　　　　　未有異議，因《直齋書錄解題》卷二十詩集類下，載此續稿乃「自戊申以及其終，
　　　　　當嘉定庚午，二十餘年，爲詩益多」，「嘉定庚午」即嘉定三年，故可信此帙必爲嘉
　　　　　定三年或稍後方刻成。參見《藏園群書經眼錄》卷十四，集部三，頁 1245～1248。
〔註 122〕按此帙卷末有「重修宛陵先生文集，自嘉定十六年端午修校，至十七年正月上元日
　　　　　記事。」題識，又補版心有「嘉定改元換」字樣，故知補修於寧宗嘉定末年。見
　　　　　《藏園群書經眼錄》卷十三，集部二著錄。長澤規矩也於〈宋刊本刻工名表〉內，
　　　　　未將王文列爲修補刊工，或因王文所刻版版心未見「嘉定改元換」字樣之故。版心
　　　　　內同時有此字樣者，僅得胡桂一人。以常理推測，斷無以一人之力，花八月時間修
　　　　　補一書之理；兼之王文既於嘉定年間刊雕《放翁先生劍南詩稿》，故當屬嘉定間補
　　　　　修刻工，而非紹興原刻之刊工。
〔註 123〕按此帙〈宋刊本刻工名表〉僅依書內之乾道九年（1173 年）序，而定之爲乾道刊本。
　　　　　審其刊工李詢，曾於光宗時刻浙刊本《武經七書》，李憲則於光宗時刻浙刊本《論
　　　　　衡》，可見其刊刻年代可下推至光宗之世。
〔註 124〕按長澤規矩也於〈宋刊本刻工名表〉內僅稱此帙爲「南宋刊本」，今從其〈宋刊本
　　　　　刻工名表初稿〉「光宗浙刊本」之說。
〔註 125〕同註 100，依次爲：頁 157、186、187、165。
〔註 126〕同註 83，頁 1149。

　　此外於《中國訪書志》內又載一南宋前期刊之宋元明遞修本《國語》，其刊工與故宮博物院所藏宋刊本《劉賓客文集》相同者，計有：方遷、方通、江泉、江孫、李棠、卓宥、張明、楊思、楊明、駱元、駱昇等十一人，因其刊工頗為一致，可見兩者必為同一時地所刻。其中可考之補修刊工，即有劉寶在內。〔註127〕綜合以上各項可以得出如下結論：劉寶與王文必於光宗至寧宗之世，修補故宮博物院所藏宋刊本《劉賓客文集》。

　　正如上文論述所提出，故宮博物院所藏宋刊《劉賓客文集》之刊工，先後共分為三批：其先原刻於高宗紹興年間；其次則修補於孝宗至光宗之世；及後於光宗至寧宗時，又嘗再予修版。明乎此，則此帙之刊刻年代問題，遂可迎刃而解，而此帙之決非董弅紹興八年原刊本，於此亦可斷言。因董弅原版既刻於嚴州任內，書版自當存於郡中，然而一如陸游跋嚴州重刻本《世說新語》時所稱，此舊版經於淳熙十五年（1188年）以前毀於火。陸游跋中所言「廢于火」之《劉賓客集》版片，其損毀當至無可修補之程度，不然陸氏不必另刻新版。又自陸游跋文中「《世說》亦不復在」一語推之，其先董弅於嚴州所刻之《劉賓客集》版片，當與《世說新語》舊版同付諸一炬，無復留存於世。今既自書中補葉刊工證明，此帙曾修補於孝宗至光宗之世，其後更下遞光宗至寧宗時再度補版，可見此宋刊本《劉賓客文集》，其版片已傳至寧宗之時，其斷非董弅嚴州時所刊劉集原刻明確可證。

　　至此已可得知，此一宋刊《劉賓客文集》既非董弅原刊，又非陸游或其後之重刻本，然而因此帙書後有董弅後序，故知其必出自董刻。董氏原刻既刊行於紹興八年，此帙必開雕於董刻成書以後；而其原刻刊工又為紹興年間良匠，則其為紹興間據董弅刊本之重刻本，當毋庸置疑。

　　復自避諱闕筆進一步考求此宋刊本《劉賓客文集》之刊刻年代。如上文所述，昌彼得因書中避諱至高宗嫌名，遂判定此帙為紹興年間刊本。今細審此帙避諱，篇中遇高宗諱嫌多闕筆避之，如卷一〈問大鈞賦〉「納材葦而構明堂兮」，卷三〈崔公神道碑〉「構于其堂」，卷廿三〈遊桃源一百韻〉「買山構精舍」，外集卷二〈白侍郎大尹自河南寄示池北新葺水齋即事招賓十四韻兼命同作〉「結構疏林下」，外集卷七〈偶題臨江亭并浙東元相公和依本韻〉「用材當構廈」，外集卷九〈含輝洞述〉「結構蔓茨」，卷八〈管城新驛記〉「遠購名材」，卷九〈武陵北亭記〉「購徒庀材」，卷三〈崔公神道碑〉「遘疾終于治所」，卷三〈史公神道碑〉「首多遘疾」等，其中「構」、「購」及「遘」等字，均闕筆末筆，俱可證此點。

〔註127〕同注10，頁99～102。

　　然而孝宗以下諸帝諱嫌，於此帙之內則未見闕筆，如卷三〈崔公神道碑〉「愼選寮屬」，卷五〈華它論〉「亦可愼諸」，卷十〈上杜司徒書〉「謂愼獨防微爲近隘」，卷十一〈讓同平章事表〉「名器斯愼」，〔註128〕卷十五〈蘇州謝上表〉「愼擇牧守」，卷二十〈口兵戒〉「以愼爲鍵」，同卷〈猶子蔚適越戒〉「愼微以爲檳」及「愼諸」，卷廿八〈送湘陽熊判官孺登府罷歸鍾陵因寄呈江西裴中丞二十三兄〉「愼簡由宸辰」，外集卷八〈歷陽書事七十韻〉「不愼在騎衡」，又卷六〈說驥〉「蜃其溲」，外集卷一〈白舍人自杭州寄新詩有柳色春藏蘇小家之句因而戲誚兼寄浙東元相公〉「蜃鬥噓天樓閣成」等，其中遇孝宗諱嫌「愼」字及「蜃」字，於書中凡十二見均未闕筆。

　　又光宗諱「惇」，嫌名兼避「敦」及「燉」字，然而卷十七〈薦處士王龜狀〉「必以惇惠者教之」，卷二十二〈武陵書懷五十韻〉「洪恩九族惇」，卷三〈唐故邠寧慶等州節度觀察處置使朝散大夫檢校戶部尙書兼御史大夫賜紫金魚袋贈右僕射史公神道碑〉「詔書敦促」，卷八〈汴州刺史廳壁記〉「詔書命河南尹敦煌令狐公來蒞來刺」，卷十九〈唐故中書侍郎平章事韋公集紀〉「執友崔敦詩爲相」，卷二十二〈武陵書懷五十韻〉「詩書志所敦」，外集卷二詩題〈和樂天耳順吟兼寄敦詩〉，同卷詩題〈樂天見示傷微之敦詩晦叔三君子皆有深分因成是詩以寄〉，又外集卷四詩題〈樂天示過敦詩舊宅有感一篇吟之泫然追想昔事因成繼和以寄苦懷〉，外集卷十〈重祭柳員外文〉「敦詩退之各展其分」，又卷二〈彭陽侯令狐氏先廟碑〉「仕拓跋魏爲燉煌郡太守」，卷八〈山南西道節度使廳壁記〉「遂命左僕射燉煌公往踐其武」等，其中光宗諱嫌凡十二見，於此宋刊本《劉賓客文集》之內均無一闕筆。

　　寧宗諱「擴」，兼避嫌名「郭」及「廓」等字，卷五〈天說〉「築爲牆垣城郭臺榭觀游」，卷十〈與柳子厚書〉「得箏郭師墓志一篇」及「郭師與不可傳者死矣」，卷廿二〈武陵書懷五十韻〉「蘋生枉渚暄」句下注：「枉渚近在郭東」，卷廿八〈送湘陽熊判官孺登府罷歸鍾陵因寄呈江西裴中丞二十三兄〉「人言北郭生」及「帶郭西江水」，外集卷一詩題〈罷郡歸洛途次山陽留辭郭中丞使君〉，外集卷六〈唐侍御寄遊道林嶽麓二寺詩并沈中丞姚員外所和見徵繼作〉「水郭繚繞朱樓騫」，又卷廿八〈奉送浙西李僕射相公赴鎮〉「童子爭迎郭細侯」，同卷〈送李中丞赴楚洲〉「萬頃水田連郭秀」，卷三十〈故相國燕國公于司空挽歌二首〉其二「漢水青山郭」，外集卷三詩題〈誚令狐相公親仁郭家花下即事見寄〉，卷十〈上杜司徒書〉「懸象廓無私之照」，及卷十六〈賀德音表〉「氛祲廓清」等，其中寧宗嫌名「郭」及「廓」等凡十四見，

<hr>

〔註128〕按：原版「愼」字闕「眞」字左下角一點，然宋諱闕末筆而已，未聞有闕其先之筆畫者；又其餘諸版「愼」字俱未見闕筆，故推此當爲鋟版既久，字畫漫漶所致。

於此宋刊本《劉賓客文集》內俱未闕筆。以此之故，著錄諸家，俱稱此本刻於高宗之世。

然而細考與此刊工大部相同之尊經閣藏宋本《世說新語》，其避諱闕筆則至於孝宗之世，〔註129〕如卷上葉一「周子居常云」條下注文：「汝南慎陽人」；同卷葉五「晉文王稱阮嗣宗至慎」條下注文：「爲官長當清、當慎」、「可舉近世能慎者誰乎」、「亦各其慎也」，及「可謂至慎乎」；同卷葉九「周鎮罷臨川郡還都」條下注文：「父子清慎如此」；同卷葉十「王長豫爲人謹順」條下「恆以慎密爲端」；卷下葉十九「趙母嫁女」條下「慎勿爲好女」；同卷葉三十六「劉伶病酒渴甚」條下「慎不可聽」；同卷葉八十四「王丞相儉節」條下「慎不可令大郎知」等，孝宗諱嫌「慎」字凡十見，於尊經閣藏宋本《世說新語》內全部均闕末筆，可證此帙避孝宗之諱甚嚴。除此以外，孝宗以後南宋諸帝諱於此帙之內俱不避，知此帙避諱至於孝宗時止。

又如上文所稱，阿部隆一於《中國訪書志》內著錄一與故宮本《劉賓客文集》刊工大部相同之宋刊本《國語》，此帙原書藏於國立中央圖書館。依《中國訪書志》所載，此帙之避諱闕筆亦至於「慎」字。〔註130〕國立中央圖書館所藏此一宋刊本《國語》，與故宮博物院所藏宋刊本《劉賓客文集》及尊經閣所藏宋本《世說新語》三書，既然其中刻工多同，因其雕版出自相同刻工之手，書中避諱闕筆亦理應一致，然而何以《劉賓客文集》於孝宗諱嫌全然不避，而《世說新語》及《國語》兩書，遇孝宗諱嫌「慎」字則幾於悉數闕筆？此誠非補刻年代先後不一；或付印年代各異，故刊落諱名不一致所可解釋者。因三書刻工大部相同，即使補修刊工楊明、楊思、張明、劉寶等人亦同見於三書之內，由此可以推知，三書之補修年代亦應一致，是以三者之避諱闕筆相異，顯非補刊先後有別使然。再者，於補修刊工內之劉寶，上文已證知其爲光宗至寧宗時人，於三書之內同時見此一刻工，故知三帙之印行，均遠在光宗至寧宗之世，甚或稍後之時。倘其避諱闕筆果爲後印刊落，則三者亦當一致，今則反是，且於三書之中，即使光宗與寧宗諱嫌亦不避，是知三帙於補修及印行時，當於原版避諱闕筆一仍其舊。綜上所論得以推定，故宮博物院所藏此一宋刊《劉賓客文集》，應爲高宗紹興末年所刊，其餘二帙則在此帙刊行後先後開雕，其刊刻年代宜在孝宗即位之初，是以《世說新語》及《國語》兩種宋刊俱避諱闕筆至於孝宗諱

〔註129〕對此帙避諱闕筆一節，著錄諸家於此頗有訛誤，如島田翰《古文舊書考》卷二著錄此帙，以爲僅避諱至高宗諱名「構」字；又如傅增湘《藏園群書經眼錄》卷九子部三，稱此帙「避宋諱至構字止，慎字不避」，均失諸未嘗深考。自下文所舉例證，固知此帙避諱闕筆，已至孝宗嫌名「慎」字。

〔註130〕同注10，頁100。

嫌，而《劉賓客文集》則僅避至高宗諱嫌而已。

二、故宮博物院所藏宋刊本《劉賓客文集》刊刻地區考

上文已證知故宮博物院所藏宋刊本《劉賓客文集》之刊刻年代，知此本當爲南宋高宗紹興末年刻本，至於考論此帙之刊刻地區問題，前人所見略同，對此未有重大爭議。論及此一宋刊本《劉賓客文集》之刊刻地區問題者，其先傅增湘於《藏園群書經眼錄》中，稱此本爲「宋紹興八年嚴州刻本」。〔註131〕此外屈守元於〈談劉禹錫詩文集的兩個影宋本〉一文中，論及此宋刊本劉集版本源出時，亦以爲此帙爲爲紹興年間董棻知嚴州時刻本，而有「《劉賓客文集》就是他（案：此指董棻）知嚴州時刻印的」說法。〔註132〕以上二說俱主張此帙應爲嚴州刻本。然而昌彼得、蔣復璁、吳哲夫，及阿部隆一等，則僅稱此帙爲浙刊本而已。昌彼得於〈跋宋刊本劉賓客文集〉一文中指出：

> 攷其刻工如卓宥、李棠、方遠、方通、羊思、楊思、江泉、楊明、劉寶、嚴定、王文等皆爲南宋初葉浙江地區刊雕良匠。……由此推之，則此本殆爲紹興末年浙中從董本翻刻，或距事實不遠也。〔註133〕

昌氏自刊工所屬地區，推定此帙爲浙中刻本。其後蔣復璁於〈景印宋刊劉賓客文集序〉內，亦以爲故宮博物院所藏此一宋刊《劉賓客文集》當屬浙刻本：

> 本院所藏，亦刊於浙。每半葉十二行，行二十一字。行款與蜀刊（案：此指北京圖書館現藏宋刊殘本《劉夢得文集》）同，惟版心下有刻工姓名，且字仿率更，蓋浙繙蜀本，冶浙、蜀版式於一爐者也。〔註134〕

則又驗之於字體，而定此帙爲浙刻本。吳哲夫於《國立故宮博物院宋本圖錄》爲此帙解題時，亦稱此本爲「宋紹興間浙刻本」。〔註135〕阿部隆一於《中國訪書志》中，亦以刊工多爲浙地良匠，而從昌彼得之說，同意此爲浙刊本：

> 從って昌彼得氏は紹興末年浙に於ける董本よりの翻刻と推定した。〔註136〕

以上各家此本屬浙刻之說，蓋源於昌彼得〈跋宋刊本劉賓客文集〉一文所論。昌氏

〔註131〕同注3。
〔註132〕同注67，頁67。
〔註133〕同注5，頁212。
〔註134〕蔣復璁：〈景印宋本劉賓客文集序〉。國立故宮博物院影印宋刊本《劉賓客文集》（臺北：國立故宮博物院，1973年），卷首序。
〔註135〕同注4。
〔註136〕同注10，頁279。

因此帙刊工之中，有後至光宗之世者，故否定此帙爲董弅嚴州原刊本之推論，又基於刊工多爲浙地雕匠，故以浙刻本屬之。然而昌氏既未論及此一宋刊《劉賓客文集》內補修闕葉之刊工問題，亦未涉及陸游於嚴州重刊郡中舊有劉集一事，則此帙之爲嚴州舊刻，抑或當屬浙地刻本，固未能就此即遽下斷語而得以論定。

自上文考述及論證已知，故宮博物院所藏宋刊本《劉賓客文集》並非嚴州境內所刻。正如前文論證所知，此一宋刊本劉集既非董弅守嚴州時舊刻，亦非陸游知嚴時之重刻本；兼之陸游《世說新語》跋文，既稱郡有舊版遭祝融之劫後已不復在，而此帙又有寧宗時刻工王文、劉寶等人修補闕葉，可見宋刊本《劉賓客文集》自刻成後，版片一直保存至寧宗之世，證明其非嚴州郡中舊版。又上文已就各書中之刊工，陸游嚴州所刻《世說新語》、《南史》諸書，及臥雲山房抄本《劉賓客文集》等材料，論證此帙並非陸游知嚴時之重刻本，是以此宋刊《劉賓客文集》之刊地，可斷言必非嚴州所刻——因此本既自紹興末年刻成，經兩度修補，而得以傳至寧宗之世，若爲嚴州所刻，則放翁不必費如許人力、物力，重刻新版。以是推之，此一《劉賓客文集》必爲嚴州以外地區所刊。

雖然此帙並非刊於嚴州，然而其刊刻地區必與嚴州極爲相近。因此宋刊《劉賓客文集》書內刻工葉明、方逵、嚴定及徐宗等人，嘗刻《藝文類聚》於嚴州，見《中國版刻圖錄》所載。〔註137〕此外補修刊工張明，亦嘗於嚴州刻《通鑑紀事本末》、《新刊劍南詩稿》，及《南史》諸書，具見於長澤規矩也〈宋刊本刻工名表〉，〔註138〕及傅增湘《藏園群書經眼錄》所載。〔註139〕以是知此帙雖非刻於嚴州，然而必爲鄰近州郡所刊。

更以其中刊工考之。刊工駱昇，於紹興府刻兩浙東路茶鹽司刊本《唐書》；又與徐宗於杭州刊《經典釋文》，俱見諸《中國版刻圖錄》。〔註140〕又於杭州刊《毛詩正義》，見〈宋刊本刻工名表〉。〔註141〕又同葉明刻明州刊本《文選》，其後徐宗予以修補，見吳哲夫〈故宮善本書志〉所載。〔註142〕葉明嘗刻兩浙東路茶鹽司刊本《資治通鑑目錄》，見《藏園群書經眼錄》。〔註143〕江泉、方通，則刻兩浙西路轉運司王珏序刊《臨川先生文集》，同見諸阿部隆一《中國訪書志》

〔註137〕同注101，頁24。
〔註138〕同注10，頁169，著錄張明刻《通鑑紀事本末》。
〔註139〕同注83，《新刊劍南詩稿》見頁1244；《南史》見頁179。
〔註140〕同注101，頁次分別爲：20、11。
〔註141〕同注10，頁190。
〔註142〕同注97。
〔註143〕同注83，頁237。

內著錄。〔註 144〕又補修刊工中，卓宥嘗刻《漢書》於杭州，見〈宋刊本刻工名表〉所載。〔註 145〕又於杭州雕刊《論衡》一書，著錄於長澤規矩也氏之〈宋刊本展覽會陳列書解說〉一文內〔註 146〕。又於婺州刻成《周禮鄭注》，見於潘宗周《寶禮堂宋本書錄》。〔註 147〕李棠則於杭州開雕《後漢書》，見於〈宋刊本刻工名表〉所錄。〔註 148〕楊明則於紹興府補刊八行本《禮記正義》，見《寶禮堂宋本書錄》之內所載；〔註 149〕並與張明同補刊《資治通鑑目錄》於杭州，見於《中國訪書志》內著錄。〔註 150〕張明又刻八行本《尚書正義》於紹興府；〔註 151〕更於贛州刊雕《文選》一書，俱載於〈宋刊本刻工名表〉之內。〔註 152〕其後之修補刊工，劉寶刊周必大刻本《歐陽文忠公集》於吉州，見於《藏園群書經眼錄》所載。〔註 153〕王文則嘗補修宣州軍學刊本《宛陵先生文集》；並刻《東坡集》於杭州，〔註 154〕俱著錄於〈宋刊本刻工名表〉之內。〔註 155〕

自上述刊工刻書地區觀之，此帙之為浙刻，已屬毋庸置疑之事。然而以上所見刻工之活動範圍，雖有杭州、紹興、嚴州、婺州、宣州、贛州、吉州等地，但其主要刊書之處，則集中於杭州一地。因此帙書中所見原版及補版刻工，多開雕或補修舊版於杭州（見下表），以是推論此宋刊本《劉賓客文集》之為杭州覆刻董弅刊本，相信去事實亦未太遠。

故宮博物院所藏宋刊本《劉賓客文集》內杭州地區刻書或補版刻工表

杭州地區開雕或補版經籍	宋刊本《劉賓客文集》刻工
《經典釋文》	駱昇、徐宗
《毛詩正義》	駱　昇

〔註 144〕同注 107，頁同。
〔註 145〕同注 10，頁 175。
〔註 146〕同注 111。
〔註 147〕同注 37，經部，頁 1～4。
〔註 148〕同注 10，頁 176。
〔註 149〕同注 37，經部，頁 13～16。
〔註 150〕同注 107，頁 465～467。
〔註 151〕此本與紹興府所刊八行本《禮記正義》，當為同一時地所刻，黃唐《禮記正義》跋言之甚詳，故得推定此本亦刻於紹興府。黃唐之言參見注 112。
〔註 152〕同注 10，頁次分別為：174、160。
〔註 153〕同注 83，頁 1149。
〔註 154〕此帙刊地，傅增湘據陳振孫《直齋書錄解題》之言，並自字體考之，判定其為杭州刊本。見《藏園群書經眼錄》，卷十三，集部二，頁 1161～1163 此書解題。
〔註 155〕同注 10，依次為頁 186、187。

《漢書》	卓　宥
《論衡》	卓　宥
《後漢書》	李　棠
《資治通鑑目錄》	楊明、張明
《東坡集》	王　文

上文論證此帙刊刻年代時，又提及刻工與此大部相同之宋刊本《國語》，當與此帙爲同一時地所刻者。考諸此宋刊本《國語》，同此本者現存四種：其一藏於於北京圖書館；其一藏於國立中央圖書館；其一藏於國立故宮博物院，爲沈氏研易樓捐贈之藏本；其一則藏於日本靜嘉堂文庫。〔註156〕此一宋刊本《國語》，因書後附有北宋英宗治平元年（1064年）中書省箚子，又隔一行刻有「右從政郎嚴州司理參軍薛銳校勘」字樣，〔註157〕故潘祖蔭於《滂喜齋藏書記》內稱之爲嚴州刊本：

> 後有治平元年中書省箚一道云：「《國語》并《補音》共一十三冊，國
> 子監開板印造。」末有一行云：「右從政郎嚴州司理參軍薛銳校勘。」……
> 當是南宋時嚴州覆刻。〔註158〕

可見潘氏所據爲薛銳官銜，而定此宋刊本《國語》爲嚴州刊本。然而因薛銳其人無考，故究竟爲北宋原版校勘官，抑覆印時之主校勘者，實未能於此確定。是以阿部隆一於所撰〈故宮博物院藏沈氏研易樓捐贈宋元版本志〉內，論此本刻地時即提出：

> 本版據後面所舉《補音》一書卷末所附治平元年的「中書箚子」，及
> 其次的「從政郎嚴州司理參軍薛銳校勘」之銜名（後修本則被削除），顯
> 然可知是北宋監本的翻刻，唯薛銳校勘是指北宋版本身，或是指本版則不
> 詳，因此不能遽斷本版就是嚴州刊刻版。〔註159〕

阿部隆一之所以認爲不能遽斷宋刊本《國語》之本版即爲嚴州刊版，原因正在於未知薛銳其人，究爲北宋版抑本版之校勘。退一步而言，縱使薛銳果爲南宋覆刻此本

〔註156〕見阿部隆一〈故宮博物院藏沈氏研易樓捐贈宋元版本志〉內此帙著錄。阿部隆一：
〈故宮博物院藏沈氏研易樓捐贈宋元版本志〉，《中國訪書志》（東京：汲古書院，
1983年），頁712。

〔註157〕同上。

〔註158〕潘祖蔭：《滂喜齋藏書記》，《書目叢編》（臺北：廣文書局，1967年），「宋刻國語補
音」條，卷一，頁42。

〔註159〕同注156，頁711。現據魏美月譯文述之，以便說明。阿部隆一撰，魏美月譯：〈故
宮博物院藏沈氏研易樓捐贈宋元版本志（上）〉，國立中央圖書館編：《國立中央圖
書館館刊》，新十九卷，第二期（1986年），頁127。

時主校勘之事者，仍然未足以斷定此宋刊本《國語》爲嚴州刻本，因薛銳刻成此本後，他處仍可依樣翻雕。然而阿部隆一考論此本刻地問題時，終屬意於杭州刊本，其所持論據如下：

> 不過從缺筆及刻工名可知，它是紹興、乾道間，杭州地區的公使庫本無疑。〔註160〕

可見阿部隆一據書中缺筆及刻工名，判定此宋刊本《國語》爲「紹興、乾道間，杭州地區的公使庫本」。同一版本之北京圖書館所藏宋刊本《國語》，於《中國版刻圖錄》解題內，亦將之列爲杭州刊本。茲錄其說於下：

> 匡高二一‧四厘米，廣一四‧七厘米。行二十字。（間有二十二字）注文雙行，行字同。白口，左右雙邊。宋諱缺筆至「慎」字。卷中刻工約分三期。南宋初葉杭州地區良工張昇、卓宥、張明、方通、駱昇、王介、嚴忠等爲第一期。南宋中葉杭州補版工人馬松、何澤、陳彬、陳壽、詹世榮爲第二期。元時杭州補版工人何建、繆珍、熊道瓊、茅文龍、蔣佛老、何慶、李德瑛等爲第三期。因推知此書當是南宋初期杭州地區刻本，疑即南宋監本。迭經宋元兩朝補版，元時版送西湖書院，《西湖書院重整書目》中，有《國語》一目，蓋即此本。〔註161〕

阿部隆一及《中國版刻圖錄》編者論宋刊本《國語》刻地，均以爲此本當屬杭州刊本。阿部隆一就缺筆及刻工二事分析，稱此爲「紹興、乾道間，杭州地區的公使庫本」；而《中國版刻圖錄》，亦以其原刻及屢次補修之刊工俱爲杭州工匠，而定此帙爲杭州刊本。兼之此本補版有元代杭州刊工，而又著錄於《西湖重整書目》之內——眾所週知，元時杭州書版悉送西湖書院，則此本之爲杭州刊本益可信焉。

　　上述此一宋刊本《國語》之刊地既得推定，則故宮博物院所藏宋刊本《劉賓客文集》之刻地，亦可由此而得以確定。前文既已證知，此宋刊本《劉賓客文集》之刊地必非嚴州，而僅爲據嚴州本覆刻於嚴州以外州郡之刊本。上述宋刊本《國語》，既因書中大部份刊工皆相同，而得知其與宋刊本《劉賓客文集》必爲同一時地開雕者，則由此足以斷定，故宮博物院所藏宋刊本《劉賓客文集》當亦爲杭州刻本無疑。

　　正如阿部隆一所言，此宋刊本《國語》僅爲紹興、乾道間刊於杭州之翻刻本。因此帙既爲紹興、乾道間杭州翻刻本，而書又有「右從政郎嚴州司理參軍薛銳校勘」字樣，故知此宋刊本《國語》所據以翻雕之原版當爲嚴州刻本。如上文刊刻年代一

〔註160〕同上。
〔註161〕同注101，頁13。

節所證知，故宮博物院所藏宋刻本《劉賓客文集》，先於宋刊《國語》、《世說新語》等刻成，且當刻於紹興末年之間；而本節亦已論證，此宋刊本《劉賓客文集》當爲杭州地區覆刻董弅嚴州舊刻之刊本，兼之結合屬同一刊刻時地之宋刊本《國語》，當爲紹興、乾道間杭州翻雕嚴州刊本之上述論證，益足證明此一宋刊劉集，應爲紹興末年杭州據嚴州舊本翻刻之刊本，而國立故宮博物院所藏此一宋刊本《劉賓客文集》之刊刻時地問題，至是亦得以明確考見。

第五章　宋刊劉禹錫文集版本異同考

　　以上各章已就傳世三種宋刊劉禹錫文集之版刻問題分論既竟，先後分別考訂三種傳世宋刊本劉集之流傳情況，及各本之刊刻時地等問題，本章則將傳世三種宋刊劉禹錫文集加以合論於下，除可考見傳世宋刊劉禹錫文集之版本異同外，相信亦有助彰明宋刊劉禹錫文集各本間彼此嬗遞因革之關係。茲自各本之間書名之因革、編次之差異，及內文之分歧等三方面，先後考論現存三種宋刊本劉禹錫文集於版本上之異同問題如下。

第一節　宋刊劉禹錫文集書名因革考

　　今所見三種傳世宋刊劉禹錫文集，各本書名彼此並非一致。北京圖書館所藏宋刊殘本劉集，內集名為「劉夢得文集」，至於此帙外集，因其所殘存四卷均屬於內集部份，是以此一宋刊劉集本身是否附有外集，其事已不可考，故此其外集名稱更加無從考見。日本天理圖書館所藏之宋刊本劉集，三十卷內集及十卷外集俱全，其內集名稱同於北京圖書館所藏宋刊殘本，亦名為「劉夢得文集」。至於外集名稱，則為「劉夢得外集」。此宋刊本劉集之編次，雖與北京圖書館所藏宋刊殘本迥異（詳下文考述），然而兩者之書名則一致。國立故宮博物院所藏宋刊本劉集，其內外集名稱俱異乎其餘兩種宋刊本。此一宋刊本劉集同樣具備三十卷內集及十卷外集，其內集名稱為「劉賓客文集」，外集名稱則為「劉賓客外集」。可見故宮博物院所藏宋刊本劉集，其書名與北京圖書館所藏宋刊殘本劉集，及天理圖書館所藏之宋刊本劉集均有不同。

　　自傳世宋刊劉禹錫文集各本之間，內、外集名稱有所差異一事上，可見倘以書名區分，現存宋刊本劉禹錫文集大別之可分為以下兩種——其一為「劉夢得文集」

（包括「劉夢得外集」），另一則爲「劉賓客文集」（包括「劉賓客外集」）。〔註1〕三種宋刊劉集書名之不同，其間區分固然顯而易見，然而何以會有此差異？又何者較近於原書面目？此等問題相信必待於具體審定，然後方可得其梗概。

一、《劉氏集略》之編訂及流傳

考乎劉禹錫文集最早之輯集及編訂，中唐劉禹錫在世之時，經整理其詩文爲四十卷，且由劉禹錫本人自行纂輯。劉氏於所撰〈劉氏集略說〉一文，即詳述整理平生撰述之始末：

> 前年蒙恩澤，授以郡符居海壖，多雨愿作。適晴，喜躬曬書于庭，得己書四十通。〔註2〕

自以上所述「得己書四十通」一句，知其先劉氏已裒輯得本人所作詩文有四十卷之多。然而劉氏是否曾將此等作品編成一集，及是否將其集加以命名，則其事未可考見。其後劉氏又於整理所得四十卷作品中，選取四份之一爲選集。於〈劉氏集略說〉內，劉氏嘗具言其事：

> 它日，子婿博陵崔生關言曰：「某也羈游京師，偉人多問丈人新書幾何，且欲取去，而某應曰無有，輒媿起於顏間。今當復西，期有以弭媿者。」
> 繇是刪取四之一爲《集略》，以貽此郎，非敢行乎遠也。〔註3〕

現時所知劉禹錫文集其書名可考者，當始於《劉氏集略》一書。然而此帙僅得十卷，亦不過爲選集而已。

二、《劉禹錫集》與《夢得集》之著錄

劉禹錫文集全集之名，直到宋代時始見稱於世。先是歐陽修（1007～1072）、宋祁（998～1061）於《新唐書》卷六十「藝文志四」內著錄劉集稱：「劉禹錫集四十卷」。〔註4〕其後鄭樵（1104～1162）《通志》卷七十「藝文八」著錄劉集時亦稱：「劉禹錫集四十卷」。〔註5〕可見於《新唐書・藝文志》及《通志》之內，兩者均稱劉集爲「劉禹錫集」。然而宋敏求於《劉賓客文集》後序之內，提到當日流傳於世之劉禹

〔註1〕案以上所述各種宋刊本劉禹錫文集書名，均依據各本卷首大題所標文集名稱。

〔註2〕見劉集卷二十〈劉氏集略說〉。國立故宮博物院影印宋刊本《劉賓客文集》（臺北：國立故宮博物院，1973年），卷二十，頁6。

〔註3〕同上。

〔註4〕歐陽修、宋祁等撰：《新唐書》（北京：中華書局點校排印本，1975年），卷六十〈藝文志四〉，頁1606。

〔註5〕鄭樵：《通志》（北京：中華書局影印原商務印書館萬有文庫十通本，1987年），卷七十，藝文略，頁822。

錫文集時稱：

> 世有《夢得集》四十卷，中逸其十，凡詩三百九十二篇。所逸蓋稱是，
> 然未嘗纂著。〔註6〕

宋敏求於《劉賓客文集》後序內，稱傳世劉集爲「夢得集」。其後董弅於嚴州重刻劉禹錫文集，於劉集後序內亦稱：

> 《夢得集》中所逸，蓋自第二十一至三十卷，後人因以第三十一至四
> 十卷相續，通爲三十卷。〔註7〕

宋敏求與董弅於後序之內，俱稱原有劉禹錫文集爲「夢得集」，則與《新唐書》所載，及鄭樵於《通志》內著錄書名時，所提出之「劉禹錫集」一名，兩者所稱判然有別。

稱劉禹錫文集爲「劉禹錫集」者，除《新唐書》及《通志》之外，又見於晁公武《郡齋讀書志》之內。衢本《郡齋讀書志》卷十七內著錄劉集稱：「劉禹錫集三十卷，外集十卷。」〔註8〕可見亦以「劉禹錫集」稱劉集，然而袁本《郡齋讀書志》所稱則與此迥異。袁本《郡齋讀書志》卷四上著錄劉集則稱：「劉禹錫夢得集三十卷，外集十卷。」〔註9〕是知劉禹錫文集流傳於宋代時之書名，於《郡齋讀書志》袁、衢兩本內著錄所稱未爲一致。

自晁公武《郡齋讀書志》著錄體例考之，其中所著錄如：「杜牧樊川集二十卷、外集一卷」、「許渾丁卯集二卷」、「李商隱樊南甲集二十卷、乙集二十卷，又文集八卷」等例可見，晁氏《郡齋讀書志》著錄體例，每先標撰人，而後再舉書名。若按晁氏著錄體例推論，劉禹錫文集之書名，當以袁本著錄所稱爲是——故此晁氏《郡齋讀書志》內所著錄之劉集，其書名應爲「《夢得集》」。

就袁、衢兩本著錄情況而論，如上文第三章考論日本天理圖書館所藏宋刊本《劉夢得文集》刊刻年代一節時所指出，晁氏《郡齋讀書志》袁、衢兩本著錄內容往往不同，或基於兩本定稿及補訂有先後之別，倘兩者依據不同，其中所著錄書名自然有別。是以退一步言之，設想晁氏《郡齋讀書志》袁、衢兩本所著錄者並非同一劉集，則得以推知於紹興末年時（上文第三章考論日本天理圖書館所藏宋刊本《劉夢得文集》之刊刻年代時，經論證《郡齋讀書志》之成書時限必不早

〔註6〕見國立故宮博物院影印宋刊本《劉賓客文集》書後末葉所附宋敏求後序，同注2。

〔註7〕見國立故宮博物院影印宋刊本《劉賓客文集》書後末葉所附董弅後序，同注2。

〔註8〕見衢本《郡齋讀書志》卷十七內劉集著錄。晁公武：《郡齋讀書志》（臺北：廣文書局《書目續編》本影印王先謙校刊衢州本，1967年），卷十七，頁1038。

〔註9〕見袁本《郡齋讀書志》卷四上劉集著錄。晁公武：《昭德先生郡齋讀書志》（上海：商務印書館影印宋淳祐袁州刊本，1937年），頁371。

於紹興三十二年），流傳於世之劉禹錫文集，至少有《劉禹錫集》及《夢得集》兩種不同名稱。另一方面，結合以上所提到《新唐書·藝文志》、及《通志》內均稱劉集爲「劉禹錫集」，而宋敏求、董弅則同樣稱劉集爲「夢得集」一事觀之，更足以證明於紹興末以前，劉集書名除選集《劉氏集略》外，其全集分別有《劉禹錫集》及《夢得集》兩種書名同時行世。

南宋紹興末年以前各家著錄之劉禹錫文集書名

劉集書名及卷數	著錄出處
《劉氏集略》十卷	劉禹錫〈劉氏集略說〉
《劉禹錫集》四十卷	《新唐書·藝文志》、《通志》
《劉禹錫集》三十卷、外集十卷	衢本《郡齋讀書志》
《夢得集》四十卷	宋敏求、董弅《劉賓客文集》後序
劉禹錫《夢得集》三十卷、外集十卷	袁本《郡齋讀書志》

三、《劉賓客文集》之流傳及著錄

傳世宋刊劉禹錫文集兩種不同書名中，「劉賓客文集」之名，其可確考者，始見於宋敏求之劉禹錫文集後序。宋氏裒輯劉氏遺文，並編成劉禹錫文集外集，范鎭（1007～1087）於〈宋諫議敏求墓誌〉內嘗記述其事：

> 輯《顏魯公集》十五卷，《孟東野集》十卷，《李衛公別集》五卷，《劉夢得外集》十卷。〔註10〕

據范氏以上所稱，宋敏求所輯劉禹錫文集之外集一共有十卷，且名爲「劉夢得外集」。然而宋敏求本人於劉禹錫文集後序內，則有不同說法：

> 今裒之（按：指劉集所佚詩文），得《劉白唱和集》一百七、聯句八，《杭越寄和集》二，《彭陽唱和集》五十二，《汝洛集》二十七、聯句三，《洛中集》三十、聯句五，《名公唱和集》八十六，《吳蜀集》十七，《柳柳州集》六，《道塗雜詠》一，《南楚新聞》四，《九江新舊錄》一，《登科文選》一，《送毛仙翁集》一，自《寄楊毗陵》而下五十五。皆沿舊會粹，莫詳其出，或見自石本者，無慮四百七篇。又得雜文二十二，合爲十卷，曰《劉賓客外集》，庶永其傳云。〔註11〕

宋敏求於《劉賓客文集》後序中，自言裒輯劉禹錫集外遺文十卷合爲外集，而名之

〔註10〕 范鎭：〈宋諫議敏求墓誌〉見《琬琰集刪存》卷二。轉引自宋敏求《春明退朝錄》。宋敏求：《春明退朝錄》（北京：中華書局，1980年），附錄一，頁55。

〔註11〕 同注6。

曰「劉賓客外集」。於宋氏本人筆下，劉集外集書名與范鎮於〈宋諫議敏求墓誌〉內所記「劉夢得外集」之名不一。范氏所稱或不過對劉集之泛稱，而非確實之書名，於此自當以宋氏本人於後序中所言爲是。

　　宋敏求裒輯劉禹錫文集遺文十卷爲《劉賓客外集》，是爲以官爵名劉集之始。然宋氏所稱僅爲其所裒輯之外集而已，至董弅於紹興八年（1138 年）刊行劉集，則「劉賓客文集」、「劉賓客外集」之名，兩者俱見稱於世。不過此一劉禹錫文集內集之名爲「劉賓客文集」，究爲宋氏以「劉賓客」之名冠外集之上，遂亦並改內集之名；抑董氏刊行劉集，爲統一內、外集之名，而致更定內集名稱者？則已無從稽考矣。

　　至孝宗淳熙十五年（1188 年）陸游於知嚴州任內，重刻《世說新語》、《南史》，及《劉賓客集》郡中舊有書籍。於《世說新語》跋內陸氏又提到：

　　　郡中舊有《南史》、《劉賓客集》版，皆廢于火，《世說》亦不復在。〔註12〕

陸氏稱郡內舊有劉集爲「劉賓客集」，當如以上跋文中稱《世說新語》爲「世說」，俱爲省文耳。以此推論，相信陸氏於《世說新語》跋內所稱劉集一書全名，當亦爲「劉賓客文集」。

　　至寧宗（1195～1224）之世，陳振孫撰《直齋書錄解題》，〔註13〕於書中卷十六「別集類上」內著錄劉集云：「《劉賓客集》三十卷，外集十卷。」〔註14〕自陳錄內又稱宋敏求裒輯外集，並多錄宋氏後序所述，知陳氏《直齋書錄解題》內所著錄之「劉賓客集」，即指《劉賓客文集》。

四、傳世宋刊劉禹錫文集書名考較

　　自以上考述可以得悉，自中唐時劉禹錫文章開始輯集以來，下遞至於兩宋之世，劉集之名可考者有四：一曰「劉氏集略」，一曰「劉禹錫集」，一曰「夢得集」，一曰「劉賓客文集」（按：包括「劉賓客外集」）。於上述四者之中，「劉氏集略」之名最古，見於劉禹錫筆下，然而僅爲選集，且其書不傳，故無以稽考。其次則《新唐書·藝文志》、鄭樵《通志》及衢本《郡齋讀書志》等所稱之「劉禹錫集」，於傳世劉集

〔註12〕見明嘉靖十四年（1535 年）袁褧嘉趣堂刻本《世說新語》書後所附陸游跋文。此處據《中國版刻圖錄》書影。北京圖書館編：《中國版刻圖錄》（京都：朋友書店影印本，1983 年），圖版四一三。

〔註13〕何廣棪先生考定陳振孫撰《直齋書錄解題》時間，當始於寧宗嘉定十一年（1218 年）執掌鄞學後不遠之時。何廣棪：《陳振孫之生平及其著述研究》（臺北：文史哲出版社，1993 年），頁 94。

〔註14〕陳振孫：《直齋書錄解題》（臺北：廣文書局《書目續編》本，1968 年），卷十六，別集類上，頁 994。

之內，尤其現存宋刊本劉集之中，亦無以此爲書名者，故此本亦無考。至若宋敏求、董弅及袁本《郡齋讀書志》等所稱之「夢得集」，相信亦不過如陸游稱《劉賓客文集》、《世說新語》等，爲「劉賓客集」、「世說」做法，俱爲原來書名之省文耳，其原名當即「劉夢得文集」。

董弅於紹興初所撰《劉賓客文集》後序，提到中逸十卷之「夢得集」，其說蓋本於宋敏求《劉賓客文集》後序所述。自宋敏求《劉賓客文集》後序內提到「世有夢得集四十卷」一事，知在宋氏編成十卷外集以前，其先流傳當世之四十卷劉集，當即《劉夢得文集》（如上所論「夢得集」當爲《劉夢得文集》之省稱）。宋敏求劉集後序雖無年月可考，然而據范鎮〈宋諫議敏求墓誌〉知，宋氏歷仕北宋仁宗、英宗、神宗三朝，〔註15〕是以宋氏所稱尚未逸去十卷詩文之劉集，其名爲「劉夢得文集」者，當屬北宋神宗朝以前，原有四十卷足本劉集已沿用之書名。以是推知今北京圖書館所藏宋刊本劉集，及日本天理圖書館所藏宋刊本劉集，俱以「劉夢得文集」爲書名，可見仍存未逸十卷詩文以前劉集命名舊貌。而故宮博物院庋藏之宋刊劉集，其名爲「劉賓客文集」，雖見稱於陸游及陳振孫諸人，然而上推其書名，則最早見於宋敏求劉集後序而已，而外集之名爲「劉賓客外集」，又出於宋敏求而有，故不論劉禹錫文集內集之取名爲「劉賓客文集」，原屬宋敏求所另改，抑或爲紹興八年董弅重刻宋氏舊本時所定，其名晚出於原有足本之《劉夢得文集》（即宋敏求劉集後序內所稱之「世有夢得集四十卷」），則殆無置疑。

明清之世，「劉賓客文集」之名見於劉集諸本，而「劉夢得文集」之名幾廢，倘追溯其本源，則知「劉夢得文集」之名，實先於「劉賓客文集」而有。是以就書名而論，北京圖書館所藏宋刊殘本，及日本天理圖書館所藏宋刊本，所以勝過故宮博物館所藏宋刊本劉集者，正以書名能存其舊貌之故耳。

第二節　宋刊劉禹錫文集各本編次差異考述

傳世三種宋刊本劉集——北京圖書館所藏宋刊殘本《劉夢得文集》、日本天理圖書館所藏宋刊本《劉夢得文集》、國立故宮博物院所藏宋刊本《劉賓客文集》，各本於編次上未盡相同，而著錄諸家又每考其編次，以定諸本優劣，是以考較三種宋刊劉集編次同異，除可發明宋刊劉集諸帙之版本沿流梗概外，更有助於論定各本於編次上之得失。

〔註15〕同注10，頁51～56。

今考劉禹錫文集三種宋刻，除日本天理圖書館所藏宋刊本《劉夢得文集》外，其餘兩種於書前均無總目可見。北京圖書館所藏之宋刊殘本《劉夢得文集》，雖可自黃丕烈、瞿鏞等著錄，知原有詩文三十卷，〔註16〕然而此一宋刊本《劉夢得文集》，今所存者僅爲前四卷之殘帙耳，故此帙之是否亦具外集，已不可考焉。惟考其所存之四卷，其編排依次爲：卷一賦、卷二碑、卷三碑、卷四碑，內附釋門銘、記、讚等。可見其編次一同於故宮博物院所藏宋刊本《劉賓客文集》。

倘將其餘兩種宋刻劉集加以比對，則知故宮博物院所藏宋刊本《劉賓客文集》各卷編次，與天理圖書館所藏宋刊本《劉夢得文集》編次可謂截然不同。故宮博物院所藏宋刊本《劉賓客文集》前二十卷依次爲：賦、碑、論、記、書、表章、狀、啓、集記及雜著，後十卷則均屬詩歌。天理圖書館所藏宋刊本《劉夢得文集》前十卷爲詩，後二十卷則爲賦、論、書、表、啓、狀、集記、雜著、記及碑等雜文。故知兩本編次迴異，且於詩與雜文部份之內，其卷目、篇章之次第，亦復有所出入。茲將三本編次先後，具列如下表所示，以供考較其同異。爲方便表列時之說明起見，於以下宋刊劉禹錫文集編次異同對照表內，各本之簡稱分別爲：北京圖書館所藏宋刊殘本《劉夢得文集》，省稱爲「北圖本」；日本天理圖書館所藏宋刊本《劉夢得文集》省稱爲「天理本」；國立故宮博物院所藏宋刊本《劉賓客文集》則省稱爲「故宮本」。

宋刊劉禹錫文集編次異同對照表

卷 次	北圖本 標 題	故宮本 標 題	天 理 本		備 注
			標題	相應卷次	
一	賦	（闕）	古 詩	二十三	
二	碑	碑 上	古 詩	二十一	
三	碑	碑 中	律 詩	二十二	
四	碑	碑 下	律 詩	二十四	北圖本題下注：「釋門銘記讚附」。故宮本題下亦注：「釋門銘記附」。
五	－	論 上	雜體詩	二十五	
六	－	論 中	送別詩	二十八	
七	－	論 下	送僧詩	二十九	
八	－	記 上	樂 府	二十六	故宮本〈國學新修五經壁記〉、〈汴州鄭門新亭記〉二篇與天理本次序先後互乙。

九	一	記下	樂府	二十七	
十	一	書	哀挽	三十	
十一	一	表章一	賦	一	故宮本題下注：「爲淮南杜相公佑修凡十首」。
十二	一	表章二	論	五	故宮本題下注：「爲淮南杜相公佑修凡十一首」，又〈謝曆日面脂口脂表〉、〈謝墨詔表〉與天理本次序先後互乙。
十三	一	表章三	易論	七	故宮本〈爲武中丞謝春衣表〉、〈爲武中丞再謝新茶表〉與天理本次序先後互乙。
十四	一	表章四	書	十	故宮本題下有「牋附」二字，又〈賀赦牋〉、〈賀皇太子牋〉兩篇，天理本撥入下卷（卷十九）之內。
十五	一	表章五	表	十一	故宮本題下有「牋附」二字。天理本題下注：「並代淮南杜相公佑作」。
十六	一	表章六	表	十二	天理本題下注：「並代淮南杜相公佑作」。
十七	一	狀	表	十三	
十八	一	啓	表	十四	天理本將兩〈賀赦牋〉先後並列，與故宮本將第二表置〈賀皇太子牋〉後之編次相異。
十九	一	集紀	表	十五	天理本題下有「牋附」二字。
二十	一	（闕）	表	十六	故宮本〈澤宮詩〉天理本另置於詩之卷首（卷一）。
二十一	一	雜興	啓	十八	
二十二	一	五言今體	狀	十七	
二十三	一	古調	集紀	十九	
二十四	一	七言	雜著	六	
二十五	一	雜體	雜說	二十	
二十六	一	樂府上	記	八	
二十七	一	樂府下	記	九	
二十八	一	送別	碑	二	
二十九	一	送僧	碑	三	
三 十	一	哀挽悲傷	碑	四	天理本題下注：「釋門銘記讚附」。

　　自以上之宋刊劉禹錫文集編次異同對照表中，可以明確見出三種宋刊劉集編次上之異同所在。正如以上所述，北京圖書館所藏宋刊殘本《劉夢得文集》之卷第一同於故宮博物院所藏宋刊本《劉賓客文集》。此兩種宋刊本劉集，與天理圖書館所藏

宋刊本《劉夢得文集》編次則迴異，然而要之其區分大抵皆有跡可循。自以上列表中可見，天理圖書館所藏宋刊本《劉夢得文集》之編次，大略爲先詩賦而後雜文；故宮博物院所藏宋刊本《劉賓客文集》與北京圖書館所藏宋刊殘本《劉夢得文集》之編次，則將賦置於卷首，然後次之以碑、論、表章等雜文，其後復繼之以詩歌。由此明確可見傳世三種宋刊劉集此兩種不同編次，實各有其編纂系統及體例。至若內集以外之十卷劉禹錫文集外集，北京圖書館所藏之宋刊殘本《劉夢得文集》，既因內集卷四後已殘缺，因而無法考見，而故宮博物院所藏宋刊本《劉賓客文集》與天理圖書館所藏宋刊本《劉夢得文集》之外集編次，前八卷俱爲詩，其後二卷，一爲雜著；一爲墓誌、祭文，其中標題、卷目，次第悉同，可見兩者內集編次雖不同，然而外集編次則頗爲一致。

　　以往論劉禹錫文集版本問題之學者，嘗就故宮博物院所藏宋刊本《劉賓客文集》及北京圖書館所藏宋刊殘本《劉夢得文集》之內集，因其編次與天理圖書館所藏宋刊本《劉夢得文集》迴異一節，考訂傳世宋刊劉集各本版刻之嬗遞源流，並藉以論定劉集宋刻本之版本優劣。首倡此說者爲日人內藤虎次郎，於跋武進董康影印崇蘭館藏宋刊本《劉夢得文集》時曾提出：

　　　　按：陳振孫《書錄解題》稱《劉賓客集》原本卅卷，宋初佚其十卷，宋次道裒其遺詩四百七篇、雜文廿二首爲外集，卷數篇目與此本吻合。今通行本雜文廿卷，詩十卷，出於明刻，卷第既已不同，所錄詩文，並有佚奪。又表牋各篇，有通行本存年月，而此本失錄；此本有年月，而通行本刊落者。其餘異文，多不勝舉。且此本先文後筆，仍是六朝以來集部體製，若通行本先文後詩，經明刻恣改耳。〔註17〕

內藤虎次郎於以上所盛稱之崇蘭館藏宋刊本劉集，即現時庋藏於日本天理圖書館之宋刊本《劉夢得文集》；而其所謂「通行本」者，蓋指其時流通較廣之兩種刻本──朱澂《結一廬朱氏賸餘叢書》本《劉賓客文集》，及王灝畿輔叢書本《劉賓客文集》（按：其時劉集難得，劉承幹搜求善本輯刊嘉業堂叢書，亦僅據結一廬刊本重刊）。兩種通行本劉禹錫文集，其內文雖不乏差異處，然而全書編次卷第則相同，又與其時諸明鈔、明刻本編次無別（按：結一廬刊本書前有「重刊明鈔劉賓客文集」字樣，故知其源出明鈔本劉集）──俱於卷首先列賦及雜文，其後十卷始爲詩，正與日本天理圖書館所藏宋刊本《劉夢得文集》，先詩賦後雜文之編次迴異，因而內藤虎次郎有上述「若通行本先文後詩，經明刻恣改耳」之推論，且基於以爲此一宋本編次既

〔註17〕劉禹錫：《劉夢得文集》（上海：商務印書館《四部叢刊初編》縮印本影印涵芬樓影印董康影宋本，1936年），書後所附內藤虎次郎跋。

與明清諸本不同，而其編排又爲先文後筆之故，而得出日本天理圖書館所藏宋刊本
《劉夢得文集》「仍是六朝以來集部體製」之結論。

若對內藤虎次郎以上「若通行本先文後詩，經明刻恣改耳」推論加以細考，則
知其純屬臆測之說。蓋因除天理圖書館所藏宋刊本《劉夢得文集》之外，其餘兩種
宋刊劉集——故宮博物院所藏宋刊本《劉賓客文集》及北京圖書館所藏宋刊殘本《劉
夢得文集》之內集，其編次均與明清諸本彼此一致，故知明清以來鈔、刻諸本先文
後詩之編排，亦源出於宋刊劉集，其編次並非如內藤虎次郎跋崇蘭館藏宋刊本《劉
夢得文集》時所稱，因「經明刻恣改」所致。其時故宮博物院所藏宋刊本《劉賓客
文集》知者尚尠，內藤虎次郎無由覆核，固不足以是病之；然而北京圖書館所藏宋
刊殘本《劉夢得文集》，歷經黃丕烈、瞿鏞諸家著錄，更有瞿氏《鐵琴銅劍樓宋金元
本書影》所刊該帙首葉書影行世，內藤虎次郎未能及此，而遽有通行本乃明刻恣改
劉集編次之結論，則是未嘗非失諸深考也。

更請論其「此本先文後筆，仍是六朝以來集部體製」之說。著錄諸家對內藤虎
次郎此一說法，頗不乏提出非議者。先是昌彼得於〈跋宋刊本劉賓客文集〉一文內，
駁斥內藤虎次郎此一說法：

> 日本內藤湖南跋崇蘭館藏宋本云：「此本先文後筆，仍是六朝以來集
> 部體製。若通行本先文後詩，經明刻恣改耳。」按明代刻本名《中山集》，
> 雖頗有訛奪，其編次實出南宋初浙本。〔註18〕董弅後序謂：「《夢得集》中
> 所逸，蓋自第二十一至三十卷，後人因以第三十一至四十卷相續，通爲三
> 十卷。」知唐代四十卷本，至北宋初所佚十卷爲卷二十一至卷三十。依其
> 說以察崇蘭館藏宋本，則所佚在表章與書啓之間，應純爲文類。然按宋敏
> 求所輯《外集》，得詩八卷四百零七首，文僅二卷二十二篇，詩多於文。
> 雖未必盡其原本所逸，但所佚不全爲文可知。由此推考之，該本非如內藤
> 氏所云係出唐代舊本編次，殆可斷言。且如其本卷四標體律詩，而卷中之
> 〈後梁宣明二帝碑堂下作〉、〈逢王十二十學士入翰林因以詩贈〉、〈呈柳儀
> 曹〉等二十一首實爲絕句，知篇題亦後人所改，非出原本。然如依此南宋
> 初浙本編次，則所佚之卷二十一至三十，正在詩文之間，與宋氏所裒輯相
> 契合，而詩題僅五言七言，亦勝於該本，其爲出於北宋以來舊本無疑。內
> 藤氏之說，純爲臆測，未可引以爲據也。〔註19〕

〔註18〕按：昌氏所稱「崇蘭館藏本」，即今所論之日本天理圖書館所藏宋刊本《劉夢得文集》；
其所稱之「南宋初浙本」，即今所論之故宮博物院所藏宋刊本《劉賓客文集》。

〔註19〕昌彼得：〈跋宋刊本劉賓客文集〉，《慶祝蔣復璁先生七十歲論文集》（臺北：國立故

昌氏據董弅後序所稱，指出十卷劉集散逸在卷二十一至三十部份，以是檢定天理圖書館所藏宋刊本《劉夢得文集》及故宮博物院所藏宋刊本《劉賓客文集》二帙，又以《外集》多爲詩，與天理圖書館所藏宋刊本《劉夢得文集》該處所佚應爲雜文一事未合，從而否定內藤虎次郎之說；兼之舉出天理圖書館所藏宋刊本《劉夢得文集》標題失當處，以明其非出原本，益證內藤虎次郎以爲「此本先文後筆，仍是六朝以來集部體製」之誤。此外，昌氏又指出故宮博物院所藏宋刊本《劉賓客文集》內集編次，正與董弅後序所稱契合──介乎詩文之間，且標題亦勝於天理圖書館所藏宋刊本《劉夢得文集》，而有故宮博物院所藏宋刊本《劉賓客文集》乃「出於北宋以來舊本無疑」之結論。

　　其後屈守元撰文論劉禹錫文集內集之兩種不同編次，對內藤虎次郎上述推論亦未贊同，然而其持論則與昌氏迥異。屈氏於〈談劉禹錫詩文集的兩個影宋本〉一文內，即列舉論據反駁內藤虎次郎上述說法：

　　　　內藤虎爲「董影」作跋，[註20] 舉出「先文（韻文，指詩）後筆（指散文），仍是六朝以來集部體製」，作爲這個版本的優點。這個話是有問題的。如果照「六朝以來集部體製」，「先文後筆」，應當賦在詩前。劉禹錫爲呂溫編集，「先立言而後體物」，把〈人文化成論〉等論著編在最先。以詩冠首，不是「六朝以來集部體製」，也不是「先立言而後體物」的劉禹錫編集新例。[註21]

屈氏指出天理圖書館所藏宋刊本《劉夢得文集》內集編次，安排詩在賦前，既未合六朝以來「先文後筆」之集部體製；又因劉禹錫編集，本主張「先立言而後體物」，[註22] 故亦不合劉氏本人編纂體例，以是明內藤虎次郎「此本先文後筆，仍是六朝以來集部體製」之說實爲紕繆。不過屈氏仍以爲天理圖書館所藏宋刊本《劉夢得文集》，於編次上勝過故宮博物院所藏宋刊本《劉賓客文集》，所持理由即以其源出舊本。屈氏於〈談劉禹錫詩文集的兩個影宋本〉一文中又據傳世劉禹錫文集外集編次，推定天理圖書館所藏宋刊本《劉夢得文集》編次仍保存舊貌：

　　　宮博物院《故宮季刊》編輯委員會，1969 年），頁 214～215。

[註20] 按：屈氏所據爲董康影印舊藏崇蘭館之宋刊本《劉夢得文集》影本，故稱之爲「董影」，即今所論之天理圖書館所藏宋刊本《劉夢得文集》；又其稱爲「徐影」之劉集，乃徐森玉影印舊藏避暑山莊之宋刊本《劉賓客文集》影本，即今所論之故宮博物院所藏宋刊本《劉賓客文集》。

[註21] 屈守元：〈談劉禹錫詩文集的兩個影宋本〉，《四川師範學院學報》，1977 年第三期，頁 69。

[註22] 「先立言而後體物」之說，見劉禹錫所撰之〈唐故衡州刺史呂君集紀〉。又此點當於下文詳論。

但「董影」詩編在前，卻可視爲宋敏求所訂劉集的原樣。因爲「董影」、「徐影」並無異同的《外集》，出於宋敏求補輯，它的前八卷就是詩。《外集》如此，《文集》三十卷當不例外。先詩後筆，宋敏求傳下來的本子，理應如此。〔註23〕

屈氏以《外集》出自宋敏求所裒輯，而其編次適爲先詩後文，與天理圖書館所藏宋刊本《劉夢得文集》內集編排無別，故指其編次即當日宋敏求編訂劉集之原樣。至於何以天理圖書館所藏宋刊本《劉夢得文集》編次，與董弅後序之言不符，對此屈氏則有如下解釋：

董弅的題記說：「《夢得集》中所逸者，蓋自第二十一卷至三十卷，後人因以第三十一至四十卷相續，通爲三十卷。」這個話沒有什麼根據。這樣講的目的，不過因爲所逸十卷，有筆有詩，把它說成二十一至三十卷，正好接著他那本子編在最後的十卷詩。可見詩十卷的移易位置，便是董弅所爲。殊不知所逸之詩，大抵是酬唱聯句之作，安排在古今體詩十卷之前，成何體統？宋敏求以前未逸的劉集決不會是這個樣子。「徐影」最混亂無章的是十卷詩，把「五言今體」擺在「雜興」之後，「古調」之前，一望而知其爲隨意放置。這倒可以看出董弅變換宋敏求原本樣式的痕跡。從《文集》的編排次序講，「董影」確是遠勝出於浙刻（即「徐影」）的通行本，可惜內藤虎並沒有把眞正的優點找到。〔註24〕

倘如屈氏所言，則昌彼得上述故宮博物院所藏宋刊本《劉賓客文集》出於北宋以來舊刻；及斷言天理圖書館所藏宋刊本《劉夢得文集》編次爲後人所改種種推論，均當成存疑之說。蓋昌氏之立論，本建基於董弅後序，今屈守元既指董序所稱，原先劉集卷帙亡逸爲卷二十一至三十之言，不過出於杜撰，假使屈氏所論屬實，則昌氏以董弅後序檢定兩種不同編次宋刻劉集所得之結論，恐怕亦再難以成立。

雖然屈氏舉出以上論據證成其說，惟是屈氏上述推論仍不乏可以斟酌者。如其以爲天理圖書館所藏宋刊本《劉夢得文集》編次，即當日宋敏求編訂劉集之原樣。然而宋敏求後序僅言裒輯劉氏遺文而成《劉賓客外集》，未嘗有任何文字提及嘗訂定內集編次，屈氏何以知天理圖書館所藏宋刊本《劉夢得文集》編次，即爲宋敏求所訂劉集原樣？此其一也。又宋敏求裒輯劉禹錫集外遺文，得詩四百七篇，而文僅二十二篇，因所得既以詩爲主，故編次先詩後文，以其佔絕大多數而已，與內集編次未必有何關聯，而屈氏以此立說，指外集先詩後文，內集必然如此，其推論未免尚

〔註23〕同注21。
〔註24〕同上，頁69～70。

欠確鑿理據。此其二也。

　　至若屈氏以故宮博物院所藏宋刊本《劉賓客文集》既有董弅後序，而編次又異乎天理圖書館所藏宋刊本《劉夢得文集》，故指董弅移易卷帙，杜撰所佚爲卷廿一至三十之言，以遂其重訂劉集編次之所爲。今考董氏後序，有「既爲刻印，因訪於郡居士大夫家，復遠假於親舊，凡得十餘本」之言（見第四章圖版五內董氏後序），因知其時流傳之劉禹錫文集固非一種明矣。董氏重刻劉集，因「外集獨余家有之，更無它本可校」，故其外集附有宋敏求後序，然而內集乃其家藏舊本，〔註25〕是否即同於宋敏求所據之刻本？未加深考以前，似難斷言異乎日本天理圖書館所藏宋刊本《劉夢得文集》編次者，即爲董弅移易卷第所致。自董氏後序所稱：「第證其字畫之舛訛，其脫逸及可疑者存之，以遺博洽多聞取正焉。」知董弅之整理劉集內集，以其家舊藏取校諸本後，僅正其字畫訛誤，即脫逸及可疑者仍未敢妄改，可見未嘗有更易原樣之意。是以未悉董氏所據內集，其編次是否本與日本天理圖書館所藏宋刊本《劉夢得文集》相異，則不得遽下董氏杜撰所逸卷帙之言及移易編次之結論。此其三也。又屈氏舉出支持其說者，除見劉禹錫义集外集編次爲先詩後文之論據外；另一論據爲故宮博物院所藏宋刊本《劉賓客文集》等編次「混亂無章」，而指「宋敏求以前未逸的劉集決不會是這個樣子」，從而證明天理圖書館所藏宋刊本《劉夢得文集》編次爲宋敏求所訂劉集原樣。於此屈氏似未慮及，編次不當與其是否原本式樣，其間並無必然關係之問題。故以此立論，而謂故宮博物院所藏宋刊本《劉賓客文集》編次乃其後改訂者，似亦難以一下成爲定論。此其四也。綜此四端，知屈氏之說其中不乏尚有待驗證者，是以於劉集編次之沿革得失等問題上，相信仍需進一步詳加考覈，然得方可於此下一結論。

　　就宋人著錄中所見，宋時刊印之唐人文集，各本間之編次實多有相異者。陳振孫《直齋書錄解題》卷十六別集類上所載「白氏長慶集七十一卷年譜一卷又新譜一卷」條下即載：

　　　今本七十一卷，蘇本、蜀本編次亦不同。蜀本又有外集一卷，往往皆非樂天自記之舊矣。〔註26〕

又同卷「元次山集十卷」條下亦載：

　　　蜀本但載自序，江州本以李商隱所作序冠其首。蜀本〈拾遺〉一卷，

〔註25〕按：董弅後序云：「余家所藏，固匪盡善，既爲刻印，因訪於郡居士大夫家，復遠假於親舊，凡得十餘本，躬爲校讎是正牐可讀。」故知當日董氏刻印內集，所據底本出自其家舊藏劉集。
〔註26〕同註14，卷十六，別集類上，頁992。

〈中興頌〉、〈五規〉、〈二惡〉之屬皆在焉。江本分置十卷。〔註27〕

又同卷「劉隨州集十卷」條下亦載：

詩九卷，末一卷雜著數篇而已。建昌本十卷，別一卷爲雜著。〔註28〕

陳振孫於《直齋書錄解題》中著錄唐人文集諸本，就以上所舉蜀本、蘇本、江本、建昌本等，即可見諸本之編次各異，足證宋時唐人文集往往編次不一。是以董弅劉集後序既云「訪於郡居士大夫家，復遠假於親舊，凡得十餘本。」其時劉集刻本既眾，則編次諸本有別殊非異事，故此未能因編次別於先詩後文之天理圖書館所藏宋刊本《劉夢得文集》，而指故宮博物院所藏宋刊本《劉賓客文集》編次，必爲董弅所妄易者也。

倘更自此進一步考之，以上陳振孫所舉編次不一之唐人文集各刊本中，又以蜀本編次尤其與他處本多有歧異。陳振孫於《直齋書錄解題》卷十六別集類下著錄「王右丞集十卷」條內，對此言之甚詳：

建昌本與蜀本次序皆不同。大抵蜀刻唐六十家集，多異于他處本，而此集編次尤無倫。〔註29〕

證諸同卷「駱賓王集十卷」條下所載，益見陳振孫所言有據。於此條之下陳氏著錄云：

又有蜀本，卷數亦同，而次序先後皆異。〔註30〕

更就同卷「杜工部集二十卷」條下著錄考之，可見亦如陳氏之言。陳氏於此條內著錄云：

又有遺文九篇，治平中太守裴集刊附集外。蜀本大略同，而以遺文入正集中，則非其舊也。〔註31〕

又卷十九所著錄「姚少監集十卷」，亦可證此說不謬。陳氏於該條下著錄云：

川本卷數同，編次異。〔註32〕

足證蜀本唐人文集編次，確實多異於他處本。今傳世宋刊本劉禹錫文集之兩不同編次，是否亦因刊地各異所致，恐必待深考而後方可論定。陳振孫《直齋書錄解題》所稱，編次與他處本多異之蜀刻唐人文集，今可確考者有二：其一爲十一行本之《駱賓王文集》；其一爲十一行本之《李太白文集》。考乎《直齋書錄解題》以上著錄與

〔註27〕 同上，頁 976。
〔註28〕 同上，頁 980。
〔註29〕 同上，頁 969。
〔註30〕 同上，頁 965。
〔註31〕 同上，頁 973。
〔註32〕 同上，頁 1185。

他本「次序先後皆異」之蜀刻《駱賓王文集》，其有別於一般刊本之處爲：

　　　（蜀本）序文視前本（按：即陳氏所據本）加詳，而云：「廣陵起義
　　不捷，因致遁逃，文集散失，中宗朝詔令搜訪。」〔註33〕

今北京圖書館所藏十一行本宋刊《駱賓王文集》，〔註34〕卷首所附郗雲卿序文，與陳氏解題所言符合，故知即爲《直齋書錄解題》所稱之蜀本。檢此帙編次，除卷首爲賦（附頌一篇）外，卷二至五皆屬詩，卷六、七爲表、啓及書，卷八至十爲雜著。除詩、賦先後互乙外，其編次大體與天理圖書館所藏宋刊本《劉夢得文集》一致，俱爲內藤虎次郎所稱之「先文後筆」體製。然而自陳氏《直齋書錄解題》上述著錄內說明可知，此種編次於當日唐人文集諸本之中，其實並非常見者。

　　更考諸十一行本《李太白文集》編次。《直齋書錄解題》卷十六別集類上載「李翰林集三十卷」云：

　　　別有蜀刻大、小二本，卷數亦同，而首卷專載碑序，餘二十三卷歌詩，
　　而雜著止六卷，有宋敏求後序。……曾鞏蓋因宋本而次第之者也。以校舊
　　藏本，篇數如其言，然則蜀本即宋本也耶？末又有元豐中毛漸題云：「以
　　宋公編類之勤，曾公考次之詳，而晏公又能鏤板以傳於世。」乃知晏知止
　　刻於蘇州者，然則蜀本蓋傳蘇本，而蘇本不復有矣。〔註35〕

此本書後既具宋敏求、曾鞏後序，亦有陳氏所引元豐三年（1080年）毛漸校後題記，其卷數與直齋所言悉合，故知即陳氏解題所稱蜀本。〔註36〕此宋刊本書後所附宋敏求〈李太白文集後序〉即云：

　　　治平元年，得王文獻公溥家藏白詩集上、中二帙，凡廣二百四篇，惜
　　遺其下帙。熙寧元年，得唐魏萬所纂白詩集二卷，凡廣四十四篇。因裒唐
　　類詩諸編，泊刻石所傳，別集所載者，又得七十七篇，無慮千篇。沿舊目
　　而釐正其彙次，使各相從（按：此指詩歌），以別集附於後，凡：賦、表、
　　書、序、碑、頌、記、銘、讚、文六十五篇，合爲三十卷。〔註37〕

自宋氏後序內「沿舊目而釐正其彙次，使各相從」等語，知宋敏求嘗訂定此宋刊本

〔註33〕同注30。

〔註34〕按：此帙今藏北京圖書館，然清世有石研齋影刻本，近年中華書局又影印石研齋刻本行世。今據中華書局影印本述其編次。駱賓王：《駱賓王文集》（北京：中華書局影印道光年間石研齋影刻本，1973年）。

〔註35〕同注26，頁同。

〔註36〕按：此帙今亦藏北京圖書館，1986年巴蜀書社嘗影印行世，今據以述其序跋及編次。李白：《李太白文集》（成都：巴蜀書社影印宋蜀刻本，1986年），

〔註37〕見宋刊《李太白文集》書後所附宋敏求後序。同上，頁158。

《李太白文集》編次。今檢此帙，其編次一如《直齋書錄解題》之言，除卷一錄李陽冰等為白所作碑序外，卷二至廿四悉為詩歌，其後卷廿五為賦，卷廿六至三十為雜文。雜文編次為：表、書、序、讚、頌、銘、記、碑、文（即祭文），雖與宋氏所稱稍異，然可以此考見宋敏求編纂唐人文集之體制。若除卻卷首所附諸家碑序不論（劉集並無碑序），則其編次正為：先列詩歌，繼之以賦，最後始為雜文，其編次適與天理圖書館所藏宋刊本《劉夢得文集》如出一轍，故可以此推論，天理圖書館所藏宋刊本《劉夢得文集》先詩後文之編次，既非當日宋刊唐人集所通行者，而宋敏求又嘗裒輯劉集遺文，則此一編次或即出於宋氏所釐訂。

天理圖書館所藏宋刊本《劉夢得文集》之編次最可注意者，實為先詩而後賦之次序。就宋敏求編次《李太白文集》一事可知，宋人所重在詩多於賦，故將賦與表、書等雜文並列，而另標詩歌於前，然此乃賦之於宋時未見重於世，以故於文章編集時有此安排。實則唐人以科舉取士，故極重詞賦，杜甫上謁不以詩而獻〈三大禮賦〉即其一例。〔註38〕至如劉禹錫本人亦言此，於其〈唐故相國李公集紀〉中劉氏嘗稱：

> 唐之貴文至矣哉！後王纂承，多以國柄付文士。……公諱絳，字深之，趙郡人。在貢士中傑然有奇表，既登太常第，又以詞賦升甲科，授秘書省校書郎。〔註39〕

於劉禹錫筆下即以李絳因詞賦晉身，而證明唐代之貴文。故後賦而先詩，不過為宋代人所有之觀念，故可信天理圖書館所藏宋刊本《劉夢得文集》之編次，若非宋敏求所訂定，亦必出於宋人所編纂，其決非如內藤虎次郎所稱「仍是六朝以來集部體製」則可斷言。

至於故宮博物院所藏宋刊本《劉賓客文集》及北京圖書館所藏宋刊殘本《劉夢得文集》編次，兩種宋刊均以賦居首，可見仍存唐人編訂文集體制舊貌。劉禹錫本人為李絳編次遺文，於〈唐故相國李公集紀〉內，劉氏具述整理李絳二十卷遺文之編次，即清楚反映唐人對於詩賦不同地位及文集編訂之上述觀念：

> 嗣子前京兆府戶曹掾璆，次子前監察御史裏行項等，泣持遺草請編之。肇自從試有司，至于宰天下，詞賦、詔誥、封章、啟事、歌詩、贈餞、

〔註38〕 杜甫於天寶中獻〈三大禮賦〉事，詳見元稹〈唐故工部員外郎杜君墓係銘〉所述。元稹：〈唐檢校工部員外郎杜君墓係銘〉，《元稹集》（北京：中華書局，1982 年），頁 601。

〔註39〕 劉禹錫：《劉賓客文集》（臺北：國立故宮博物院影印宋刊本，1973 年），卷十九，〈唐故相國李公集紀〉，葉一。

　　　　金石、颺功，凡四百餘篇，勒成二十卷。〔註40〕

觀乎劉禹錫爲李絳編次文集，亦以詞賦居首，詩歌則置於詔誥、封啓等之後，足以反映唐代詞賦地位遠在詩歌之上，故此於文集編次時，往往以詞賦先行。劉氏爲李絳編集，雖以年代次其先後（「自從試有司，至于宰天下」），然而從試有司前何嘗無詩歌之作？故其見重詞賦乃顯而易見之事，而唐人編次文集之先詞賦而後詩歌，於此亦得以具體證明。

　　至於劉禹錫爲呂溫編集，又有先雜文而後詞賦之主張者，乃出於法古而已。劉氏於〈唐故衡州刺史呂君集紀〉內，對此即有說明：

　　　　古之爲書者，先立言而後體物，賈生之書首〈過秦〉；而荀卿亦後其賦。

　　　和叔年少過君而卒以謫似賈生；能明王道似荀卿，余所先後視二書，斷自

　　　〈人文化成論〉，至〈諸葛武侯廟記〉爲上篇，其它咸有爲而爲之。〔註41〕

據劉氏序呂溫文集時，所提出以上「先立言而後體物」主張，則文集編次當以立言之文論爲先，而以體物爲主之詩賦居後。依此而論，則天理圖書館所藏宋刊本《劉夢得文集》之先詩賦而後雜文編次，與劉氏本意適爲南轅北轍；反之北京圖書館所藏之宋刊殘本《劉夢得文集》，與故宮博物院所藏宋刊本《劉賓客文集》之編次，除卷一爲賦外，皆先雜文而後詩歌，正合乎劉氏「先立言而後體物」之見解。又劉氏於呂溫文集編次上，雖以「古之爲書者」爲法，然唐世重詞賦之觀念如此，觀其爲李絳編次文集一事，雖置體物之詩歌於詔誥、封章、啓事等立言之文以後，然最終亦不得不以詞賦冠全編之首，足證故宮博物院所藏宋刊本《劉賓客文集》，與北京圖書館所藏之宋刊殘本《劉夢得文集》之編次，正合於唐人文集舊貌。

　　更考之以宋敏求所輯之《劉賓客外集》。宋氏所輯外集所收詩歌有八卷之多，而雜文僅有兩卷，反映其先內集所逸之十卷作品，其中當以詩居多，所逸部份亦當有雜文在其中。正如董弅於《劉賓客文集》後序內所指出：「宋次道纂著外集，雖裒類略盡，然未必皆其所逸者。」〔註42〕雖然宋敏求搜集所得，未必盡屬所逸，然而正如董弅後序所稱，劉禹錫集外遺文宋氏已「裒類略盡」，故宋氏裒輯十卷《劉賓客外集》所收作品，於內容上當可補三十卷內集之不足。倘將十卷外集按文體區分補入三十卷內集之中〔註43〕，重新釐訂之卷次及標題當可窺見原先四十卷本之劉集舊貌。茲將重新編次後之劉集卷次及標題表列如下：

〔註40〕同上，葉二。
〔註41〕同註39，卷十九，〈唐故衡州刺史呂君集紀〉，葉九。
〔註42〕見國立故宮博物院影印宋刊本《劉賓客文集》書後末葉所附董弅後序，同註2。
〔註43〕此處劉禹錫文集內集卷第之先後，依國立故宮博物院所藏宋刊本《劉賓客文集》編次。

四十卷本劉禹錫文集舊貌復原編次表

卷　　次	文　體　性　質	卷　　次	文　體　性　質
一	賦	二十一	雜著－表述引傳碑（外集卷九）
二	碑	二十二	墓誌祭文（外集卷十）
三	碑	二十三	詩（外集卷一）
四	碑	二十四	詩（外集卷二）
五	論	二十五	詩（外集卷三）
六	論	二十六	詩（外集卷四）
七	論	二十七	詩－雜詩（外集卷五）
八	記	二十八	詩－律詩（外集卷六）
九	記	二十九	詩－律詩（外集卷七）
十	書	三　十	詩－律詩（外集卷八）
十一	表章	三十一	詩－雜興
十二	表章	三十二	詩－五言今體
十三	表章	三十三	詩－古調
十四	表章	三十四	詩－七言
十五	表章	三十五	詩－雜體
十六	表章	三十六	詩－樂府上
十七	狀	三十七	詩－樂府下
十八	啓	三十八	詩－送別
十九	集紀	三十九	詩－送僧
二十	雜說	四　十	詩－哀挽悲傷

　　就文體性質而論，《劉賓客外集》內之兩卷雜文，其卷九爲雜著，與故宮博物院所藏宋刊本《劉賓客文集》內集卷二十雜著適同。又《劉賓客外集》卷十部份爲墓誌祭文，以雜文論當置最後，適可上接故宮博物院所藏宋刊本《劉賓客文集》內集卷二十雜著之後，成爲雜文末部份，是以於上述表列之中，將外集此兩卷雜文，先後置於內集卷二十之後，成爲重組編次劉禹錫文集之卷二十一及二十二。此兩卷後再接以《劉賓客外集》前面八卷詩歌，分別成爲重組編次劉禹錫文集之卷二十三至卷三十。就性質而言，外集八卷詩歌置此，正與內集最後十卷詩歌相接，恰成一以詞賦、雜文及詩歌先後依次排列，與唐人文集編次相若之四十卷本劉禹錫文集。上述此一編次與董弅後序內所稱：「《夢得集》中所逸，蓋自第二十一至三十卷」之說亦適一致，是以相信當能體現原先四十卷本劉禹錫文集編次舊貌。故宮博物院所

藏宋刊本《劉賓客文集》編次，正好體現上述先詞賦後雜文，再繼之以詩歌安排，可見其三十卷內集，當爲流傳於宋敏求以前之劉禹錫文集舊本。

至於屈守元以外集所見之詩多屬酬唱聯句之作，以爲此等詩「安排在古今體詩十卷之前，成何體統？」而質疑董弅後序所稱，劉集所逸在第二十一卷至三十卷，後人以第三十一至四十卷相續說法；又指故宮博物院所藏宋刊本《劉賓客文集》後十卷詩歌部份，置五言今體於雜興與古調之間，可見編次「混亂無章」，由此推論董弅移易內集之十卷詩歌位置，將原先宋敏求傳下內集先詩後筆編次改變。然而屈氏之說，本基於宋敏求所編訂外集之編次安排而有（以外集先詩後雜文爲準，推定原先內集編次），其說既未考宋以前唐人文集之編次觀念，所論亦不過爲宋時重編劉禹錫文集之體制，原不足以說明其所稱之「宋敏求以前未逸的劉集」原本樣式。

又屈氏舉故宮博物院所藏宋刊本《劉賓客文集》後十卷詩歌部份編次混亂一事，亦不足以說明此本編次即董弅移易十卷詩歌於書後而有。因一方面如上所論，先詞賦後雜文，再繼之以詩歌此一卷第安排，本源於唐人文集編次而來，並非出自董弅所爲。另一方面，宋敏求裒輯劉禹錫文集以外詩文而成十卷之《劉賓客外集》，因各篇多輯自《劉白唱和集》等酬唱集內，自是其中多有酬唱聯句之作。宋敏求編次《劉賓客外集》時，裒輯既非盡屬往日所逸篇章，於編次及歸類方面固然無法與原先舊本一致。又如上所論，宋敏求所採爲宋時文集編次觀念，與流傳於宋敏求以前之劉禹錫文集舊本編次有所不同，自是理所當然之事，故未能基於比較兩者詩歌編次分類，而就此推論編次稍欠條理體系者，即出於董弅妄易卷第而成。兼之亦惟其因舊日劉禹錫文集編次未盡恰當，故有宋敏求後來之重訂——於此益可自編次一事上證明，故宮博物院所藏宋刊本《劉賓客文集》源自宋敏求以前舊本，而天理圖書館所藏宋刊本《劉夢得文集》則屬後出。

正如上文於考述經宋敏求編訂之宋刊本《李太白文集》時所指出，自此宋刊本之編次可以考見，宋敏求所編訂唐人文集，於次序安排上每先列詩歌，繼之以詞賦，最後則爲雜文。宋敏求所編《劉賓客外集》未收入詞賦，故編次上爲先詩歌而後雜文，正同於以上亦由宋敏求編訂之宋刊本《李太白文集》編次。此種先列詩歌，繼之以詞賦，最後則爲雜文之安排，見於天理圖書館所藏宋刊本《劉夢得文集》三十卷內集編次之上，是以上文即推論此一宋刊本，並非反映六朝文集編次舊貌，而實出於北宋初宋敏求之編次安排。另一方面，故宮博物院所藏宋刊本《劉賓客文集》之編次，除卷一爲賦外，皆先雜文而後詩歌，如上所論此一次序安排並非宋時文集編次，實爲唐人編訂文集舊貌。以是而言，天理圖書館所藏宋刊本《劉夢得文集》內，雖未見有宋敏求及董弅後序，然而其內、外集實皆出

自宋敏求所編訂劉禹錫文集而來。反之故宮博物院所藏宋刊本《劉賓客文集》及北京圖書館所藏宋刊殘本《劉夢得文集》，自編次上考慮，知其三十卷內集並非出自宋敏求所編訂新本，而實源於宋敏求之前中逸十卷之舊有劉禹錫文集。故宮博物院所藏宋刊本《劉賓客文集》，書後所附之宋敏求及董弅後序，應屬《劉賓客外集》附錄所有，因其收入外集，故書中有宋、董兩篇後序在內，與內集是否出於宋敏求所編訂，固無必然關係。

綜上所論，天理圖書館所藏宋刊本《劉夢得文集》雖非內藤虎次郎跋文所稱，仍爲六朝以來集部體制，然而其編次則可推斷爲宋人甚或宋敏求所重訂。至若異乎此之故宮博物院所藏宋刊本《劉賓客文集》，及北京圖書館所藏宋刊殘本《劉夢得文集》編次，其先詞賦後雜文，最後爲詩歌之次序，既與唐人編纂文集編次相符合，亦合乎董弅後序之言，更與劉禹錫本人編訂文集主張頗爲相若，故可信其源出北宋以前舊本，仍存唐人文集編次舊貌。就編次而言，故宮博物院所藏宋刊本《劉賓客文集》及北京圖書館所藏宋刊殘本《劉夢得文集》，雖不如天理圖書館所藏宋刊本《劉夢得文集》經宋人之手編訂，故較具備條理與體系，然而若自版本學上論之，其價值相信又遠出於後者之上。

第三節　宋刊劉禹錫文集各本文字及行款之分歧

比對傳世三種宋刊本劉禹錫文集之下，可見三者於文字及行款上俱有頗大之分歧。茲區分爲：目錄、標題、正文、音注、分行五項，將傳世三種宋刊本劉禹錫文集於內文上之分歧說明如下，除藉以考見三者異同外，更有助說明傳世宋刊本禹錫文集諸本間之承傳關係。

一、目錄方面之分歧

傳世三種宋刊本劉禹錫文集於目錄方面之分歧問題，又可區分爲總目及子目兩方面。茲將故宮博物院所藏宋刊本《劉賓客文集》、天理圖書館所藏宋刊本《劉夢得文集》，及北京圖書館所藏宋刊本《劉夢得文集》等三種宋刊內之文字異同，自總目及子目兩方面先後說明如下：

（一）總　目

於傳世三種宋刊本劉禹錫文集之中，內、外集正文之前均具總目者，僅得天理圖書館所藏宋刊本《劉夢得文集》如此。故宮博物院所藏宋刊本《劉賓客文集》及北京圖書館所藏宋刊本《劉夢得文集》兩本俱無總目可睹。上述此兩種宋刊本

劉禹錫文集，開首即爲卷一之正文，是以究爲原書脫去總目諸葉，抑或總目不過爲天理圖書館所藏宋刊本《劉夢得文集》之編者所加？以文獻不足徵之故，是以實難於此遽下斷言。然而倘自與北京圖書館所藏宋刊本《劉夢得文集》同一系列之十二行本唐人文集觀之，諸本篇首之總目或序文之後，甚至書後末葉處，均鈐有「翰林國史院官書」印記，而北京圖書館所藏宋刊本《劉夢得文集》僅得卷四末葉有此鈐印，以是推論，原先北京圖書館所藏宋刊本《劉夢得文集》亦當有總目於全書開首部份，不過於元代以後脫去而已（詳第二章第二節北京圖書館所藏宋刊殘本《劉夢得文集》流傳概略考內所論）。然而此帙之外集是否亦具總目？其外集倘有總目，又是否如天理圖書館所藏宋刊本《劉夢得文集》之置總目於內集卷三十以後，十卷外集正文以前？抑或與此帙同時所刻之數十種唐人文集一樣，將內、外集總目均置於全書之卷首？似以上此等疑問，因此一宋刊劉集之殘闕不全，俱再無從稽考矣。至於國立故宮博物院所藏宋刊本《劉賓客文集》，書中雖未見內、外集總目，然而原先是否亦具總目？同樣以資料所限，於文獻不足徵之下，俱已無從考見。

（二）子　目

傳世三種宋刊本劉禹錫文集，各本之子目頗見分歧。其間之詳略、存佚及編次，於宋刊本劉禹錫文集之中，三者俱未盡相同。茲舉述於三種宋刊本劉禹錫文集中所見三分歧如下：

1. 子目之存佚不一

傳世三種宋刊本劉禹錫文集之中，論其子目最完備者，當首推天理圖書館所藏宋刊本《劉夢得文集》。此帙於三十卷內集及十卷外集正文之前，均各標明子目。其餘如故宮博物院所藏宋刊本《劉賓客文集》，其子目則或存或佚。此帙於十卷外集之內，每卷均標有子目；然而於三十卷內集之內，則僅卷一至二十——亦即賦及雜文部份，有標明子目。至於卷二十一至三十詩歌部份，其子目俱付諸闕如。此外北京圖書館所藏宋刊本《劉夢得文集》，於所存四卷內集之中，各卷正文之前均有子目可見，至於其後之廿六卷內集，及十卷外集詩文，是否亦有子目？以此帙經闕去上述各卷之故，是以亦無從考見。

2. 子目編排未一致

現存三種宋刊本劉禹錫文集，各本於子目編排方面殊未一致。故宮博物院所藏宋刊本《劉賓客文集》與天理圖書館所藏宋刊本《劉夢得文集》，兩本於雜文內之表章部份，每卷內之編次各異。故宮博物院所藏宋刊本《劉賓客文集》卷八子

目內先後列出〈國學新修五經壁記〉、〈汴州鄭門新亭記〉，卷十二子目內之〈謝曆日面脂口脂表〉、〈謝墨詔表〉；天理圖書館所藏宋刊本《劉夢得文集》於相應之卷廿六、十二子目內，其先後均與故宮博物院所藏宋刊本《劉賓客文集》互乙。又故宮博物院所藏宋刊本《劉賓客文集》卷十三子目內有〈爲武中丞再謝新茶表〉，天理圖書館所藏宋刊本《劉夢得文集》於相應之卷十八子目內則闕去。又故宮博物院所藏宋刊本《劉賓客文集》卷十四子目內，先後有兩〈賀赦表〉之名，而天理圖書館所藏宋刊本《劉夢得文集》於卷十八子目內，僅標出一表。又故宮博物院所藏宋刊本《劉賓客文集》卷二十子目內有〈澤宮詩〉；而天理圖書館所藏宋刊本《劉夢得文集》於相應之卷十一子目內則闕去此篇之名，並將此篇改置卷一「古詩」之內。又故宮博物院所藏宋刊本《劉賓客文集》卷十四內，子目有〈賀赦牋〉及〈賀皇太子牋〉二篇之名；而天理圖書館所藏宋刊本《劉夢得文集》於相應之卷十八內，並無二篇之目，又改置兩篇於下卷（卷十九）之內。

3. 子目詳略不一

傳世三種宋刊本劉禹錫文集之子目，其詳略亦頗不一致。以故宮博物院所藏宋刊本《劉賓客文集》卷一內子目爲例，於此帙子卷一內子目篇名，其下均標有「賦」字，如：「問大鈞賦」、「砥石賦」、「楚望賦」、「傷往賦」、「何卜賦」、「謫九年賦」、「望賦」、「山陽城賦」及「秋聲賦」等。北京圖書館所藏宋刊本《劉夢得文集》與此帙子目相同，均詳列篇名於子目之內。獨天理圖書館所藏宋刊本《劉夢得文集》，於子目內所標出各篇名稱均省去「賦」字，僅作：「問大鈞」、「砥石」、「楚望」、「傷往」、「何卜」、「謫九年」、「望」、「山陽城」及「秋聲」等。其餘如論、記、書、表章、狀、啓各體，天理圖書館所藏宋刊本《劉夢得文集》於子目之內，各篇均分別略去：「論」、「記」、「書」、「表」、「狀」及「啓」等字眼。

至於子目內所具列之各篇篇目，於傳世三種宋刊本劉禹錫文集之中，以故宮博物院所藏宋刊本《劉賓客文集》最爲詳盡，而以天理圖書館所藏宋刊本《劉夢得文集》最爲簡約。以卷二爲例，故宮博物院所藏宋刊本《劉賓客文集》子目標作：「代郡開國公王氏先廟碑」、「彭陽侯令狐氏先廟碑」、「高陵縣令劉君遺愛碑」及「故吏部侍郎奚公神道碑」等，而北京圖書館所藏宋刊本《劉夢得文集》及天理圖書館所藏宋刊本《劉夢得文集》則僅標作：「王氏先廟碑」、「令狐氏先廟碑」、「劉君遺愛碑」及「奚公神道碑」等。又如卷四內〈唐故衡嶽律大師湘潭唐興寺儼公碑〉一文，故宮博物院所藏宋刊本《劉賓客文集》將原來篇名悉數標於子目之內；而北京圖書館所藏宋刊本《劉夢得文集》則簡作：「湘潭唐興寺儼公碑」；天理圖書館所藏宋刊本《劉夢得文集》更簡作「唐興寺儼公碑」。可見故宮博物院所藏宋刊本《劉賓客文集》

之子目，實較其餘兩種傳世宋刊本劉禹錫文集更爲詳盡。

二、標題方面之分歧

　　現存三種宋刊本劉禹錫文集，各卷標題之間亦有不少差異。今依北京圖書館所藏宋刊本《劉夢得文集》及故宮博物院所藏宋刊本《劉賓客文集》編次，先後表列傳世三種宋刊本劉禹錫文集標題於下，以便對照及見出各本於標題上之分歧：

宋刊劉禹錫文集各本標題對照表

	卷　　次	北圖本標題	故宮本標題	天理本標題（卷數）
內集	一	賦	（闕）	賦（十一）
	二	碑	碑上	碑（廿八）
	三	碑	碑中	碑（廿九）
	四	碑	碑下	碑（三十）
	五	－	論上	論（十二）
	六	－	論中	雜著（廿四）
	七	－	論下	易論（十三）
	八	－	記上	記（廿六）
	九	－	記下	記（廿七）
	十	－	書	書（十四）
	十一	－	表章一	表（十五）
	十二	－	表章二	表（十六）
	十三	－	表章三	表（十八）
	十四	－	表章四	表（十七）
	十五	－	表章五	表（十九）
	十六	－	表章六	表（二十）
	十七	－	狀	狀（廿二）
	十八	－	啓	啓（廿一）
	十九	－	集紀	集紀（廿三）
	二十	－	（闕）	雜說（廿五）
	二十一	－	雜興	古詩（二）
	二十二	－	五言今體	律詩（三）
	二十三	－	古調	古詩（一）

內集	二十四	一	七言	律詩（四）
	二十五	一	雜體	雜體詩（五）
	二十六	一	樂府上	樂府（八）
	二十七	一	樂府下	樂府（九）
	二十八	一	送別	送別詩（六）
	二十九	一	送僧	送僧詩（七）
	三十	一	哀挽悲傷	哀挽（十）
外集	一	一	詩	詩
	二	一	詩	詩
	三	一	詩	詩
	四	一	詩	詩
	五	一	詩	雜詩
	六	一	詩	律詩
	七	一	詩	律詩
	八	一	詩	律詩
	九	一	表述引傳碑	表述引傳碑
	十	一	墓誌祭文	墓誌祭文

　　於以上宋刊劉禹錫文集各本標題對照表中可見，三種宋刊本標題雖有相同之處，然而其中亦多有相異者。自上表對照可知，故宮博物院所藏宋刊本《劉賓客文集》每將同類文體，再區分之爲「上」、「下」兩卷；或「上」、「中」、「下」三卷。如於此帙內卷二至四所收錄之三卷碑文，即以「碑上」、「碑中」、「碑下」名之；而北京圖書館所藏宋刊本《劉夢得文集》及天理圖書館所藏宋刊本《劉夢得文集》，於標題上並無此等區分，僅題之曰「碑」而已。其餘若：論、記、樂府、章表諸篇，凡一卷以上者，故宮博物院所藏宋刊本《劉賓客文集》均予以細分，而天理圖書館所藏宋刊本《劉夢得文集》則未予區別。北京圖書館所藏宋刊本《劉夢得文集》因闕去論、記、樂府、章表等部份，故於此無從具體考較。

　　又自上表可見，傳世三種宋刊本劉禹錫文集內標題之名稱亦未一致。如於同一類文體賦之內，北京圖書館所藏宋刊本《劉夢得文集》於卷一，天理圖書館所藏宋刊本《劉夢得文集》於卷十一，開首均有「賦」之標題；而故宮博物院所藏宋刊本《劉賓客文集》則將此一標題闕去。又如天理圖書館所藏宋刊本《劉夢得文集》卷廿五開首標出「雜說」標題；而故宮博物院所藏宋刊本《劉賓客文集》卷二十卷首部份則闕去。

三種宋刊本劉禹錫文集標題上其餘分歧，諸如卷七故宮博物院所藏宋刊本《劉賓客文集》標題作「論下」，而天理圖書館所藏宋刊本《劉夢得文集》卷十三內則標作「易論」。又如卷六故宮博物院所藏宋刊本《劉賓客文集》標題爲「論中」，而天理圖書館所藏宋刊本《劉夢得文集》卷廿四標題則作「雜著」。至於詩歌部份，各本標題上之分歧尤大，故宮博物院所藏宋刊本《劉賓客文集》卷廿一至廿四部份，分別標題作：「雜興」、「五言今體」、「古調」及「七言」；而天理圖書館所藏宋刊本《劉夢得文集》同此部份之卷二、三、一及四，則分別題爲：「古詩」、「律詩」、「古詩」及「律詩」。卷三十故宮博物院所藏宋刊本《劉賓客文集》標題爲「哀挽悲傷」；而天理圖書館所藏宋刊本《劉夢得文集》卷十標題，則但作「哀挽」而已。至如外集卷五，故宮博物院所藏宋刊本《劉賓客文集》僅標爲「詩」，而天理圖書館所藏宋刊本《劉夢得文集》則標作「雜詩」。又如外集卷六至八，故宮博物院所藏宋刊本《劉賓客文集》亦僅以「詩」稱之，而天理圖書館所藏宋刊本《劉夢得文集》則一律俱以「律詩」名之。由此可見，三種宋刊劉禹錫文集，其各卷標題實未盡相同。推其之所以如此，當與宋時重訂劉禹錫文集編次有關，又以此知宋時之重編劉禹錫文集，亦必一併修訂各卷內之標題。

三、正文部份之分歧

傳世三種宋刊劉禹錫文集，除目錄及標題上頗見分歧之外，於各卷之正文部份亦多有差異。茲將傳世三種宋刊劉禹錫文集正文部份之分歧問題，分項說明如下（說明中卷第依故宮博物院所藏宋刊本《劉賓客文集》編次）：

（一）異體字

三種宋刊本劉禹錫文集，各本間所用之字體頗有分歧，諸本所見異體字中，最分歧者爲各本內所採用繁簡字之別。傳世三種宋刊本劉禹錫文集之中，大別之以北京圖書館所藏宋刊本《劉夢得文集》一書內最多用簡體字。如卷一〈問大鈞賦〉內之「誰之曲歟」，「歟」字北京圖書館所藏宋刊本《劉夢得文集》即作「欤」。卷二〈高陵縣令劉君遺愛碑〉之「兩涯夾植杞柳萬本」，「萬」字北京圖書館所藏宋刊本《劉夢得文集》作「万」。卷三〈許州文宣王新廟碑〉之「鹽酪釘膏之用給」，「鹽」字北京圖書館所藏宋刊本《劉夢得文集》作「盐」。卷四〈牛頭山第一祖融大師新塔記〉之「顯慶二年」，「顯」字北京圖書館所藏宋刊本《劉夢得文集》作「顕」。其餘如：「辞」、「属」、「声」、「变」、「献」、「乱」、「継」、「洒」、「弥」、「尽」、「迩」、「宝」、「湿」等簡體字，於北京圖書館所藏宋刊本《劉夢得文集》內更屢見不鮮。天理圖書館所藏宋刊本《劉夢得文集》及北京圖書館所藏宋刊本《劉夢得文集》亦偶有簡

體字，如卷三〈唐故宣歙池都團練觀察使王公神道碑〉之「庸自棄邪」，「棄」字天理圖書館所藏宋刊本《劉夢得文集》作「弃」，又卷二〈代郡開國公王氏先廟碑〉之「適逢建萬象神宮」，「萬」字故宮博物院所藏宋刊本《劉賓客文集》作「万」，然類此者不多見。

　　此外於傳世三種宋刊劉禹錫文集各本所用字體，又有古今字之別。三者之中，以故宮博物院所藏宋刊本《劉賓客文集》採用古字爲多，如卷三〈許州文宣王新廟碑〉之「灑掃有廟幹」，「掃」作「埽」；卷十六〈謝分司表〉之「今忝宮僚」，「僚」作「寮」；外集卷一〈和汴州令狐相公到鎮改月偶書所懷二十二韻〉之「入肆颺雲帆」，「帆」作「颿」；外集卷二〈遙和白賓客分司初到洛中戲呈馮尹〉「風月故人杯」，「杯」作「桮」。其餘如：「早」作「蚤」、「暮」作「莫」、「雕」作「彫」、「煖」作「煗」、「雍」作「雝」、「燈」作「鐙」、「逍遙」作「消搖」等，故宮博物院所藏宋刊本《劉賓客文集》均用古字，與北京圖書館所藏宋刊本《劉夢得文集》及天理圖書館所藏宋刊本《劉夢得文集》字體多異。

（二）異　文

　　於傳世三種宋刊劉禹錫文集，各本間之異文甚夥。比對三者之內集，除脫漏、衍文，及字畫訛誤外，其間相異處可謂俯拾即是。茲舉例說明如下：

　　如卷一首篇篇名，故宮博物院所藏宋刊本《劉賓客文集》及天理圖書館所藏宋刊本《劉夢得文集》均作「問大鈞賦」，而北京圖書館所藏宋刊本《劉夢得文集》作「大鈞賦」。

　　卷二〈代郡開國公王氏先廟碑〉，故宮博物院所藏宋刊本《劉賓客文集》之「廟加常祀」，而北京圖書館所藏宋刊本《劉夢得文集》及天理圖書館所藏宋刊本《劉夢得文集》則作「廟加祀室」。

　　同卷〈彭陽侯令狐氏先廟碑〉，故宮博物院所藏宋刊本《劉賓客文集》之「今上元年某月」，北京圖書館所藏宋刊本《劉夢得文集》與此相同；而天理圖書館所藏宋刊本《劉夢得文集》「某月」作「七月十三日」。

　　同卷〈高陵縣令劉君遺愛碑〉，故宮博物院所藏宋刊本《劉賓客文集》及北京圖書館所藏宋刊本《劉夢得文集》同爲「思前令劉君之德」，「思」字天理圖書館所藏宋刊本《劉夢得文集》作「具」。

　　卷三〈許州文宣王新廟碑〉，故宮博物院所藏宋刊本《劉賓客文集》及天理圖書館所藏宋刊本《劉夢得文集》均爲「斂容拱手」，獨北京圖書館所藏宋刊本《劉夢得文集》作「相對拱手」。

同卷〈唐故兼御史中丞贈太師崔公神道碑〉，故宮博物院所藏宋刊本《劉賓客文集》之「有漢宣與我共理之歡」，「理」字北京圖書館所藏宋刊本《劉夢得文集》及天理圖書館所藏宋刊本《劉夢得文集》俱作「治」。

同篇故宮博物院所藏宋刊本《劉賓客文集》及天理圖書館所藏宋刊本《劉夢得文集》俱爲「季曰鄆」，而「鄆」字北京圖書館所藏宋刊本《劉夢得文集》作「鄆」。

又同篇故宮博物院所藏宋刊本《劉賓客文集》及天理圖書館所藏宋刊本《劉夢得文集》均爲「崔爲之冠」，北京圖書館所藏宋刊本《劉夢得文集》作「之崔爲冠」。

同篇故宮博物院所藏宋刊本《劉賓客文集》及天理圖書館所藏宋刊本《劉夢得文集》俱爲「維筐及筥」，而北京圖書館所藏宋刊本《劉夢得文集》則作「維筥及筐」。

同卷〈唐故宣歙池都團練觀察使王公神道碑〉，故宮博物院所藏宋刊本《劉賓客文集》之「從主者書記于嶺南」，天理圖書館所藏宋刊本《劉夢得文集》並北京圖書館所藏宋刊本《劉夢得文集》俱作「從至者記室于嶺南」。

同卷〈唐故邠寧節度使史公神道碑〉，故宮博物院所藏宋刊本《劉賓客文集》之「昭尊穆敬」，北京圖書館所藏宋刊本《劉夢得文集》及天理圖書館所藏宋刊本《劉夢得文集》均作「尊卑穆敬」。

卷四〈唐故衡嶽律大師湘潭唐興寺儼公碑〉，故宮博物院所藏宋刊本《劉賓客文集》之「破榮莫若妙覺」，「破榮」二字，北京圖書館所藏宋刊本《劉夢得文集》及天理圖書館所藏宋刊本《劉夢得文集》俱作一「利」字。

同卷〈毗盧遮那佛華藏世界圖讚〉，故宮博物院所藏宋刊本《劉賓客文集》之「直入如覺」，天理圖書館所藏宋刊本《劉夢得文集》及北京圖書館所藏宋刊本《劉夢得文集》俱作「眞人妙覺」。

前四卷三種宋刊劉禹錫文集異文既舉述如上，但因卷四以後北京圖書館所藏宋刊本《劉夢得文集》均闕去，故卷五及以下各卷，僅以故宮博物院所藏宋刊本《劉賓客文集》及天理圖書館所藏宋刊本《劉夢得文集》對校異文。又因以故宮博物院所藏宋刊本《劉賓客文集》爲底本，校於天理圖書館所藏宋刊本《劉夢得文集》，故下文不復稱引故宮博物院所藏宋刊本《劉賓客文集》之名。卷五及以下各卷異文諸如：

卷五〈天說〉，故宮博物院所藏宋刊本《劉賓客文集》之「愈大謬」，天理圖書館所藏宋刊本《劉夢得文集》作「亦大謬矣」。

卷六〈因論・鑒藥〉之「輒者造焉而善馳」，「輒」字天理圖書館所藏宋刊本《劉夢得文集》作「跛」。

卷八〈國學新修五經壁記〉之「於是學官某等」，「某」字天理圖書館所藏宋刊

本《劉夢得文集》作「陳師正」。

卷九〈連州刺史廳壁記〉之「不足庚其責」，「庚」字天理圖書館所藏宋刊本《劉夢得文集》作「厭」。

卷十一篇名：「賀復吳少誠官爵表」，天理圖書館所藏宋刊本《劉夢得文集》作「代賀赦吳少誠復官爵」。

卷十三〈杜司徒謝追贈表〉之「星霜增感」，「星霜」二字天理圖書館所藏宋刊本《劉夢得文集》作「霜露」。

卷十七〈薦處士王龜狀〉之「以此在京師」，「以此」二字天理圖書館所藏宋刊本《劉夢得文集》作「伏聞比者」。

卷二十篇名：「傷我馬詞」，天理圖書館所藏宋刊本《劉夢得文集》題爲「弔馬文」。

卷二十四〈再遊玄都觀絕句〉之「滿觀如紅霞」，「紅」字天理圖書館所藏宋刊本《劉夢得文集》作「爍晨」。

卷二十八詩題：「重送浙西李相公頃廉問江南已經七載後歷滑臺劍南兩鎮遂入相今復領舊地新加旌旄」，其中「廉問」二字，天理圖書館所藏宋刊本《劉夢得文集》作「嘗鎮」。

卷三十詩題：「碧澗寺見元九侍御如展上人詩有三生之句因以和」，「如」字天理圖書館所藏宋刊本《劉夢得文集》作「和」。

劉集三十卷內集中，同此類異文者可謂不勝枚舉，以此知傳世三種宋刊本劉禹錫文集，其內集顯然各有所本，並非出一源明矣。至於外集，故宮博物院所藏宋刊本《劉賓客文集》及天理圖書館所藏宋刊本《劉夢得文集》兩種宋刊，雖於比對下亦見異文，然其差別遠不若內集之紛歧，多爲字畫訛誤而已。其兩本間所見異文，茲舉述如下：

卷一〈和汴州令狐相公到鎮改月偶書所懷二十二韻〉「歡呼萬姓瞻」，「萬」字天理圖書館所藏宋刊本《劉夢得文集》作「百」。

卷二〈同樂天和微之深春二十首〉之「雉衣從露體」，「雉衣」天理圖書館所藏宋刊本《劉夢得文集》作「短衾」。

卷三〈詶令狐相公寄賀遷拜之什〉之「白髮青衫誰比數」，「髮」字天理圖書館所藏宋刊本《劉夢得文集》作「首」。

卷四〈和樂天洛城春齊梁體八韻〉之「遊人喜日長」，「日」字天理圖書館所藏宋刊本《劉夢得文集》作「意」。

卷五〈贈元九侍御文石枕以詩獎之〉之「縱使良飆生旦夕」，「良」字天理圖書

館所藏宋刊本《劉夢得文集》作「商」。

　　卷六〈訓鄭州權舍人見寄十二韻〉之「人從桔槔至」,「桔槔」天理圖書館所藏宋刊本《劉夢得文集》作「滎澤」。

　　卷七〈三贈〉之「何年待汝歸」,「待」字天理圖書館所藏宋刊本《劉夢得文集》作「得」。

　　卷八〈歷陽書事七十韻〉之「滄州謝朓城」,「朓城」天理圖書館所藏宋刊本《劉夢得文集》作「傳塋」。

　　卷九〈爲淮南杜相公論西戎表〉之「事法陰陽」,「事法」天理圖書館所藏宋刊本《劉夢得文集》作「法則」。

　　卷十〈重祭柳員外文〉之「幼稚甬上」,「甬上」天理圖書館所藏宋刊本《劉夢得文集》作「在側」。

　　除以上所舉各例之外,故宮博物院所藏宋刊本《劉賓客文集》及天理圖書館所藏宋刊本《劉夢得文集》兩種宋刊外集,彼此異文並未多見,終不若內集中所見異文之紛紜。

（三）用語之分歧

　　傳世宋刊本劉禹錫文集中,其間:表章、狀、啓等各篇,彼此之用語每有分歧,茲舉例說明如下,又因北京圖書館所藏宋刊本《劉夢得文集》闕去表章、狀、啓等部份,故以下舉述者僅爲其餘兩種宋刊劉集。又於以下舉證之中,因所據底本爲故宮博物院所藏宋刊本《劉賓客文集》,是以不另稱引。

　　於劉禹錫文集內集之表章、狀、啓等部份,傳世兩種宋刊本劉禹錫文集用語多有不同,其間差異大略可歸納爲以下各項:

　　1. 注文不同──故宮博物院所藏宋刊本《劉賓客文集》於各篇表章之內,往往下注「云云」二字,天理圖書館所藏宋刊本《劉夢得文集》其注均作「中謝」。如卷十二〈謝多衣表〉之「捧戴相賀」,下注「云云」二字,而天理圖書館所藏宋刊本《劉夢得文集》則注「中謝」。其餘於各篇表章之內,凡注「云云」者亦多見如此。

　　2. 省略結銜及署具年月──故宮博物院所藏宋刊本《劉賓客文集》於各篇之後,多有結銜以及署具年月,而天理圖書館所藏宋刊本《劉夢得文集》則多從略或闕去。如卷十一〈謝平章事表〉之「無任懇悃屏營之至」,天理圖書館所藏宋刊本《劉夢得文集》僅作「無任」,而無「懇悃屏營之至」六字。又如卷十三〈杜相公謝鍾馗曆日表〉結末作「無任欣戴之至,貞元二十一年十二月日」,而天理圖書館所藏宋刊本《劉夢得文集》僅作「無任」,其後之結銜及年月悉數闕去。

3. 將謝文略作「中謝」——天理圖書館所藏宋刊本《劉夢得文集》有將謝文略作「中謝」者，如卷十六〈汝州謝上表〉之「臣某誠歡誠喜，頓首頓首」，天理圖書館所藏宋刊本《劉夢得文集》僅注「中謝」二字。其餘各篇同此者甚夥，茲不遍舉。

4. 用語詳略不一——內集之表章、狀、啓部份內之用語，天理圖書館所藏宋刊本《劉夢得文集》多較故宮博物院所藏宋刊本《劉賓客文集》爲簡略，然而亦有彼詳而此略者，如卷十七〈舉崔監察群自代狀〉之「敢舉自代」，其下故宮博物院所藏宋刊本《劉賓客文集》僅注「云云」二字，而天理圖書館所藏宋刊本《劉夢得文集》則作「謹具如前，謹錄奏聞，候敕旨」，較前者益爲詳盡，惟類此者並不多見。

自上述字體、文句及用語各方面之大量分歧，不但足以見出於宋代時劉禹錫文集版本之分歧，更足以證明傳世三種宋刊本劉禹錫文集，其源出當各有不同，是以三種宋刻應各有所本。至於各本之脫漏、衍文及訛誤諸端，於下章論定三宋刊本得失時將更詳述，故於茲從略。

四、音注方面之分歧

今考傳世三種宋刊本劉禹錫文集，各本內之音注，彼此間多有不盡相同之處，茲將其間差異舉述如下。又以下舉述篇名及卷第將以故宮博物院所藏宋刊本《劉賓客文集》爲依據，以便說明各本於音注方面之分歧。

（一）注音詳略不同

如卷一〈問大鈞賦〉「卑之以愚」，於「卑」字之下，北京圖書館所藏宋刊本《劉夢得文集》，及天理圖書館所藏宋刊本《劉夢得文集》，俱注有「去聲」二字，而故宮博物院所藏宋刊本《劉賓客文集》獨闕。卷三〈唐故兼御史中丞贈太師崔公神道碑〉之「益求發聞」，「聞」字下北京圖書館所藏宋刊本《劉夢得文集》注「去聲」二字；故宮博物院所藏宋刊本《劉賓客文集》則注一「去」字，獨天理圖書館所藏宋刊本《劉夢得文集》闕注音。又卷十九〈唐故相國贈司空令狐公集紀〉於「仡仡牟讓」之「仡」字下，天理圖書館所藏宋刊本《劉夢得文集》注「許乙反」，而故宮博物院所藏宋刊本《劉賓客文集》闕去。又卷二十六〈九華山歌〉之「乘樏不來廣樂絕」，故宮博物院所藏宋刊本《劉賓客文集》於「樏」字下注「力追反，山行兒」六字，而天理圖書館所藏宋刊本《劉夢得文集》並無音訓注文。

（二）注釋詳略不同

如卷十八子目內「賀門下李相公啓」篇名下，故宮博物院所藏宋刊本《劉賓客文集》注「自西川入爲大夫拜相」；同卷〈上杜司徒啓〉篇名下，故宮博物院所藏宋

刊本《劉賓客文集》注「時謫朗州」，天理圖書館所藏宋刊本《劉夢得文集》俱無此等注文。又卷二十一〈養鷙詞〉「途逢少年志在逐」句下，故宮博物院所藏宋刊本《劉賓客文集》注「絕句」二字，天理圖書館所藏宋刊本《劉夢得文集》亦付闕如。

（三）注音不同

如卷二十〈猶子蔚適越戒〉之「不副不聲」，於「聲」字之下，故宮博物院所藏宋刊本《劉賓客文集》注作「五交反」，而天理圖書館所藏宋刊本《劉夢得文集》則注作「五吏反」。又卷二十六〈九華山歌〉之「氣勢不死如騰凷」，「凷」字之下，故宮博物院所藏宋刊本《劉賓客文集》注「音蕢，輕舉兒」，天理圖書館所藏宋刊本《劉夢得文集》則注「音嫣，輕舉兒」。又卷二十九〈送僧元暠南遊〉之「繇是在席硯者多旁行四句之書」，「行」字之下，故宮博物院所藏宋刊本《劉賓客文集》注「胡岡反」，而天理圖書館所藏宋刊本《劉夢得文集》注「山岡反」。同卷〈送僧方及南謁柳員外〉之「雲遊鳥凷」，於「凷」字之下，故宮博物院所藏宋刊本《劉賓客文集》注「虛延反」，而天理圖書館所藏宋刊本《劉夢得文集》則注「靈筵反」。

（四）校語詳略不同

三種宋刊本內，天理圖書館所藏宋刊本《劉夢得文集》及故宮博物院所藏宋刊本《劉賓客文集》，均於注文內每有校語，而為北京圖書館所藏宋刊本《劉夢得文集》所無者。校語最多者，當推天理圖書館所藏宋刊本《劉夢得文集》，如卷一〈砥石賦〉「傑材以湊」，即注「一作奔走」。卷二〈彭陽侯令狐氏先廟碑〉之「故休祐集于身」，下注「一作支」。卷四〈唐故衡嶽律大師湘潭唐興寺儼公碑〉「長沙湘西幾五里」，「湘」下注「一作潭」。卷八〈國學新修五經壁本記〉「崩剝污巕」，「巕」下注「一作穢」。卷十八〈賀門下裴相公啟〉「萬邦和平」，「邦」下注「一作方」。外集卷七〈吐綬鳥詞〉「憐君長在瑤」，下注「一作長向瑤枝」。於天理圖書館所藏宋刊本《劉夢得文集》內，同上述各例之詳列校語者不下數十處，均為故宮博物院所藏宋刊本《劉賓客文集》所無者。然而亦有故宮博物院所藏宋刊本《劉賓客文集》有，而未見於天理圖書館所藏宋刊本《劉夢得文集》內之校語，如卷二十一詩題「古調二首」，下注「一作諷古」；卷二十六〈淮陰行五首〉「清淮春浪軟」，下注「脫一作挑」；卷二十七〈邊風行〉「出號夜翻營」，下注「一作安號畏翻城」等，悉見於故宮博物院所藏宋刊本《劉賓客文集》內，而天理圖書館所藏宋刊本《劉夢得文集》所未見者，故知兩本校語互有詳略。

（五）夾注不同

北京圖書館所藏宋刊本《劉夢得文集》每將正文移作夾注，如卷一〈何卜賦〉

「居賁而未嘗剝者其誰」，「居賁而未」四字，北京圖書館所藏宋刊本《劉夢得文集》在「嘗」字上作小字夾注。又如卷二〈高陵令劉君遺愛碑〉「凡以政績將立碑者」，「政績」二字作夾注。卷三〈唐故福建都團練觀察使薛公神道碑〉「察行馬外事」，「外事」二字作夾注。卷四〈牛頭山第一祖融大師新塔記〉「彼達眞諦而得中道者」，「彼達」二字作夾注。同卷〈袁州萍鄉縣楊岐山故廣禪師碑〉「故殊相以現靈」，「殊相」二字，於北京圖書館所藏宋刊本《劉夢得文集》內亦作夾注。推其所以會如此，當爲鋟版後始覓得他本，因需補上原先脫漏文句，故將正文變成以夾注出之。

五、分行方面之分歧

現存三種宋刊劉禹錫文集，書中各本分行情況頗見分歧。大略言之，天理圖書館所藏宋刊本《劉夢得文集》，與北京圖書館所藏宋刊本《劉夢得文集》兩本之分行多同，而與故宮博物院所藏宋刊本《劉賓客文集》每見差異，茲舉例說明如下：

卷一〈望賦〉「歌曰」以下；同卷〈山陽城賦〉「詞曰」以下；又同卷〈秋聲賦〉「以寄孤憤」以下；卷二〈高陵令劉君遺愛碑〉「志於石文曰」以下；卷四〈大唐曹溪第六祖大鑒禪師第二碑〉「銘曰」以下；同卷〈佛衣銘〉「作佛衣銘曰」以下，天理圖書館所藏宋刊本《劉夢得文集》及北京圖書館所藏宋刊本《劉夢得文集》均另起一行，而故宮博物院所藏宋刊本《劉賓客文集》則僅空一格。

又如卷四〈毗盧遮那佛華藏世界圖讚〉「讚曰」以下，天理圖書館所藏宋刊本《劉夢得文集》及北京圖書館所藏宋刊本《劉夢得文集》，兩種宋刊本內均將讚文兩句一行，分成五行排列；而故宮博物院所藏宋刊本《劉賓客文集》僅空一格，讚文概不分行。其餘各篇，凡分行處多有類此者。

自以上所舉各例可以證明，天理圖書館所藏宋刊本《劉夢得文集》，與北京圖書館所藏宋刊本《劉夢得文集》兩本之分行格式體例往往一致。然而亦有北京圖書館所藏宋刊本《劉夢得文集》與天理圖書館所藏宋刊本《劉夢得文集》分行不盡相同者，例如：

卷一〈問大鈞賦〉「是歲臘月」以下，天理圖書館所藏宋刊本《劉夢得文集》及故宮博物院所藏宋刊本《劉賓客文集》均不分行，而北京圖書館所藏宋刊本《劉夢得文集》獨另起一行。

又如卷二〈代郡開國公王氏先廟碑〉「其辭曰」以下，故宮博物院所藏宋刊本《劉賓客文集》及北京圖書館所藏宋刊本《劉夢得文集》均不分行，僅天理圖書館所藏宋刊本《劉夢得文集》另起一行。

又同卷〈彭陽侯令狐氏先廟碑〉「以代夷鼎，文曰」以下，北京圖書館所藏宋刊

本《劉夢得文集》及故宮博物院所藏宋刊本《劉賓客文集》俱未分行，而天理圖書館所藏宋刊本《劉夢得文集》則另起一行。

自以上所舉各例，足見傳世宋刊劉禹錫文集各本於分行方面頗有差異。細檢三種宋刊劉禹錫文集，即知分行最多者為天理圖書館所藏宋刊本《劉夢得文集》，其次為北京圖書館所藏宋刊本《劉夢得文集》，故宮博物院所藏宋刊本《劉賓客文集》則較少分行。比對之下，亦知天理圖書館所藏宋刊本《劉夢得文集》分行，雖與北京圖書館所藏宋刊本《劉夢得文集》亦稍見出入，然而兩者分行大略相近，而與故宮博物院所藏宋刊本《劉賓客文集》則相去懸遠。以此推論，天理圖書館所藏宋刊本《劉夢得文集》雖與北京圖書館所藏宋刊本《劉夢得文集》編次、內文俱多歧異，然而正如以上舉述各本校語差異時所論證，天理圖書館所藏宋刊本《劉夢得文集》嘗參考多本，是以自兩者分行大多相近一事觀之，天理圖書館所藏宋刊本《劉夢得文集》於編訂時，其參考各本中，當有北京圖書館所藏宋刊本《劉夢得文集》在內。

以上就各本之間所見書名之因革、編次之差異，及內文之分歧等三方面，先後考論現存三種宋刊本劉禹錫文集於版本上之異同問題。比對傳世三種宋刊本劉禹錫文集之下，除見出三者於書名、編次，及內文之目錄、標題、正文、音注、分行等各方面均多有異同外，亦以此彰明三種宋刊本劉禹錫文集之版本源出並非一致，同時更得以推定三者編訂成書之先後不同，及說明各本與宋敏求、董弅等編訂劉集之關係。自上述對傳世三種宋刊本劉禹錫文集版本異同之綜論及多方比較，足以證明傳世三種宋刊本劉禹錫文集，其版本雖各有所本，然而各本之間實曾參考互校。以上種種考論，對於說明傳世宋刊劉禹錫文集諸本間異同，及發明各本之間彼此承傳嬗遞關係等問題，相信都會有極大幫助。

第六章　宋刊劉禹錫文集各本比較及其版本學上價值

前文既已分別論證傳世宋刊劉禹錫文集諸本之版刻概況、流傳大略及刊刻時地等問題，亦嘗自書名沿革、編次差異及文字分歧等各方面，先後考述三種宋刊劉集之版刻異同，對於傳世宋刊劉禹錫文集諸本之版本問題，經有較具體詳盡交代及深入探討。然而版本之學，除考鏡源流，與辨其是非之外，最終仍有必要論其得失，就其間版本之精粗有所平議。是以本章內更論現存宋刊劉禹錫文集各本優劣，及諸本於版本學上之價值於下。

第一節　宋刊劉禹錫文集各本比較

前人讀書所以重視版本之學，正以版本之精粗優劣，足以嚴重影響文獻學習之故。陸游《老學庵筆記》卷七之內，記述一因未考版本而致誤之事：

> 三舍法行時，有教官出《易》義題云：「乾爲金，坤又爲金，何也？」諸生乃懷監本《易》至簾前請云：「題有疑，請問。」教官作色曰：「經義豈當上請。」諸生曰：「若公試固不敢，今乃私試，恐無害。」教官乃爲講解大概。諸生徐出監本，復請曰：「先生恐是看了麻沙本，若監本則坤爲釜也。」教授皇恐，乃謝曰：「某當罰。」即輸罰改題而止。〔註1〕

以上故事當可見士人誤讀劣木之弊。至若如洪邁《夷堅丙志》所稱，有急於成版，而致輕改藥方者，〔註2〕則其爲害尤烈焉。是以前人論版刻一事，未有不講求善本者。今考較傳世宋刊劉禹錫文集諸本之版本優劣，亦當區分孰爲善本，孰爲劣本，

〔註1〕　陸游：《老學庵筆記》，《叢書集成簡編》（臺北：臺灣商務印書館影印《津逮祕書》刊本，1966年），卷七，頁68。

〔註2〕　洪邁：《夷堅丙志》（北京：中華書局，1981年），卷十二，「舒州刻工」條，頁464。

而後可得定其版本價值之高下，然而如何釐定一刻本之爲善本與否？則必待訂定一評騭之標準，而後方能有所依據，藉以論定諸本之高下優劣。

至於審定一刻本之爲善本與否，丁丙《善本書室藏書志》書後題識，嘗舉出下列四端，以爲其著錄善本之標準。丁氏以下所述界定善本準則，堪供釐定善本評騭標準之參考：

> 一曰舊刻。宋、元遺刊，日遠日尠，幸傳至今，固宜球圖視之。二曰精本。朱氏一朝，自萬曆後，剞劂固屬草草；然追溯嘉靖以前，刻書多翻宋槧；正統、成化，刻印尤精，足本、孤本，所在皆是。今搜集自洪武迄嘉靖，萃其遺帙，擇其最佳者，甄別而取之。萬曆以後，間附數部，要皆雕刻既工，世鮮傳本者，始行入錄。三曰舊鈔。前明姑蘇叢書堂吳氏、四明天一閣范氏，二家之書，半係鈔本；至國朝小山堂趙氏、知不足齋鮑氏、振綺堂季氏，多影鈔宋、元精本，筆墨精妙，遠過明鈔。寒家儲藏，將及萬卷，擇其尤異，始著於編。四曰舊校。校勘之學，至乾嘉而極精。出仁和盧抱經、吳縣黃蕘圃、陽湖孫淵如之手者，尤雕校精審。他如馮已蒼、錢保赤、段茂堂、阮文達諸家，手校之書，朱墨爛然，爲藝林至寶。補脫文，正誤字，有功後學不淺。薈萃珍藏，如與諸君子面相質問也。〔註3〕

丁丙於《善本書室藏書志》內以上所舉堪稱善本者爲：舊刻、精本、舊鈔、舊校四項。丁氏於「善本」一義，界說雖精，然舊刻、舊鈔、可併爲一類；精本、舊校，其義亦混同，未若張之洞《輶軒語》之〈語學〉內論善本之義精審。張氏對於「善本」之界定如下：

> 善本之義有三：一足本──無闕卷，未刪削。二精本──一精校，一精注。三舊本──一舊刻，一舊鈔。〔註4〕

以上張氏所舉出版本學上堪稱爲「善本」之定義爲：足本、精本、舊本三方面。此三項既涵蓋丁丙之說──將舊刻、舊鈔，歸入舊本一項，將精本、舊校，併入精本一類之下，更提出足本一項，爲丁氏於《善本書室藏書志》內界定善本時所未論及者。張氏之說就卷帙存佚（足本）、剞劂先後（舊本）、校刊精粗（精本）三方面，定出堪稱善本之標準，所論至爲明確得當。是以擬論定傳世宋刊劉禹錫文集諸本之版本優劣，考其允稱善本與否，其評騭標準亦自當以此爲據。

張之洞於《輶軒語》內所舉堪爲善本之三項──足本、精本及舊本，原適用於

〔註3〕丁丙：《善本書室藏書志》（江蘇：廣陵古籍刻印社影印光緒二十七年（1901年）錢塘丁氏刊本，1986年），書後丁氏題識。

〔註4〕張之洞：《輶軒語》（鄂垣：退補齋光緒二年（1876年）刊本），〈語學〉，頁18。

品評宋明以來之刊本及鈔本，然今以之評騭現存三種宋刊劉禹錫文集之版本優劣，則必須將此三項同時考慮，方可定其優劣。其未符此三項者，固然未足以善本稱之；然而設使其僅為足本，而校刊弗精，錯漏比比皆是者，則卷帙雖多亦無是處；又若雖為精本，而僅屬零篇斷簡，殘闕不全者，則無以窺其全豹；設若雖無闕卷，復加精注、精校，然而其本晚出，則又難以徵信。是以欲品定宋刊劉禹錫文集諸本之版本優劣高下，以上三者實缺一不可。又張之洞所舉善本之義，其謂「足本」者，實由卷帙之存佚而言；其謂「舊本」者，乃就其剞劂之先後而論；其謂「精本」者，則自其校刊之精粗言之，故以下論宋刊劉集諸本優劣，亦自卷帙之存佚、剞劂之先後及校刊之精粗三方面，對傳世三種宋刊劉禹錫文集之版本加以檢定。

一、卷帙之存佚

　　宋敏求於《劉賓客外集》後序內，曾提及其先劉禹錫文集原有之卷帙數目，可供考查北宋初以前劉禹錫文集之卷數問題。宋氏於《劉賓客外集》後序內指出：

　　　　世有《夢得集》四十卷，中逸其十，凡詩三百九十二篇，所遺蓋稱是，
　　然未嘗纂著。〔註5〕

除宋敏求之外，其後董弅於《劉賓客文集》後序內亦提到劉禹錫文集之卷數問題，董氏於《劉賓客外集》後序內提出：

　　　　《夢得集》中所逸，蓋自第二十一至三十卷，後人因以第三十一至四
　　十卷相續，通為三十卷。宋次道纂著外集，雖裒類略盡，然未必皆其所逸
　　者，今不可考也。〔註6〕

自宋敏求及董弅後序可知，原有四十卷本之劉禹錫文集，於宋時已佚其十卷。今傳世之劉禹錫文集，其內集三十卷、外集十卷本，乃宋敏求裒輯遺佚詩文後所有者，現存三種宋刊劉集，俱同此分類——即內集三十卷、外集十卷之編次本，可見俱非原有舊貌。若此則現存宋刊劉禹錫文集諸本，就原有四十卷本劉集而言，均非張之洞界定善本時所稱之足本矣。誠如董弅以上後序中所稱，宋敏求纂著外集，雖裒類略盡，然而未必皆原先劉集舊本中所逸。又楊慎於《升庵詩話》卷七「柳枝詞」條下，提到曾見劉集以外作品：

　　　　《麗情集》載湖州妓周德華者，劉采春女也。唱劉禹錫〈柳枝詞〉
　　云：「春江一曲柳千條，二十年前舊板橋。曾與美人橋上別，恨無消息到

〔註5〕見國立故宮博物院影印宋刊本《劉賓客文集》（臺北：國立故宮博物院，1973年），
　　　　書後末葉所附宋敏求後序。
〔註6〕同上，書後末葉所附董弅題識。

今朝。」此詩甚佳，而劉集不載，然此詩隱括白香山古詩爲一絕，而其妙如此。〔註7〕

楊慎提到以上〈柳枝詞〉詩篇，劉集諸本均未見收載，足證董弅後序內劉集遺文雖「裒類略盡，然未必皆其所逸者」之言非虛。倘若以此而論，相對於原先未散逸之四十卷舊有劉集，現存三種宋刊劉禹錫文集，事實上俱未符合張之洞於《輶軒語》內所提出「無闕卷，未刪削」之足本要求。

　　然而若退一步言之，原先之四十卷本劉禹錫文集，既已不傳於世；而現存於世各種版本之劉禹錫文集，又悉爲內集三十卷、外集十卷之傳本，故此於論定劉禹錫文集卷帙之存佚問題時，亦僅能以此重訂本爲據耳。以是檢定三種現存之宋刊本劉禹錫文集，其堪稱「足本」者，僅有國立故宮博物院所藏宋刊本《劉賓客文集》，與日本天理圖書館所藏宋刊本《劉夢得文集》合乎此一要求而已，至若北京圖書館所藏宋刊殘本《劉夢得文集》流傳至今，全帙僅殘存四卷，故未符張氏「無闕卷」之「足本」要求。黃丕烈雖有此一殘宋刊本《劉夢得文集》，然而此帙既非足本，是以黃氏於所撰《蕘圃藏書題識》內，即有「安得一宋刻之全者，一正其誤耶」之慨嘆。〔註8〕至於故宮博物院所藏宋刊本《劉賓客文集》，與日本天理圖書館所藏宋刊本《劉夢得文集》，二者除內集三十卷完好無闕外，並具備十卷外集，與宋敏求、董弅及陳振孫等所稱重訂劉集後之卷帙相當，故兩者俱爲北宋以來重訂劉集後之足本。明清以來傳世劉集諸本，卷帙完足者並不多見，就中外集尤其不易覓得。《天祿琳琅後編》卷十一「劉賓客外集」條下即著錄：

　　　　明時曾刻其集，爲雜文二十卷、詩十卷，今行於世。獨外集罕所流傳，藏書家珍爲祕笈。〔註9〕

是知全本劉集之難得。故日人內藤虎次郎跋董康影印崇蘭館藏宋刊本《劉夢得文集》時，即盛稱此帙卷帙完好無闕：

　　　　（劉禹錫文集）外集十卷，《天祿琳琅前編》錄汲古閣影抄宋本，《後編》又錄元刻本，並稱希見。此本則正、外兩集完好無缺，宋氏所裒，直齋所錄，忽獲目睹於數百載後，可稱藝林奇寶已。〔註10〕

〔註7〕 楊慎：《升庵詩話》，《歷代詩話續編》（北京：中華書局，1983年），卷七，頁777。

〔註8〕 黃丕烈：《蕘圃藏書題識》（臺北：廣文書局《書目叢編》影印民國八年（1919年）刊本，1967年），卷七，頁600。

〔註9〕 彭元瑞等：《天祿琳琅書目續目》（臺北：廣文書局《書目續編》本，1968年），頁1416。

〔註10〕 見民國二年（1913年）武進董康影印日本崇蘭館藏宋刊本《劉夢得文集》內所附內藤虎次郎跋語。今據商務印書館《四部叢刊初編》本述之。

故宮博物院所藏宋刊本《劉賓客文集》，與日本天理圖書館所藏宋刊本《劉夢得文集》兩者均內、外集俱備，正是黃丕烈所慨嘆難得一睹，藏書家奉為藝林祕笈之足本。雖然兩種宋刊仍可於此一問題上判分高下，因外集本自宋敏求裒輯遺文而有，故外集後原應附有宋敏求後序，以見其成集之經過大略也。然而宋氏後序，僅見於故宮博物院所藏宋刊本《劉賓客文集》外集之後，若天理圖書館所藏宋刊本《劉夢得文集》經逸去此序，則是無以考見外集之纂輯緣起也；兼之故宮博物院所藏宋刊本《劉賓客文集》於宋氏後序之下，更附董弅紹興八年（1138 年）刊印劉集題識，對瞭解宋時劉集之流傳情況，及劉禹錫文集之版本沿革，可謂多所裨益。而天理圖書館所藏宋刊本《劉夢得文集》二篇俱付諸闕如，則卷帙雖足，猶未能稱為盡善；反之故宮博物院所藏宋刊本《劉賓客文集》宋氏後序、董弅題識一應俱全，倘以張之洞「足本」之義考之，則可謂實勝天理本一籌。

二、剞劂之先後

　　張之洞以舊刻、舊鈔為「舊本」，而三種宋刊劉集，均鋟版於宋代，誠如丁丙《善本書室藏書志》書後題識所云：

　　　　宋元遺刊，日遠日尠，幸傳至今，固宜球圖視之。〔註11〕

傳世三種宋刊劉禹錫文集，即丁氏所稱「日遠日尠，幸傳至今，固宜球圖視之」之「宋元遺刊」。以今日視之，其為舊刻無疑，是以三者均合乎張氏要求，悉可稱之為「舊本」。倘與明清諸刻相比，三種宋本自可因其屬舊本，而預善本之列，然而若就傳世三種宋刊劉禹錫文集剞劂之先後而論，則亦可就三者之版本優劣作一比較。張之洞與丁丙之所以俱以舊刻為善本者，正以其鋟版愈早，愈少傳錄之訛，故欲品第傳世三種宋刊劉禹錫文集之版本高下，亦可就其鋟版先後，而論定三者版本之孰優孰劣。

　　以上所論三種劉禹錫文集刊本，雖同為宋世所刻，然其鋟版則有先後之別。自上文論證得知，北京圖書館所藏宋刊殘本《劉夢得文集》之刊刻時間，當為北宋末徽宗宣和六年（1126 年）前後所刊（詳第二章第三節此帙刊刻年代論證），故於傳世三種宋刊劉禹錫文集中，北京圖書館所藏宋刊殘本《劉夢得文集》之剞劂年代最早。其餘兩種——故宮博物院所藏宋刊本《劉賓客文集》與日本天理圖書館所藏宋刊本《劉夢得文集》，均刻於南宋初年。又自上文考論，得知故宮博物院所藏宋刊本《劉賓客文集》之鋟版年代，當於南宋高宗紹興（1131～1162）末年刊成（詳第四

〔註11〕同注3。

章第三節此帙刊刻年代論證）；而天理圖書館所藏宋刊本《劉夢得文集》，則刊行於南宋高宗建炎元年（1127 年）至光宗紹熙二年（1191 年）之間（詳第三章第三節此帙刊刻年代論證）。兩本鋟版年代相若，是以昌彼得於〈跋宋刊本劉賓客文集〉一文內，論及國立故宮博物院所藏宋刊本《劉賓客文集》，與舊藏崇蘭館宋刊本《劉夢得文集》之剞劂先後時亦指出：

> 其本（案：指天理圖書館所藏宋刊本《劉夢得文集》）曰《劉夢得文集》，……亦避宋諱至「構」字止，然不甚謹嚴，孝宗以下諱嫌亦不缺筆，與此本（案：指故宮博物院所藏宋刊本《劉賓客文集》）同，當亦高宗時所刊雕，則不知與此本孰先後。〔註12〕

昌氏以書中避諱推定兩種宋刊劉集之刊刻年代，然而兩本避諱俱至於高宗而止，故有不知孰為先後之說。不過其中頗值得注意者，正如昌氏文中所稱，天理圖書館所藏宋刊本《劉夢得文集》避諱「不甚謹嚴」；兼之如寧宗慶元二年（1196 年）刊於吉州之《歐陽文忠公集》，書中避宋諱僅至於孝宗嫌名「慎」字止；〔註13〕岳珂於寧宗嘉定七年（1214 年）所刊《愧郯錄》，避諱亦僅止於高宗「構」字，〔註14〕故上文論天理圖書館所藏宋刊本《劉夢得文集》之刊刻時間，亦只能定其不晚於榮西東渡之際——光宗紹熙二年（1191 年）刊成（詳第三章此帙刊刻時地一節所論），正以宋刻本每有避諱欠謹者，故不敢妄定耳。因而僅就避諱闕筆一事觀之，上述兩種宋刊劉禹錫文集之開雕先後時間自難有定論。

又上文論天理圖書館所藏宋刊本《劉夢得文集》刊地時，經證實其刊刻時地，與世稱「眉山七史」之九行本宋刊南北朝七史一致，雖未能確知此等宋刊本刻於何時，然而陸心源於《儀顧堂續跋》卷五內著錄上述九行本宋刊南北朝七史中之《陳書》稱：「此本宋刻宋印，絕無修版，誠可寶也。」〔註15〕又曰：「弘、匡、胤、徵、

〔註12〕昌彼得：〈跋宋刊本劉賓客文集〉，《慶祝蔣復璁先生七十歲論文集》（臺北：國立故宮博物院《故宮季刊》編輯委員會，1969 年），頁 212～213。

〔註13〕見傅增湘《藏園群書經眼錄》卷十三集部一「歐陽文忠公集一百五十三卷附錄五卷」條下著錄。原文為：「宋慶元二年丙辰周必大校刊於吉州」，又曰：「避宋諱極謹，至『慎』字止。」傅增湘：《藏園群書經眼錄》（北京：中華書局，1983 年），卷十三，頁 1148～1149。

〔註14〕岳珂《愧郯錄》後序有「嘉定焉逢掩茂歲圍月既望」之年月題識，故知序於寧宗嘉定七年（1214 四年），刊雕時間當亦大略相同，而書中避諱僅至於高宗嫌名「購」字。《愧郯錄》避諱見長澤規矩也〈靜嘉堂文庫宋刊本展覽會陳列書解說〉一文。長澤規矩也：〈靜嘉堂文庫宋刊本展覽會陳列書解說〉，《長澤規矩也著作集》（東京：汲古書院，1983 年），第三卷，頁 112。

〔註15〕見陸心源《儀顧堂續跋》卷五葉廿三「宋槧宋印蜀大字本陳書跋」條下著錄。陸心源：《儀顧堂續跋》（臺北：廣文書局《書目續編》本，1968 年），頁 251～254。

敬、恆、貞、愼，皆爲字不成。」〔註16〕可知此帙既無修版，而避諱又至於「愼」字，故其鋟版年代，當不早於孝宗之世（1163～1189）。以此推論，天理圖書館所藏宋刊本《劉夢得文集》刊刻年代既與九行本宋刊南北朝七史同時，則亦當於南宋孝宗之時或稍後刊雕。

更自其中刊工考之，天理圖書館所藏宋刊本《劉夢得文集》之刊工張定，除見於明代范氏臥雲山房鈔本《劉賓客文集》內，〔註17〕又見於孝宗朝所刻之《南史》，〔註18〕及淳熙十四年（1187年）嚴州刊本《新刊劍南詩稿》中。〔註19〕臥雲山房鈔本《劉賓客文集》本自宋刊鈔出，上文已證知其所鈔宋本與《南史》、《新刊劍南詩稿》兩種宋刊，俱爲孝宗淳熙十三年至十五年（1186～1188）陸游知嚴州時於郡內所刊（詳第四章第三節刊刻年代所論）。此外天理圖書館所藏宋刊本《劉夢得文集》之刻工王信，亦於淳熙中刊《通鑑紀事本末》於嚴州。〔註20〕綜此數端，故知天理圖書館所藏宋刊本《劉夢得文集》之刊雕時間，當亦在孝宗淳熙（1174～1189）中之際，是以若與刻於高宗紹興末年之故宮博物院所藏宋刊本《劉賓客文集》相比，此帙猶爲晚出之刊本。

傳世三種宋刊劉禹錫文集之剞劂先後，至此可得論定：三種宋刊之中，以北京圖書館所藏宋刊殘本《劉夢得文集》爲最早開雕，其次則爲故宮博物院所藏宋刊本《劉賓客文集》，而天理圖書館所藏宋刊本《劉夢得文集》當爲最後鋟版者。故此三種宋刊劉禹錫文集相較之下，實以北京圖書館所藏宋刊殘本《劉夢得文集》爲現存最早之劉集刊本。是以就剞劂先後問題而論，當以此帙爲傳世宋刻劉禹錫文集中最佳之刊本。

三、校刊之精粗

張之洞於上述論善本之定義時，嘗舉出「精本」之義爲：「一曰精校，一曰精注。」傳世三種宋刊劉禹錫文集，其中有歷經宋敏求、董弅等大家纂輯並讎校，故其間編次之是非，文字之得失，頗有瑜瑕互見者。茲先後自編次、標題、正文

〔註16〕同上，頁同。

〔註17〕此帙現藏北京圖書館，舊爲周叔弢所藏，著錄於《自莊嚴堪善本書目》集部「唐五代別集類」下。周叔弢：《自莊嚴堪善本書目》（天津：天津古籍出版社，1985年），頁74。

〔註18〕見傅增湘《藏園群書經眼錄》卷三史部一著錄。同注13，卷三，頁179。

〔註19〕同上，卷十四，頁1244。

〔註20〕見長澤規矩也〈宋刊本刻工名表〉內著錄。長澤規矩也：〈宋刊本刻工名表〉，《長澤規矩也著作集》（東京：汲古書院，1983年），第三卷，頁169～170。

及音注等四方面，考較三種宋刊劉集之版本優劣如下：

（一）編　次

　　傳世三種宋刊劉禹錫文集之編次，大別之可分爲兩類（詳見第五章第二節各本編次差異考述所論），而又以天理圖書館所藏宋刊本《劉夢得文集》編次較具條理。如雜文部份，其中〈因論七篇〉，名雖曰論，然因事託諷，實爲雜說，故宮博物院所藏宋刊本《劉賓客文集》置於卷六，與卷五〈天論〉、卷七〈辯易九六論〉等並列，以性質言其編次實爲不倫；天理圖書館所藏宋刊本《劉夢得文集》則另置此卷於卷廿三「集紀」之後，與下卷「雜說」並列，其分類至爲合理。

　　又如詩歌部份，故宮博物院所藏宋刊本《劉賓客文集》將「雜興」、「五言今體」、「古調」、「七言」等先後並列，殊無體系可言，故屈守元於〈談劉禹錫詩文集的兩個影宋本〉一文中，對此非議之曰：

　　　　「徐影」（案：即故宮博物院所藏宋刊本《劉賓客文集》）最混亂無章
　　　　的是十卷詩，把「五言今體」擺在「雜興」之後，「古調」之前，一望而
　　　　知其爲隨意放置。〔註21〕

而天理圖書館所藏宋刊本《劉夢得文集》則將「古調」抽出，改置於「雜興」之前，而統名之曰「古詩」；又將「五言今體」與「七言」並列，而統名之曰「律詩」，較諸故宮博物院所藏宋刊本《劉賓客文集》於文體歸類上實更見條理。

　　此外故宮博物院所藏宋刊本《劉賓客文集》卷十三有〈爲武中丞謝新茶表〉，及〈爲武中丞再謝新茶表〉，編次上兩篇先後隔開，天理圖書館所藏宋刊本《劉夢得文集》則將兩篇置於同一標題下先後並列。同一情況又見於兩〈賀赦表〉安排上，故宮博物院所藏宋刊本《劉賓客文集》卷十四內，將兩篇獨立前後分隔放置，而天理圖書館所藏宋刊本《劉夢得文集》，則同樣則將兩篇置於同一標題下前後並列。由以上所舉各例可以證明，傳世三種宋刊劉禹錫文集中，實以天理圖書館所藏宋刊本《劉夢得文集》之編次最具條理。

（二）標　題

　　其次更論傳世三種宋刊劉禹錫文集之標題。故宮博物院所藏宋刊本《劉賓客文集》標題頗有不當之處。如前文所提及，卷六雜文部份內之〈因論七篇〉，其體裁實同於雜說而並非論議，故宮博物院所藏宋刊本《劉賓客文集》標曰「論」，不若天理圖書館所藏宋刊本《劉夢得文集》以「雜著」名之較爲恰當。又故宮博物院所藏宋

〔註21〕屈守元：〈談劉禹錫詩文集的兩個影宋本〉，《四川師範學院學報》，1977年第三期，
　　　　頁70。

刊本《劉賓客文集》卷一及卷二十，此兩卷俱闕去標題，亦爲欠妥當者；反之天理圖書館所藏宋刊本《劉夢得文集》於卷十一及卷廿五此兩卷內，分別標明「賦」及「雜說」，對兩卷文體性質明確交代，是以就上述各項舉之，就書中各卷標題而論，亦當天理圖書館所藏宋刊本《劉夢得文集》之標題最爲完整及明確。

（三）正　文

其次更論傳世三種宋刊劉禹錫文集正文內文字之得失。三種宋刊本中，人略以北京圖書館所藏宋刊殘本《劉夢得文集》之脫漏及訛誤最多。茲舉例說明如下：

1. 北京圖書館所藏宋刊殘本《劉夢得文集》各卷脫漏

卷一〈問大鈞賦〉「夢遊乎無何有之鄉」，脫「有」字。同卷〈楚望賦〉「與夜郎諸夷錯雜」，脫「雜」字。

卷二〈彭陽侯令狐氏先廟碑〉「惟太保府君志爲君子儒」，脫「志爲君」三字。同卷〈高陵令劉君遺愛碑〉「明年八月庚午」，脫「八月」二字；又「亦以籌畫干東諸侯」，脫「籌」字。

卷三子目，脫去「王公神道碑」一行。同卷〈許州文宣王新廟碑〉「登登其杅」，脫一「登」字。

同卷〈唐故宣歙池都團練觀察使王公神道碑〉「遂力學厚自淬琢」，脫「力學厚自淬琢」六字；又「兼侍中河中尹」，脫「河中」二字。

卷四子目，脫「佛衣銘」一行。同卷〈牛頭山第一祖融大師新塔記〉「俾秣陵令如符經營之」，脫「俾」字；又「三月甲子新塔成」，脫「塔」字；又「諸天聲香之蘊」，脫「之蘊」二字；又「賢乎以不脩爲無爲也」，「無爲」之「爲」字脫去。同此者甚夥，茲不遍舉。

2. 北京圖書館所藏宋刊殘本《劉夢得文集》各卷訛誤

卷一〈問大鈞賦〉「無示四隅」，「四」字訛作「而」。

同卷〈楚望賦〉「擊鼓肆筵」，「擊」訛作「繫」。

同卷〈秋聲賦〉「力將疼兮足受紲」，「紲」訛作「細」。

卷二〈彭陽侯令狐氏先廟碑〉「晉大夫魏顆」，「顆」作「顳」，然下文「自萬至顆蓋四世」，亦作「顳」，故知其訛誤也。又同篇「德充齒耋」，「耋」字訛作「老至」二字。

同卷〈高陵令劉君遺愛碑〉「時逢理兮官得材」，「材」訛作「財」，蓋因此碑乃稱縣令劉仁師之德，若作「官得財」，則是贓官也，故非。

卷三〈唐故邠寧節度使史公神道碑〉「血染繢服」，「繢」訛作「纕」，此言史之

葬，諸人泣血沾襟，「縗」爲喪服，「纕」乃衣帶（義見《玉篇》），故非。

卷四〈大唐曹溪第六祖大鑒禪師第二碑〉「高宗使中貴人再徵，不奉詔」，「詔」訛作「語」。

同卷〈夔州始興寺移鐵像記〉「瞻禮發信」，「發」訛作「法」。

就以上所舉各例，足證此帙正文內之文字，其間脫漏訛誤處可謂比比皆是，故知就校刊之精粗而言，當以北京圖書館所藏宋刊殘本《劉夢得文集》最無足取。

3. 故宮博物院所藏宋刊本《劉賓客文集》與天理圖書館所藏宋刊本《劉夢得文集》兩本之校刊得失

至於故宮博物院所藏宋刊本《劉賓客文集》，與天理圖書館所藏宋刊本《劉夢得文集》，以文字校刊之精粗論之，可見兩者互有得失之處，然而大略以故宮博物院所藏宋刊本《劉賓客文集》內之文字訛舛較少。茲舉例說明如下。爲方便說明起見，於以下稱述兩種宋刊劉禹錫文集時，將國立故宮博物院所藏宋刊本《劉賓客文集》省稱爲「故宮本」，天理圖書館所藏宋刊本《劉夢得文集》則省稱之爲「天理本」。

卷一〈問大鈞賦〉——「故宮本」之「道存壼奧」一句，「壼」字「天理本」作「宦」。案：「壼奧」指精妙之理，《白居易集》卷四十七〈禮部試策〉第三道云：「學者苟能研精鉤深，優柔而求之，則壼奧指趣，將焉廋哉？」故當以「壼」字爲是。

卷二〈故吏部侍郎奚公神道碑〉——「故宮本」之「聲怛虜庭」一句，「怛」字「天理本」作「洎」。案：「洎」義爲潤也、及也；「怛」義驚也、懼也，自下句「西戎畏威」觀之，當以「怛」字爲是。

卷三〈唐故福建都團練觀察使薛公神道碑〉——「故宮本」之「募勇壯且便弓矢者爲榜夫」一句，「募」字「天理本」訛作「慕」。

卷四〈佛衣銘〉——「故宮本」之「破榮莫若妙覺」一句，「破榮」二字「天理本」作「利」。案：下文「攝武莫若示現」，「破榮」與「攝武」爲對文，故作「利」者非。

卷五〈辯迹論〉——「故宮本」作「度諸將不足以必取，當守，而歎曰」，「守」字「天理本」作「宁」。案：《爾雅‧釋宮》：「門屏之間謂之宁。」《禮記‧曲禮》：「天子當宁而立。」注：「門內屏外人君視朝所宁立處。」故原文當爲「當宁而歎曰」，知此處「天理本」是。

卷七〈辯易九六論〉——「故宮本」之「其餘三十有六」一句，「三十」二字，「天理本」訛作「世」。

卷九〈連州刺史廳壁記〉——「故宮本」之「不足庚其責」一句，「庚」字「天理本」作「厭」。案：《禮記‧檀弓》：「請庚之。」注：「庚，償也。」當以「故宮本」

之「庚」爲是。

卷十〈上杜司徒書〉——「故宮本」內「嘗沓貪於求取矣」一句，「沓」字「天理本」作「踏」。案：《國語‧鄭語》：「其民沓貪而忍。」注：「沓，黷也。」故作「踏」者非。

卷十三〈杜司徒讓淮南王去思碑表〉——「故宮本」內「伏見淮南節度使王鍔所奏」一句，「鍔」字「天理本」作「諤」。案：下文「王鍔與臣交代」，其中「王鍔」內第二字，「天理本」亦作「鍔」，是知作「諤」者非。

卷十四〈賀赦表〉——「故宮本」之「耳達四聰」一句，「聰」字「天理本」作「德」。案：耳聞順且審爲聰，故作「聰」者是。

卷十六〈賀德音表〉——「故宮本」內「垂意擇材」一句，「意」字「天理本」作「衣」。案：《易‧繫辭下》：「黃帝、堯、舜，垂衣裳而天下治。」又因上句爲「凝旒思理」，「凝旒」與「垂衣」正爲對文，故知作「衣」者是。

卷十八〈上中書李相公啓〉——「故宮本」之「哀仲翔之久謫」一句，「翔」字「天理本」作「朔」。案：「仲翔」乃虞翻字，翻以直諫遭遠謫，事見《三國志》本傳，故作「朔」者非。

卷十九〈唐故衡非刺史呂君集紀〉——「故宮本」之「咨余紬之」一句，「紬」字「天理本」作「伸」。案：此言呂溫之子捧遺草來，求劉禹錫編集，「紬」有綴集之意，故作「伸」者非。

卷二十〈觀博〉——「故宮本」之「速余觀焉」一句，「速」字「天理本」作「遲」，於義不可通。「速」義「召也」，見《玉篇》。作「遲」者非。

卷二十一〈詠古二首有所寄〉——「故宮本」之「目成在桑野」一句，「成」字「天理本」作「誠」。案：「目成」見《楚辭‧九歌‧少司命》：「忽獨與余兮目成」，作「誠」者非。

卷二十二〈許給事見示哭工部劉尚書詩因命同作〉——「故宮本」內「市義貴能貧」一句，「市」字「天理本」作「布」。案：「市義」見《戰國策‧齊策》馮諼爲孟嘗君焚債券，市義以收人心一事，故作「布」者非。

卷二十三〈遊桃源一百韻〉——「故宮本」之「淵明著前志」一句，「明」字「天理本」作「名」。案：「淵明」爲人名，即陶淵明。陶氏著〈桃花源記〉述桃源事，故謂其「著前志」也，作「名」者非。

卷二十四〈洛中寺北樓見賀監草書題詩〉——「故宮本」之「壁上筆蹤龍虎騰」一句，「筆」字「天理本」訛作「神」。

卷二十六〈蹋歌詞〉——「故宮本」之「唱盡新詞歡不見」一句，「歡」字「天

理本」作「觀」。案:「歡」乃江南民謠中習見稱其所愛者,如《樂府詩集》所收〈石城樂〉:「何時見歡還」即是,故作「觀」者非。

卷二十八〈送周使君罷渝州歸郢中別墅〉——「故宮本」之「不容待得晚菘嘗」一句,「菘」字「天理本」作「菰」。案:《南史·周顒傳》:「秋末晚菘。」《玉篇》:「菘,荣名」,作「菰」者非。

卷三十「故宮本」詩題「代靖安佳人怨二首」,「靖」字「天理本」作「靜」,然詩前之引亦稱:「靖安,丞相武公居里名也。」故知當以「靖」爲是。

外集卷一〈洛中逢白監同話遊梁之樂因寄宣武令狐相公〉——「故宮本」之「回手庭中看舞槍」一句,「手」字「天理本」作「首」。案:因曰「看舞槍」,故當爲「回首」,作「手」者非。

卷二〈虎丘寺見元相公二年前題名愴然有詠〉——「故宮本」之「見君題字虎丘山」一句,「字」字「天理本」訛作「寺」。

卷四〈予自到洛中與樂天爲文酒之會時時措詠樂不可支則慨然共憶夢得而夢得亦分司至止懽愜可知因爲聯句〉——「故宮本」之「鄴下七悠哉」一句,「七」字「天理本」作「士」。案:上文「洛中三可矣」,「洛中三」正與「鄴下七」對文;「鄴下七」者,建安七子也,故作「士」者非。

卷七〈省試風光草際浮〉——「故宮本」之「香浮轉叢蕙」一句,「香浮」二字「天理本」互乙。案:上句爲「影碎翻崇蘭」,「香浮」正對「影碎」,故作「浮香」者非。

卷九〈含輝洞述〉——「故宮本」之「耳目盡適」一句,「耳目」二字「天理本」作「年月」。案:下句「形神不羈」,正言其地能適耳目,若作「年月盡適」,於義不可通,當以「故宮本」爲是。

卷十〈祭柳員外文〉——「故宮本」之「亦見遺草」一句,「遺」字「天理本」訛作「道」。

就以上所舉劉禹錫文集內各卷所見諸例而論,兩種宋刊本文字雖互有得失,然而相較之下,可見當以天理圖書館所藏宋刊本《劉夢得文集》之舛誤爲多,整體而言未及故宮博物院所藏宋刊本《劉賓客文集》對各卷文字校刊之精審。

4. 故宮博物院所藏宋刊本《劉賓客文集》與天理圖書館所藏宋刊本《劉夢得文集》兩本文字之相互校補

正如以上考述所提到,故宮博物院所藏宋刊本《劉賓客文集》,與天理圖書館所藏宋刊本《劉夢得文集》,兩種宋刊本文字其實互有得失,因兩本文字各有脫略訛舛,亦各有優勝之處,是以彼此間可供相互校補,茲舉例將此節說明於下。以下稱述兩

種宋刊劉禹錫文集時，將省稱國立故宮博物院所藏宋刊本《劉賓客文集》爲「故宮本」，省稱天理圖書館所藏宋刊本《劉夢得文集》爲「天理本」。又因以下依故宮博物院所藏宋刊本《劉賓客文集》，稱述劉集內各篇之卷第、篇名及內文，故於以下所述不另稱引。

卷一〈何卜賦〉內「居貴而未嘗剝者其誰」一句，「天理本」脫「居貴」二字。又下文「主者命邪」四字，「故宮本」悉脫去。

卷二〈高陵令劉君遺愛碑〉內「凡以政績將立碑者」一句，「天理本」脫去「政」字。

卷六〈訊甿〉之「振贍之術歟」一句，「故宮本」脫去「術」字。

卷七〈辯易九六論〉內「四四而運得九」一句，「天理本」脫去其中一「四」字。

卷十四〈爲容州竇中丞謝上表〉，「天理本」脫去「兼御史中丞」、「臣發開州日已差某官某乙奉表陳謝」，及「推共理之義，分寄股肱；念蒸人之勤，溥霑遐邇」等，一共四十四字。

同卷〈夔州謝上表〉內「德宗皇帝記其姓名，知無黨援」兩句，「天理本」脫「姓名知無」四字。

同卷〈賀冊皇太子表〉內「伏見制書以十二月二十日冊皇太子」一句，「天理本」脫去「制書以十二月二十日」九字。

卷十九〈唐故中書侍郎平章事韋公集紀〉內「後周逍遙公敻之八代孫」一句以下，有「江陵節度參謀監御史裡行贈」十三字，「天理本」悉數脫去。

同卷〈唐故衡州刺史呂居集紀〉之「從安定梁肅學文章」一句，「故宮本」脫其中「安定」二字。

卷二十七〈紇那曲詞〉後附識「伏緣播在樂章，今附于卷末」兩句內，「伏緣播在樂章」六字，及其後之「于」字，「天理本」均脫去。

卷三十〈故相國燕國公于司空挽歌二首〉，第一首最後兩二句：「一代英豪氣，曉散白楊風」，「天理本」悉脫去。

外集卷三詩題「令狐相公見示河中楊少尹贈答兼命繼聲」，「天理本」脫去「見」字。

卷九〈子劉子自傳〉內「而河路猶艱難」一句，「故宮本」脫去「難」字。下文「遂改爲楊州掌書記」一句，「天理本」則脫去「州」字。

自上述例子可見，兩本雖互有闕略，然要之以天理圖書館所藏宋刊本《劉夢得文集》之脫漏爲甚。除此以外，故宮博物院所藏宋刊本《劉賓客文集》有天理圖書館所藏宋刊本《劉夢得文集》所不及者，爲卷十一至十八之表章、狀、啓等，各篇

開首及結尾，每具官職、結銜及年月等，俱爲天理圖書館所藏宋刊本《劉夢得文集》所無者。茲舉例說明上述情況如下：

卷十七〈蘇州舉韋中丞自代狀〉，起首有「蘇州狀上中書門下」八字，「天理本」內悉付之闕如。

同卷〈汝州上後謝宰相狀〉，開首有「朝議大夫使持節汝州諸軍事守汝州刺史兼御史中丞充本州防禦使上柱國賜紫金魚袋劉某」三十八字官銜，「天理本」俱闕去。

卷十四〈賀改元赦表〉，篇末「臣恪居官次，不獲稱賀闕庭，無任屏營之至，謹差當州軍事衙官試慈州吉昌府別將徐倫奉表陳賀以聞。寶曆元年二月十六日」，結銜及年月共五十字，「天理本」內均未見。

同卷〈夔州論利害表〉，篇末「無任感激屏營之至，謹差當州軍事衙官守易州安義府別將員外置同正員雲騎尉馮隨謹奉表以聞。長慶三年十一月七日」，其結銜及年月總計四十九字，「天理本」悉數闕去。

其餘同此者，闕去數字至數十字不等，在所多有。故昌彼得對此評謂：「無以考其撰述年月，及唐代書狀結銜體式也。」〔註22〕可謂深中其弊焉。由此亦可見，於表章、狀、啓等部份，故宮博物院所藏宋刊本《劉賓客文集》各篇所具之官職、結銜及年月等資料，可供天理圖書館所藏宋刊本《劉夢得文集》校補不足，故於此實以故宮博物院所藏宋刊本《劉賓客文集》較爲優勝。

（四）音　注

以下更論傳世三種宋刊劉禹錫文集內之音注。三種宋刊本音注彼此詳略不同，經於上文分別說明，然而其間優劣得失，則可舉述如下。以下舉述各本簡稱同於上文，亦依故宮博物院所藏宋刊本《劉賓客文集》，稱述劉集內各篇之卷第及篇名。

卷二十〈猶子蔚適越戒〉之「不副不聲」，「聲」下「故宮本」注：「五交反」；「天理本」則注：「五吏反」。案：「聲」字《唐韻》作「五交切」，正與「故宮本」同。而《廣韻》則作「五勞切」，《釋文》作「魚曹切」，《韻會》作「牛交切」，《集韻》、《正韻》並作「牛刀切」，綜而言之，「聲」字或入肴韻，或入豪韻而已。若作「五吏反」則入志韻，與韻書不合，故可斷言「天理本」之注音舛訛。

卷二十六〈九華山歌〉之「氣勢不死如騰仚」，「仚」下「故宮本」注：「音騫，輕舉貌」；「天理本」則注「音嫣，輕舉貌」。兩者義訓同而注音有別。案：「嫣」、

〔註22〕見昌彼得〈跋宋刊本劉賓客文集〉一文所論。同注12，頁216。

「騫」俱入仙韻，《廣韻》「仚」、「嫣」並作「許延切」，而「騫」作「去乾切」，則當以「天理本」爲是。

　　卷二十九〈送僧方及南謁柳員外〉之「雲遊鳥仚」，「仚」字下「故宮本」注：「虛延反」，而「天理本」注：「靈筵反」。案：「延」與「筵」音同，所異在上字「虛」與「靈」，「虛」字曉母，「靈」字來母。「仚」字《集韻》作「虛延切」，正與「故宮本」同；《廣韻》則作「許延切」，「許」亦爲曉母，故當以「故宮本」爲是。

　　同卷〈送僧元暠南遊〉之「緜是在席硯者多旁行四句之書」，「行」字下「故宮本」注：「胡岡反」，而「天理本」則注：「山岡反」。案：「行」字《集韻》作「寒岡切」，「寒」與「胡」俱爲匣母，則與「故宮本」同。又《廣韻》作「胡郎切」、「胡浪切」、「胡庚切」等，其反切上字俱與「故宮本」同，若作「山」則爲徹母，與韻書不合，故當以「故宮本」爲是。

　　由此可見，兩本注音雖詳略不同，其間亦多有出入，然而大略以故宮博物院所藏宋刊本《劉賓客文集》較爲精審。又上文嘗論及，故宮博物院所藏宋刊本《劉賓客文集》與天理圖書館所藏宋刊本《劉夢得文集》，俱於注文內每有校語，而爲北京圖書館所藏宋刊殘本《劉夢得文集》所無者（詳第五章第三節各本文字及行款之分歧內所論）。其中又以天理圖書館所藏宋刊本《劉夢得文集》校語最爲詳盡，有助考訂宋時劉集諸本文字異同，例如：

　　卷二十八〈故吏部侍郎奚公神道碑〉內「以課最就加貴秩」一句，「課」字下「天理本」注：「一作連」，「北圖本」同作「課」，而「故宮本」正作「連」。

　　卷三十〈唐故衡嶽律大師湘潭唐興寺儼公碑〉之「長沙湘西幾五里」一句，「湘」字「天理本」下注：「一作潭」，「故宮本」適作「潭」，可見「天理本」嘗取校諸本。

　　又卷一〈傷往賦〉內「悲之來兮憒予心」一句，「憒」字三種宋刊本俱同，然而「天理本」下注：「一作憤」，今考結一廬《賸餘叢書》本劉集，此字正作「憤」。故更可以據天理圖書館所藏宋刊本《劉夢得文集》注文，考見現存三種宋刊本劉禹錫文集以外，宋代時劉集諸本異文。

　　然而故宮博物院所藏宋刊本《劉賓客文集》注文，亦不乏可取之處，如卷二十六〈淮陰行〉，「故宮本」內「無奈脫荣時」一句，即下注「脫一作挑」。正文此句「脫」字，「天理本」作「洗」，結一廬《賸餘叢書》本「脫荣」二字作「晚來」，各本並無作「挑」者。然而於周必大《二老堂詩話》內「劉禹錫〈淮陰行〉」條下嘗載：

　　　　黃魯直云：「〈淮陰行〉情調殊麗，語氣尤穩切。白樂天、元微之爲之，

> 皆不入律也。惟「無奈脫菜時」不可解，當待博物洽聞者説也。」余嘗見
> 古本作「挑菜時」，東坡惠州〈新年詩〉「水生挑菜渚」，恐用此字。〔註23〕

今故宮博物院所藏宋刊本《劉賓客文集》注文內所稱，其本「一作挑」者，即宋時周必大所見之古本。由此足以證明天理圖書館所藏宋刊本《劉夢得文集》，與故宮博物院所藏宋刊本《劉賓客文集》之校文，實可互供校補，於劉集校勘方面而言，兩者皆不可偏廢。

又北京圖書館所藏宋刊殘本《劉夢得文集》，每將正文移作夾注，此節經於上章言之甚詳，然而自此帙往往移正文作夾注一事，正足說明其底本之粗劣。如卷一〈何卜賦〉「居貧而未嘗剙者其誰」，「居貧而未」四字，北京圖書館所藏宋刊殘本《劉夢得文集》即作小字夾注，僅佔兩字位，故知其底本原脫去二字，而所存二字又漫漶不可考，故剞劂時只預留兩字位之墨等，其後覓得他本作四字者，致補上時不得不作小字夾注。由此觀之，北京圖書館所藏宋刊殘本《劉夢得文集》所據底本之校刊草率，可謂自不待言。

以上自卷帙之存佚、剞劂之先後及校刊之精粗三方面，對傳世三種宋刊劉禹錫文集加以先後考述及比較，而三種宋刊劉集之版本優劣，亦至此得以論定。如上文所論，以卷帙之存佚考之，三種宋刊劉禹錫文集中以北京圖書館所藏宋刊殘本《劉夢得文集》最為殘闕不全，此帙雖屬宋刊本，然而因僅殘存四卷，故無以窺其全豹，是以黃丕烈對此即有「安得一宋刻之全者」之嘆。天理圖書館所藏宋刊本《劉夢得文集》及故宮博物院所藏宋刊本《劉賓客文集》，兩本內、外集俱完備，可以「足本」稱之，惟天理圖書館所藏宋刊本《劉夢得文集》闕去宋敏求後序，可謂美中不足。獨故宮博物院所藏宋刊本《劉賓客文集》具有宋氏後序，並多董弅題識，對於考訂劉集版本、編次、卷帙等問題方面，均可謂多所裨益。以此之故，若以「足本」論三本之優劣，當以故宮博物院所藏宋刊本《劉賓客文集》為盡善，天理圖書館所藏宋刊本《劉夢得文集》次之，而北京圖書館所藏宋刊殘本《劉夢得文集》為最下。

更就其剞劂之先後論之，三種宋刊劉禹錫文集中以北京圖書館所藏宋刊殘本《劉夢得文集》鋟版最早，故宮博物院所藏宋刊本《劉賓客文集》次之，天理圖書館所藏宋刊本《劉夢得文集》則屬最後付梓。以張之洞「舊本」定義考之，當以北京圖書館所藏宋刊殘本《劉夢得文集》居首。

若就校刊之精粗而論，於三種宋刊劉禹錫文集當中，以北京圖書館所藏宋刊

〔註23〕周必大：《二老堂詩話》，何文煥：《歷代詩話》（北京：中華書局，1981年），頁658。

殘本《劉夢得文集》之舛訛及脫漏最爲嚴重。其校刊之草率，及底本之不可爲據，於三種宋刊之中可謂最無足取。天理圖書館所藏宋刊本《劉夢得文集》與故宮博物院所藏宋刊本《劉賓客文集》，於校刊方面則兩者各有得失。若就編次之條理、校文之詳盡而言，則天理圖書館所藏宋刊本《劉夢得文集》較勝一籌；若就內文標題之得當、文字之精審、音注之正確而言，則故宮博物院所藏宋刊本《劉賓客文集》，應居於天理圖書館所藏宋刊本《劉夢得文集》之上。兩本於校刊方面雖各有勝處，不過細審之下，天理圖書館所藏宋刊本《劉夢得文集》不但妄改標題，以遂其編次之齊一；且其校語縱多，然而文字訛舛及脫漏者眾。至若表章狀啟等諸篇，開首官職及篇末結銜年月等，此本之內皆一應付諸闕如。是以倘以張之洞「精本」之要求——精校、精注驗之，其未及故宮博物院所藏宋刊本《劉賓客文集》之校刊精審則可斷言。

　　傳世三種宋刊劉禹錫文集，雖以北京圖書館所藏宋刊殘本《劉夢得文集》之剞劂年代最早，惟其中多有殘闕，此帙既非足本，復以脫漏訛舛特甚，故雖屬舊本而實不足取。三種宋刊劉集之中，論卷帙之完整、校刊之精審，皆首推故宮博物院所藏宋刊本《劉賓客文集》，是以其鋟版雖較北京圖書館所藏宋刊殘本《劉夢得文集》爲後，然而於傳世三種宋刊劉禹錫文集中，實以此帙爲最善者也。

第二節　宋刊劉禹錫文集於版本學上價值

　　上文論述傳世三種宋刊劉禹錫文集之版本優劣既竟，今更論其於版本學上之價值。前人藏書，多以宋槧爲貴，故有黃丕烈以「佞宋主人」自居，而陸心源以「皕宋樓」命其藏書處，以炫其所擁有宋刊之富。洪亮吉嘗分藏書家爲五等，於《北江詩話》卷三內即詳述其區分：

> 藏書家有數等：得一書必推求本原，是正缺失，是謂考訂家，如錢少詹大昕、戴吉士震諸人是也。次則辨其板片，注其錯訛，是謂校讎家，如盧學士文弨、翁閣學方綱諸人是也。次則搜采異本，上則補石室金匱之遺亡，下可備通人博士之瀏覽，是謂收藏家，如鄞縣范氏之天一閣、錢唐吳氏之瓶花齋、崑山徐氏之傳是樓諸家是也。次則第求精本，獨嗜宋刻，作者之旨意縱未盡窺，而刻書之年月最所深悉，是謂賞鑒家，如吳門黃主事丕烈、鄔鎮鮑處士廷博諸人是也。又次則於舊家中落者，賤售其所藏，富室嗜書者，要求其善價，眼別眞贗，心知古今，閩本、蜀本，一不得欺，宋槧、元槧，見而即識，是謂掠販家，如吳門之錢景開、陶五柳、湖州之

施漢英諸書估是也。〔註24〕

則知世之所以書貴宋槧者，非徒掠販家之以奇貨居之，亦非賞鑒家之視以爲骨董焉，所貴在乎足以正訛誤、補闕失，以爲校讎考訂之資也。張之洞於《書目答問・略例》內嘗謂：

> 讀書不知要領，勞而無功；知某書宜讀而不得精校、精注本，事倍功半。〔註25〕

是知就版本學上言之，宋刊之可貴在於可供糾謬刊誤，補校闕文耳。故論傳世三種宋刊劉禹錫文集於版本學上之價值，當亦以此爲據。

一、是正明清諸本舛訛

傳世三種宋刊劉禹錫文集，於文字校刊等各方面，實有勝過明、清以來劉禹錫文集鈔刻諸本之處，可供後世劉集各本糾謬刊誤，是正訛舛。茲舉例說明如下。以下舉述劉集內各篇之卷第及篇名，依故宮博物院所藏宋刊本《劉賓客文集》，舉凡各篇文字於宋本內一致者，則不另標明出處。

卷一〈問大鈞賦〉「工賦其形」一句，「工」字繆荃孫鈔本《劉賓客文集》（案：此帙現藏北京大學圖書館，以下省稱「繆鈔本」）作「上」。案：此篇上文既云：「孰主張是兮，有工其神」，又云：「工居其中」，則賦其形者「工」也，故作「工」是。

同篇「貰以待人兮，急以自拘」兩句，「貰」字經鉏堂鈔本《劉賓客文集》（案：此帙亦藏北京大學圖書館。以下省稱「經鉏本」）作「貫」；結一廬《賸餘叢書》本（案：以下省稱「結一本」）作「恕」。案：「貰」者，寬也、赦也，正與下文「急」相對，故作「貰」是。

卷二〈彭陽侯令狐氏先廟碑〉內「申命季弟監察御史定卜牲練日」一句，「申」字「結一本」訛作「甲」。

卷十五〈蘇州賀冊皇太子牋〉內「萬國以貞，九圍咸說」兩句，「圍」字「結一本」作「圉」。案：「九圍」見《詩經・商頌・長發》：「帝命式於九圍」毛傳：「九圍，九州也」，故當以「九圍」爲是。

卷二十一〈讀張曲江集作〉內「色傷斯爲仁」一句，「傷」字「結一本」作「相」。案：上文云「聖言貴忠恕」，故下云「色傷」，謂以此見其「忠恕」之仁心也，故知作「相」者非。

卷二十四〈覽董評事思歸之什因以詩贈〉內「倚伏能齊塞上翁」一句，「伏」字

〔註24〕 洪亮吉：《北江詩話》（北京：人民文學出版社，1983年），卷三，頁46。
〔註25〕 張之洞：《書目答問》（上海：上海古籍出版社，1983年），頁1。

「結一本」作「杖」。案：此用塞翁失馬之典，言禍福之互轉，事見《淮南子・人間訓》。又《老子》：「禍兮福所倚，福兮禍所伏」，班固〈幽通賦〉：「北叟頗識其倚伏」，即用《老子》與《淮南子》二事，劉禹錫以上一篇自此脫化而來，若作「倚杖」則與塞翁事無涉，故當以宋刊本內之「伏」字為是。

同卷詩題「元和十年自朗州承召至京戲贈看花諸君子」，其中「十」字「結一本」作「十一」。案：《舊唐書》本傳云：「元和十年，自武陵召還，宰相復欲置之郎署，時禹錫作〈遊玄都觀詠看花君子詩〉，語涉譏刺，執政不悅，復出為播州刺史。」〔註26〕考之史傳正作「元和十年」。又同卷〈再遊玄都觀絕句引〉內謂：「余貞元二十一年為屯田員外郎，時此觀未有花，是歲出牧連州，貶朗州司馬。居十年，召至京師，人人皆言有道士手植仙桃，滿觀如紅霞，遂有前篇以志一時之事。」自貞元二十一年（805年）起計，至元和十年（815年）適為十載，故作「十一」者誤。

卷二十六〈阿嬌怨〉內「試開金屋埽庭花」一句，「埽」字「結一本」作「鎖」。案：既云「開金屋」，則非「鎖」明矣，故當以宋刊本為是。

卷三十詩題「哭呂衡州時余方謫居」，其中「余」字「結一本」作「子」。案：若作「子」，則是謫居者為呂溫，而非指劉氏本人，如此則與下文自謂「朔方徙歲行當滿」不合，且呂溫已死，謫居者劉禹錫也，故作「余」者是。

外集卷一〈有所嗟〉一詩內之「相逢相失盡如夢」，「失」字「經鉏本」、「結一本」俱作「笑」。案：「相失」典故見於曹丕〈與吳質書〉：「行則連輿，止則接席，何曾須臾相失」，「相失」正與「相逢」相對，言人生聚散，恍如一夢也，故作「失」者是。

卷二〈同樂天和微之深春二十首〉第一首「何處深春好」一句，「深春」二字，明范氏臥雲山房鈔本《劉賓客文集》（案：此帙現藏北京圖書館，以下省稱「臥雲本」）作「春深」。案：詩題既為「和微之深春二十首」，又其餘十九首之首句均作「何處深春好」，故知作「春深」者非。

同卷〈和留守令狐相公答白賓客〉「麥隴和風吹樹枝」，「麥隴」二字天理圖書館所藏宋刊本《劉夢得文集》漶漫，僅可見「隴」字右半「龍」部份，「結一本」訛作「蛟龍」，於義不可通。

卷七〈登清輝樓〉題下注：「逸前四句。在江州」兩句，「結一本」「逸」字訛作「送」；「在」字訛作「為」。

〔註26〕劉昫等：《舊唐書》（北京：中華書局點校本，1975年），卷一六〇，頁4211。

卷九〈子劉子自傳〉內「以爲信然」一句，「信」字「臥雲本」及「結一本」俱訛作「言」。

同篇內「不夭不賤，天之祺兮」兩句，「祺」字「臥雲本」及「結一本」均訛作「棋」。

由以上所舉各例可以證明，傳世三種宋刊劉禹錫文集足以糾謬刊誤，或是正明、清諸本舛訛者頗多，足見其對劉集校勘至具貢獻，於版本學上實具極大之價值。

二、校補明清諸本脫漏

除此以外，傳世三種宋刊劉禹錫文集亦可供校補明、清諸本脫漏逸文，茲亦舉例說明於下。以下舉述劉集內各篇之卷第及篇名，亦一依故宮博物院所藏宋刊本《劉賓客文集》，各篇文字於宋本內一致者，同樣不復標明出處。

卷十七〈爲京兆韋尹進野豬狀〉內「田獵有獲」一句，「結一本」脫去「獵」字。

外集卷一〈和汴州令狐相公到鎮改月偶書所懷二十二韻〉內「衣風飄靉靆，燭淚滴巉巖，玉罌虛頻易，金鑪暖更添」二十字，「臥雲本」悉數脫去。

外集卷八〈歷陽書事七十韻〉內「安鈿耀翠晶」一句，「安」字「結一本」脫去。

同篇之「滄州謝朓城」一句，「朓城」二字「天理本」作「傅堃」，「結一本」於「謝」字下空二字，並注：「逸二字」。

外集卷九〈含輝洞述〉之「忘歸孔樂」一句，「忘歸」二字，「結一本」皆脫去。

同卷〈子劉子自傳〉內「自連歷夔和二郡」一句，「自連」二字「結一本」亦脫去。

同卷〈唐故監察御史贈尚書右僕射王公神道碑〉之「奮爲洪瀾，環迴自天」兩句，其中「洪瀾環迴」四字，「結一本」悉數脫去。

同篇「見職官儀及衣」以下，「結一本」下注：「闕」字，而「故宮本」則有「冠」字。

外集卷十〈祭虢州楊庶子文〉內「侵削內權」一句，「削」字「結一本」脫去。

同篇「昔與君遊」一句，「君」字「結一本」亦脫去。

三、提供參考音注

除可供校補明、清諸本脫漏外，傳世三種宋刊劉禹錫文集之內，更有明、清諸本所無之音注，可供後世研習劉氏詩文參考。茲舉例說明如下。以下舉述劉集內各篇之卷第及篇名，亦依故宮博物院所藏宋刊本《劉賓客文集》。

卷五〈天論中〉之「若是則天之不相乎人也信矣」一句，於「相」字之下，「故

宮本」注：「去」字，「天理本」注：「去聲」二字。

　　卷十八子目內，於「賀門下李相公啓」一篇之標題下，「故宮本」注：「自西川入爲大夫拜相」九字。

　　卷二十〈劉氏集略說〉內「甌以口譽之」一句，「譽」字下「故宮本」及「天理本」均注其讀音爲：「平」。

　　同篇「或官課」一句，於「課」字之下，「故宮本」及「天理本」俱注其讀音爲：「平」。

　　卷二十一〈養鷙詞〉之「途逢少年志在逐」一句，「故宮本」於其下注：「絕句」二字。「結一本」誤將「絕」字入正文，訛作「途逢少年志在逐絕」。

　　卷二十九〈贈別君素上人〉內「以聞于耳也」一句，「聞」字下「故宮本」注：「去聲」，「天理本」亦注：「去」。

　　自以上舉證各例可知，傳世三種宋刊劉禹錫文集，除可供明、清諸本糾謬刊誤，補校闕文，於校勘上是正劉集內各種訛誤闕漏之外，其中復有音注可資研治劉禹錫詩文之參照，不獨對後世校補劉禹錫文集至具貢獻，且於版本學上價值至鉅，誠爲現存劉禹錫文集諸本中最重要之版本。

後　記

　　這本論文從完成到出版，至今剛好相去二十年。在這段期間個人研究的重點，雖然從唐人文集版本文獻學方面，進而發展爲研究唐人文集內所見詩學理論與佛教問題，不過在這段期間，仍有參與和這一論文有關的版本問題的研究。從一九九六年利用這本論文內「眉山七史」及宋刊十二行本《元微之文集》的有關研究，寫成發表於《燕京學報》上的〈讀尾崎康《以正史爲中心的宋元版本研究》〉一文後，陸續又在《漢學研究》、《新亞學報》和《東方文化》等學報上，先後發表與宋刊唐人文集或劉禹錫文集版本研究有關的論文。雖然這些研究成果及資料，有幸得到部份國內外學者的青睞，成爲研究唐人文集流傳，或研究唐代詩人唱和集與詩人群問題，宋代詩學與唐人文集流傳問題，甚至整理劉禹錫文集時的參考，然而在這本論文中對於唐人文集以至劉禹錫文集版本的有關研究，事實上大部份都並未正式發表。比如其中有關宋刊劉禹錫文集的版本流傳與世稱「眉山七史」的宋刊九行本南北朝七史關係，或是論證現時著錄諸家及版本學研究專家，認爲屬於南宋中期蜀刻的一系列宋刊十二行本唐人文集的版本等各方面問題，這些有關論述不但在觀點與論證角度方面，與過往學者的持論有所出入，而且在結論方面往往都和前人研究大相徑庭。由於將論文付梓的關係，故此前時即將以往論證加以重新審視。雖然藉著這一機會，對整份論文在文字方面加以全面修訂，在內容方面也補入大量論據和抽換不少圖版，然而經過大規模修訂後，再客觀檢定其中所論時，發現多月來重新搜求後所補入的資料論據，不但未因新材料的介入而對舊有觀點有所修訂，反而因此令往日論證有更充份的支持理據。相信這本論文的出版，不僅有助研究劉禹錫文集版本上的各種問題，對於現時學術界以爲屬於南宋中期蜀刻的一系列宋刊十二行本唐人文集的版本研究，甚或考訂宋刊九行本南北朝七史刻地問題，以至研究與宋敏求、董弅、井度、晁公武、陸游等一班藏書家或文獻大家，在宋代時刻書與整理文獻的具體情況，都會有一定的參攷價值。

　　這一論文的得以完成並且出版，全因背後有一群良師益友的扶持與眷顧所致。在預備撰寫論文期間，曾專程遠赴北京和臺北搜尋在港所缺乏的各種文獻資料。如

果不是得到北京大學王瑤教授及夫人的照顧，加上文藝報編輯陳丹晨先生及家人的愛護和幫助，當日隻身赴京的一名香港研究生，相信就未必可以這樣順利地進出北大、北師大等圖書館，更遑論進入到北京圖書館善本書室，得以閱讀及複印各種善本。在撰寫論文期間，若非得到內子美蘭的全力支持，在辛勤上班工作之餘，更肩負起所有家中事務，並且協助打字及部份校勘工作的話，個人肯定無法放下一切營役，得以在長期苦思冥搜之下，寫成一篇如此專門與深入的學術論文。還有要感謝的是論文導師常宗豪先生，曾爲論文的行文和文筆格調都提供了寶貴的意見。論文的大量文字輸入工作，得到學弟李漢泉君的義務幫忙，在踽踽獨行的學術路上，因李君的長期鼓勵和支持，令苦心孤詣的閉關日子，平添了不少學習時的生機意趣。得到這些良師益友的眷顧和襄助，在回睇這段下筆撰文日子時是必須予以衷心感謝的。

在下筆期間，曾讀到王國維的「書成付與爐中火，了卻人間是與非」詩句。在感慨繫之的同時，也深信在學術文教與日劇頹的商業社會中，這樣一本論唐人文集版本的專著，可以出版的機會實在微乎其微。故此論文寫成後雖未付與爐火，然而一直就未有問世之想。論文之所以最終得以付梓，全賴前輩學人何廣棪教授大力推薦，並且居間奔走玉成。在版本目錄學於香港學府內漸次少人問津之際，既得與此中方家親炙，又每得聆何教授於版本文獻學上高論，可說是何其幸運的事。除了感謝何教授的致力襄助之外，更要感謝花木蘭文化出版社主編潘美月教授和杜潔祥教授對這論文的欣賞錯愛，將這小書收入到《古典文獻研究輯刊》之中。出版社高小娟女士一直以來爲論文的出版費神，期間對稿件修訂的大力支持和關懷，尤其要藉著這一機會在此表達感激。

對於曾經在學術路上不斷關懷提攜的一眾師友來說，這本論文的出版，也許多少可以作爲年來不敢有負厚愛下的努力見證。在探求學問的漫長過程當中，能夠遇上一眾良師益友，深切體會到身邊有如此多熱誠助人的好人存在以後，在上天如斯眷顧厚我的滿足感動之下，一切在追求學問時的辛苦孤寂，刹那間都變得微不足道。唯一縈繞心頭的是，當日寄住北大校園鏡春園王瑤教授家中的生活片段，和在北京圖書館每日對善本校勘及寫札記的往日情景，二十年來依然記憶猶新，然而王教授卻未能目睹這本小書的出版。在感謝和欣慰論文得以付梓的同時，就總不免令人感到仍有一絲揮之不去的悵惘。

劉衛林

二零零八年一月廿八日於香港馬鞍山致遠軒

主要參考文獻

劉禹錫文集及有關論著

1. 劉禹錫：《劉夢得文集》三十卷〔存四卷〕，北京圖書館藏宋刻殘本（一冊）。

2. 劉禹錫：《劉賓客文集》三十卷、《外集》十卷，國立故宮博物院藏宋刻本（四冊）。

3. 劉禹錫：《劉夢得文集》三十卷、《外集》十卷，北京師範大學圖書館藏 1913 年董康影印日本崇蘭館藏宋刊本（十二冊）。

4. 劉禹錫：《劉夢得文集》三十卷、《外集》十卷，北京大學圖書館藏 1913 年董康影印日本崇蘭館藏宋刊本（十冊）。

5. 劉禹錫：《劉夢得文集》三十卷、《外集》十卷，1936 年商務印書館《四部叢刊初編》縮印本影印涵芬樓影印董康影宋本。

6. 劉禹錫：《劉賓客文集》三十卷、《外集》十卷，北京大學圖書館藏民國吳興徐氏影印宋刻本（六冊）。

7. 劉禹錫：《劉賓客文集》三十卷、《外集》十卷，北京圖書館藏明范氏臥雲山房抄本（十二冊）。

8. 劉禹錫：《劉賓客文集》三十卷，北京師範大學圖書館藏明刻本（十冊）。

9. 劉禹錫：《劉賓客文集》三十卷，國立中央圖書館藏黃丕烈校明仿宋刊十行本（八冊）。

10. 劉禹錫：《劉賓客文集》三十卷、《外集》十卷，國立中央圖書館藏鄧邦述校清康熙間鈔本（八冊）。

11. 劉禹錫：《劉賓客文集》三十卷、《外集》五卷，國立中央圖書館藏顧廣圻校舊鈔本（五冊）。

12. 劉禹錫：《劉賓客文集》三十卷、《外集》十卷，北京圖書館藏清光緒三十一年仁和朱氏結一廬《賸餘叢書》本（五冊）。

13. 劉禹錫：《劉賓客文集》三十卷、《外集》十卷，北京圖書館藏馮浩校補並跋清抄本（四冊）。

14. 劉禹錫:《劉賓客文集》三十卷、《外集》十卷,北京大學圖書館藏李木齋據影宋本校清經鉏堂抄本(十二冊)。

15. 劉禹錫:《劉賓客外集》十卷,國立中央圖書館藏明刊十行本(一冊)。

16. 劉禹錫:《劉賓客外集》五卷,國立中央圖書館藏舊鈔本(一冊)。

17. 劉禹錫:《劉賓客詩集》六卷,國立中央圖書館藏明嘉靖二十九年毘陵蔣孝刊中唐詩本(一冊)。

18. 劉禹錫撰、趙宏烈輯:《劉賓客詩集》九卷、《詩評》一卷,北京大學圖書館藏清雍正涵碧齋刻本(二冊)。

19. 劉禹錫:《劉賓客文集》,藝文印書館《百部叢書集成》本影印清光緒王灝輯刊《畿輔叢書》本,1966 年。

20. 劉禹錫:《劉賓客文集》,中華書局《四部備要》本校刊結一廬朱氏刻本,1970 年。

21. 劉禹錫:《劉賓客文集》,上海古籍出版社《四庫唐人文集叢刊》本影印文淵閣《四庫全書》本,1993 年。

22. 瞿蛻園箋證:《劉禹錫集箋證》,上海古籍出版社,1989 年。

23. 劉禹錫詩文選注編輯組:《劉禹錫詩文選注》(修訂本),陝西人民出版社,1975 年。

24. 湖南省劉禹錫詩文選注組:《劉禹錫詩文選注》,湖南人民出版社,1978 年。

25. 陳聰環、譚力行箋注:《劉禹錫連州詩文箋注》,廣東高等教育出版社,1993 年。

26. 高志忠編著:《劉禹錫詩詞譯釋》,黑龍江人民出版社,1982 年。

27. 屈守元、卞孝萱合撰:《劉禹錫研究》,貴州人民出版社,1989 年。

28. 卞孝萱:《劉禹錫叢考》,巴蜀書社,1988 年。

29. 蘆 荻:《劉禹錫及其作品》,時代文藝出版社,1985 年。

30. 卞孝萱:《劉禹錫年譜》,中華書局,1963 年。

31. 張達人:《劉禹錫年譜》,臺灣商務印書館,1977 年。

32. 昌彼得:〈跋宋刊本劉賓客文集〉,《慶祝蔣復璁先生七十歲論文集》,國立故宮博物院,1969 年。

33. 屈守元:〈記殘宋本《劉夢得文集》〉,《四川師範學院學報》,1977 年第四期。

34. 屈守元:〈談劉禹錫詩文集的兩個影宋本〉,《四川師範學院學報》,1977 年第三期。

35. 屈守元:〈關於《談劉禹錫詩文集的兩個影宋本》一文的補正〉,《四川師範學院學報》,1978 年第二期。

36. 屈守元:〈記明范氏臥雲山房抄本劉禹錫詩文集〉,《四川師範學院學報》,1978 年第三期。

37. 羅聯添:〈劉夢得年譜〉,臺灣國立大學文學院:《文史哲學報》,第八期(1958

年 7 月）。

38. 敬　堂：〈劉禹錫年譜（簡編）〉，《揚州師範學院學報》，第十七期（1963 年 11 月）。

39. 敬　堂：〈關於劉禹錫生平的一些問題〉，《山西師範學報》，第四期（1960 年）。

40.〔日〕木村三四吾：〈宋版劉夢得文集解題〉，《ビブリア》，第四期（1955 年 6 月）。

41.〔日〕木村三四吾：〈宋版劉夢得文集（紹介）〉，《ビブリア》，第五期（1956 年 7 月）。

專　書

1. 長孫無忌等撰：《隋書・經籍志》，上海商務印書館，1955 年。

2. 劉昀撰：《舊唐書・經籍志》，中華書局校點本，1975 年。

3. 歐陽修、宋祁撰：《新唐書・藝文志》，中華書局校點本，1986 年。

4. 王堯臣等編次，錢東垣等輯釋：《崇文總目輯釋》，廣文書局《書目續編》本影印《粵雅堂叢書》本，1968 年。

5. 鄭　樵：《通志・藝文略》，中華書局，1987 年。

6. 晁公武：《昭德先生郡齋讀書志》，商務印書館影印宋淳祐袁州刊本，1937 年。

7. 晁公武：《郡齋讀書志》，廣文書局《書目續編》本影印王先謙校刊衢州本，1967 年。

8. 尤　袤：《遂初堂書目》，廣文書局《書目續編》本影印《說郛》本，1967 年。

9. 陳振孫：《直齋書錄解題》，廣文書局《書目續編》本影印武英殿輯《永樂大典》本，1968 年。

10. 馬端臨：《文獻通考・經籍考》，華東師範大學出版社，1985 年。

11. 楊士奇：《文淵閣書目》，廣文書局《書目三編》本影印嘉慶《讀畫齋叢書》本，1967 年。

12. 張　萱：《內閣藏書目錄》，廣文書局《書目續編》本影印《適園叢書》本，1968 年。

13. 陳　第：《世善堂藏書目錄》，廣文書局《書目三編》本影印《知不足齋叢書》本，1969 年。

14. 錢謙益：《絳雲樓書目》，廣文書局《書目三編》本影印《粵雅堂叢書》本，1969 年。

15. 季振宜：《季滄葦藏書目》，廣文書局《書目類編》本影印嘉慶十年《士禮居叢書》本，1968 年。

16. 毛扆斧：《汲古閣珍藏秘本書目》，廣文書局《書目類編》本影印嘉慶五年《士禮居叢書》本，1968 年。

17. 錢泰吉：《曝書雜記》，臺灣商務印書館《叢書集成簡編》本，1966 年。

18. 彭元瑞：《知聖道齋讀書跋》，臺灣商務印書館《叢書集成簡編》本，1965 年。

19. 陳　鱣：《經籍跋文》，臺灣商務印書館《叢書集成簡編》本，1965 年。

20. 江　藩：《半氈齋題跋》，臺灣商務印書館《叢書集成簡編》本，1966 年。

21. 鈕樹玉：《非石日記鈔》，臺灣商務印書館《叢書集成簡編》本，1966 年。

22. 于敏中、彭元瑞：《天祿琳瑯書目後編》，廣文書局《書目續編》本影印光緒長沙王氏合刊本，1968 年。

23. 黃虞稷：《千頃堂書目》，廣文書局《書目叢編》本影印《適園叢書》本，1967 年。

24. 錢　曾：《述古堂書目》，廣文書局《書目三編》本影印《粵雅堂叢書》本，1969 年。

25. 錢曾撰，章鈺等校證：《讀書敏求記校證》，廣文書局《書目叢編》本影印 1926 年刊本，1967 年。

26. 黃丕烈：《蕘圃藏書題識》，廣文書局《書目叢編》本影印 1919 年刊本，1967 年。

27. 黃丕烈：《蕘圃藏書題識續錄》，廣文書局《書目叢編》本影印 1933 年刊本，1967 年。

28. 潘宗周：《寶禮堂宋本書錄》，文海出版社，1963 年。

29. 孫星衍：《孫氏祠堂書目內外編》，廣文書局《書目三編》本影印《木犀軒叢書》本，1969 年。

30. 孫星衍：《平津館鑒藏書籍記》，廣文書局《書目三編》本影印《木犀軒叢書》本，1969 年。

31. 孫星衍：《廉石居藏書記》，廣文書局《書目三編》本影印《木犀軒叢書》本，1969 年。

32. 永瑢等總裁，紀昀等總纂：《四庫全書總目提要》，中華書局影印乾隆六十年浙江刻本，1965 年。

33. 阮　元：《四庫未收書目提要》，商務印書館《萬有文庫》本，1935 年。

34. 阮　元：《文選樓藏書記》，廣文書局《書目三編》本影印越縵堂烏絲欄鈔本，1969 年。

35. 朱緒曾：《開有益齋讀書志》，廣文書局《書目三編》本影印翁氏菇古閣刊本，1969 年。

36. 顧廣圻撰，黃丕烈注：《百宋一廛賦注》，廣文書局《書目續編》本影印《士禮居叢書》刊本，1968 年。

37. 蔣祖詒會輯，鄒百耐增補：《思適齋集外書跋輯存》，廣文書局《書目五編》本，1972 年。

38. 邵懿辰：《增訂四庫簡明目錄標注》，上海古籍出版社，1979 年。

39. 樂貴明：《四庫輯本別集拾遺》，中華書局，1983 年。

40. 周中孚：《鄭堂讀書記》，臺灣商務印書館 1978 年。

41. 范希曾：《書目答問補正》，上海古籍出版社 1983 年。

42. 朱學勤：《結一廬目》，廣文書局《書目類編》本影印宣統元年《晨風閣叢書》刊本，1968 年。

43. 瞿　鏞：《鐵琴銅劍樓藏宋元本書目》，廣文書局《書目類編》本影印光緒廿一年元和江氏師許室刊本，1968 年。

44. 瞿　鏞：《鐵琴劍樓藏書目錄》，廣文書局《書目叢編》本影印原刊本，1967 年。

45. 莫友芝：《宋元舊本書經眼錄》，廣文書局《書目叢編》本影印原刊本，1967 年。

46. 莫友芝：《邵亭知見傳本書目》，廣文書局《書目類編》本影印民國國學扶輪社排印本，1968 年。

47. 丁　丙：《善本書室藏書志》，廣文書局《書目叢編》本影印原刊本，1967 年。

48. 陸心源：《皕宋樓藏書志》，廣文書局《書目續編》本影印十萬卷樓刊本，1968 年。

49. 陸心源：《儀顧堂題跋》，廣文書局《書目續編》本影印十萬卷樓刊本，1968 年。

50. 陸心源：《儀顧堂續跋》，廣文書局《書目續編》本影印十萬卷樓刊本，1968 年。

51. 張鈞衡：《適園藏書志》，廣文書局《書目續編》本影印適園刊本，1968 年。

52. 楊紹和：《楹書隅錄》，廣文書局《書目叢編》本影印原刊本，1967 年。

53. 楊紹和：《海源閣藏書目》，廣文書局《書目類編》本影印光緒廿一年元和江氏師許室刊本，1968 年。

54. 丁日昌：《豐順丁氏持靜齋書目》，廣文書局《書目類編》本影印光緒廿一年元和江氏師許室刊本，1968 年。

55. 薛福成：《天一閣見存書目》，廣文書局《書目類編》本影印光緒無錫薛氏刊本，1968 年。

56. 繆荃孫：《藝風藏書記》，廣文書局《書目叢編》本影印原刊本，1967 年。

57. 繆荃孫：《藝風藏書續記》，廣文書局《書目類編》本影印原刊本，1967 年。

58. 楊守敬：《日本訪書志》，廣文書局《書目叢編》本影印光緒廿三年刊本，1967 年。

59. 瞿啓甲：《鐵琴銅劍樓宋金元本書影（附識語）》，廣文書局《書目四編》本影印 1922 年影印本，1970 年。

60. 傅增湘：《雙鑑樓善本書目、藏書續記》，廣文書局《書目三編》本影印 1930 年藏園刊本，1969 年。

61. 傅增湘：《藏園群書題識、續集》，廣文書局《書目叢編》本影印 1938 年及 1943

年印本，1967 年。

62. 傅增湘：《藏園群書經眼錄》，中華書局，1983 年。

63. 傅增湘：《藏園群書題記》，上海古籍出版社，1989 年。

64. 王獻唐：《雙行精舍書跋輯存》，齊魯書社，1983 年。

65. 王獻唐：《雙行精舍書跋輯存續編》，齊魯書社，1986 年。

66. 董　康：《書舶庸譚》，廣文書局《書目叢編》本影印 1930 年大東書局印本，1967 年。

67. 甘鵬雲：《崇雅堂書錄》，廣文書局《書目類編》本影印 1935 年印本，1968 年。

68. 葉啓勳：《拾經樓紬書錄》，廣文書局《書目叢編》本影印 1937 年本，1967 年。

69. 王文進：《文祿堂訪書記》，廣文書局《書目叢編》本影印 1942 年印本，1967 年。

70. 張乃熊：《菦圃善本書目》，廣文書局《書目三編》本影印書林榮寶齋鈔本，1969 年。

71. 莫伯驥：《五十萬卷樓藏書目錄初編》，廣文書局《書目叢編》本影印民國自印本，1967 年。

72. 鄧邦述：《群碧樓善本書目》，廣文書局《書目續編》本影印原刊本，1967 年。

73. 鄧邦述：《寒瘦山房鬻存善本書目》，廣文書局《書目續編》本，1967 年。

74. 張金吾：《愛日精廬藏書志》，文史哲出版社影印原刊本，1982 年。

75. 王國維：《傳書堂藏善本書志》，藝文印書館影印密均樓寫本，1974 年。

76. 葉景葵：《卷盦書跋》，古典文學出版社，1957 年。

77. 陸心源：《穰梨館過眼錄》，學海出版社影印光緒十七年吳興陸氏家塾刊本，1975 年。

78. 繆荃孫：《藕香零拾》，光緒三十四年原刊本，1908 年。

79. 安　岐：《墨緣彙觀》，武昌刻本，1909 年。

80. 孫殿起：《販書偶記》，上海古籍出版社，1982 年。

81. 張元濟：《涵芬樓燼餘書錄》，上海商務印書館，1951 年。

82. 張元濟：《涉園序跋集錄》，古典文學出版社，1957 年。

83. 瞿良士：《鐵琴銅劍樓藏書題跋集錄》，上海古籍出版社，1985 年。

84. 雷夢水：《古書經眼錄》，齊魯書社，1984 年。

85. 羅振常：《善本書所見錄》，商務書局，1958 年。

86. 羅振常：《天一閣藏書經見錄》，華東師範大學出版社，1986 年。

87. 周子美：《嘉業堂鈔校本目錄》，華東師範大學出版社，1986 年。

88. 冀淑英：《自莊嚴堪善本書目》，天津古籍出版社出版，1985 年。

89. 李盛鐸：《木犀軒藏書題記及書錄》，北京大學出版社，，1985 年。

90. 王重民：《中國善本書提要》，上海古籍出版社，1983 年。

91. 萬　曼：《唐集敘錄》，中華書局，1980 年。

92. 顧廷龍：《葉景葵雜著》，上海古籍出版社，1986 年。

93. 顏中其：《北宋大文獻學家宋敏求》，岳麓書院，1983 年。

94. 何廣棪：《陳振孫之生平及其著述研究》，文史哲出版社，1993 年。

95. 嚴紹璗：《漢籍在日本的流布研究》，江蘇古籍出版社，1992 年。

96. 趙萬里等編：《北京大學圖書館藏李氏書目》，北京大學圖書館，1956 年。

97. 北平圖書館編：《北平圖書館善本書目》，藝文印書館影印 1976 年原刊本，1976 年。

98. 北京師範大學圖書館編：《北京師範大學圖書館中文古籍書目》，中國出版對外貿易總公司 1983 年。

99. 國立故宮博物院編：《國立故宮博物院宋本圖錄》，國立故宮博物院，1977 年。

100. 國立故宮博物院編：《國立故宮博物院善本舊籍總目》，國立故宮博物院，1983 年。

101. 國立中央圖書館編：《國立中央圖書館善本書目》，國立中央圖書館，1967 年。

102. 中華叢書委員會編：《國立中央圖書善本圖錄》，集成圖書公司，1958 年。

103. 國家出版局：《古籍目錄（1941.1～1976.12）》，中華書局，1980 年。

104. 〔闕〕：《掃葉山房書目》，廣文書局《書目類編》本影印 1921 年石印本，1968 年。

105. 〔闕〕《學海書樓藏書總目錄》，廣文書局《書目類編》本影印民國初年排印本，1968 年。

106. 阮元校：《十三經注疏》，中華書局影印阮元校刻本，1982 年。

107. 商務印書館輯：《縮印百衲本二十四史》，藝文印書館，1958 年。

108. 劉　昫：《舊唐書》，中華書局校點本，1975 年。

109. 歐陽修：《新唐書》，中華書局校點本，1975 年。

110. 司馬光等：《資治通鑑》，中華書局，1956 年。

111. 陳　垣：《通鑑胡注表微》，中華書局，1962 年。

112. 夏　燮：《明通鑑》，世界書局影印清順治二年刊本，1962 年。

113. 焦　竑：《國朝獻徵錄》，學生書局影印國立中央圖書館藏明刊本，1965 年。

114. 過廷訓：《本朝分省人物考》，成文出版社影印明天啓二年刊本，1971 年。

115. 李昉等撰：《太平御覽》，中華書局影印 1935 年商務印書館影印南宋蜀刊本，1960 年。

116. 王應麟：《玉海》，華文書局影印元後至元三年慶元路儒學刊本，1964 年。

117. 陳公亮：《嚴州圖經》，大化書局影印光緒丙申漸西村舍本，1980 年。

118. 鄭　瑤：《景定嚴州新定續志》，成文出版社影印文瀾閣存抄本 1980 年。

119. 沐雲叟：《錫金志外》，成文出版社影印道光二六年刊本，1983 年。

120. 吳仰賢等纂，許瑤光等修：《嘉興府志》，成文出版社《中國方志叢書》影印光緒五年，1983 年。

121. 福建通志局：《福建通紀》，大通書局影印 1922 年福州刊本，1968 年。

122. 姜大中：《無錫金匱縣志》，成文出版社影印光緒七年刊本，1970 年。

123. 廷杰重訂：《承德府志》，成文出版社影印光緒十三年廷杰重訂本，1968 年。

124. 黃遵憲：《日本國志》，文海出版社影印光緒廿四年上海圖書集成印書局印本，1968 年。

125. 鄭學稼：《日本史（二）》，黎明文化事業股份有限公司，1977 年。

126. 劉義慶：《世說新語》，商務印書館《四部叢初編》本影印明嘉靖十四年袁褧嘉趣堂刻本，1936 年。

127. 宋敏求：《春明退朝錄》，中華書局《唐宋史料筆記叢刊》本，1980 年。

128. 岳　珂：《愧郯錄》，臺灣商務印書館《叢書集成》簡編本，1966 年。

129. 陸　游：《老學庵筆記》，臺灣商務印書館《叢書集成》簡編本，1966 年。

130. 胡應麟：《少室山房筆叢》，中華書局，1959 年。

131. 白居易：《白氏長慶集》，文學古籍刊行社影印重刊宋本，1955 年。

132. 白居易：《白居易集》，中華書局，1979 年。

133. 元　稹：《元稹集》，中華書局，1982 年。

134. 孟浩然：《孟浩然詩集》，上海古籍出版社《宋蜀刻本唐人文集叢刊》本影印十二行宋刊本，1994 年。

135. 劉長卿：《劉文房文集》，上海古籍出版社《宋蜀刻本唐人文集叢刊》本影印十二行宋刊本，1994 年。

136. 陸　贄：《陸宣公文集》，上海古籍出版社《宋蜀刻本唐人文集叢刊》本影印十二行宋刊本，1994 年。

137. 權德輿：《權載之文集》，上海古籍出版社《宋蜀刻本唐人文集叢刊》本影印十二行宋刊本，1994 年。

138. 孟　郊：《孟東野文集》，上海古籍出版社《宋蜀刻本唐人文集叢刊》本影印十二行宋刊本，1994 年。

139. 韓　愈：《昌黎先生文集》，上海古籍出版社《宋蜀刻本唐人文集叢刊》本影印十二行宋刊本，1994 年。

140. 張　籍：《張文昌文集》，上海古籍出版社《宋蜀刻本唐人文集叢刊》本影印十二行宋刊本，1994 年。

141. 元　稹：《新刊元微之文集》，上海古籍出版社《宋蜀刻本唐人文集叢刊》本影印十二行宋刊本，1994 年。

142. 張　　祜：《張承吉文集》，上海古籍出版社《宋蜀刻本唐人文集叢刊》本影印十二行宋刊本，1994 年。

143. 姚　　合：《姚少監詩集》，上海古籍出版社《宋蜀刻本唐人文集叢刊》本影印十二行宋刊本，1994 年。

144. 李　　賀：《李長吉文集》，上海古籍出版社《宋蜀刻本唐人文集叢刊》本影印十二行宋刊本，1994 年。

145. 許　　渾：《許用晦文集》，上海古籍出版社《宋蜀刻本唐人文集叢刊》本影印十二行宋刊本，1994 年。

146. 孫　　樵：《孫可之文集》，上海古籍出版社《宋蜀刻本唐人文集叢刊》本影印十二行宋刊本，1994 年。

147. 皇甫湜：《皇甫持正文集》，上海古籍出版社《宋蜀刻本唐人文集叢刊》本影印十二行宋刊本，1994 年。

148. 鄭　　谷：《鄭守愚文集》，上海古籍出版社《宋蜀刻本唐人文集叢刊》本影印十二行宋刊本，1994 年。

149. 司空圖：《司空表聖文集》，上海古籍出版社《宋蜀刻本唐人文集叢刊》本影印十二行宋刊本，1994 年。

150. 杜荀鶴：《杜荀鶴文集》，上海古籍出版社《宋蜀刻本唐人文集叢刊》本影印十二行宋刊本，1994 年。

151. 王世貞：《弇州山人續稿》，文海出版社影印明崇禎間刊本，1970 年。

152. 王國維：《王觀堂先生全集》，文華出版社，1968 年。

153. 何文煥：《歷代詩話》，中華書局，1981 年。

154. 丁福保：《歷代詩話續編》，中華書局，1983 年。

155. 蕭統編，李善注：《文選》，中華書局影印胡克家校刻本，1977 年。

156.〔日〕森立之：《經籍訪古志》，廣文書局《書目叢編》本影印昭和十年影印稿本，1967 年。

157.〔日〕河田羆：《靜嘉堂祕籍志》，靜嘉堂排印本，明治四十三年（1910 年）。

158.〔日〕長澤規矩也：《宋本書影》，日本書法學會，1993 年。

159.〔日〕島田翰：《古文舊書考》，廣文書局《書目叢編》本，1967 年。

160.〔日〕小野則秋：《日本藏書印考》，文友堂書店，昭和十八年（1943 年）。

161.〔日〕阿部隆一：《中國訪書志》，汲古書院排印本，昭和五十八年（1983 年）。

162.〔日〕犬埋圖書館編：《天理圖書館稀書目錄》，《天理圖書館叢書》二五輯，1961 年。

163.〔日〕日本學術會議編：《日本圖書館總覽》，自然科學書協會，1954 年。

164.〔日〕文部省文化廳：《重要文化財》，每日新聞社，1976 年。

165.〔日〕木宮泰彥：《日華文化交流史》，富山房，昭和四十年（1965 年）。

166.〔日〕花房英樹:《元稹研究》,彙文堂書店,昭和五二年（1977年）。

167.〔日〕多賀宗隼:《榮西》,吉川弘文館,昭和四七年（1972年）。

168.〔日〕臼井信義:《足利義滿》,日本歷史學會編集,吉川弘文館,1970年。

169.〔日〕師　鍊:《元亨釋書》,《大日本佛教全書》第五冊,佛學刊行會,1913年。

170.〔日〕續群書類從完成會:《續群書類從》,續群書類從完成會,1932年。

論　文

1. 傅增湘:〈雙鑑樓藏書續記序、序跋彙錄〉,《圖書館學季刊》,第四卷,第三、四期,1930年12月。

2. 張元濟:〈南齊書跋〉,《圖書館學季刊》,第四卷,第三、四期,1930年12月。

3. 趙萬里:〈兩宋諸史監本存佚攷〉,國立中央研究所:《慶祝蔡元培先生六十五歲論文集》上冊,《歷史語言研究所集刊（外編）》,1933年1月。

4. 昌彼得:〈跋宋十二行本五代史記〉,《故宮季刊》,第一卷,第二期（1966年10月）。

5. 葉長青:〈閩本考〉,《中國書籍考論集》,中山圖書公司,1972年。

6. 潘美月:〈南宋重刊九行本七史考〉,《故宮圖書季刊》,第四卷,第一期（1973年7月）。

7. 吳哲夫:〈故宮善本書志紹興二八年明州修補舊刊本〉,《故宮圖書季刊》,第四卷,第一期（1973年7月）。

8. 潘美月:〈兩宋蜀刻的特色〉,《國立中央圖書館館刊》,新九卷,第二期（1976年12月）。

9. 昌彼得:〈跋宋浙東茶鹽司本周禮注疏〉,《故宮季刊》,第十二卷,第一期（1977年7月）。

10. 昌彼得:〈美日訪書記〉,《板本目錄學論叢》,第一輯,學海出版社,1977年。

11. 封思毅:〈宋諱集說〉,《國立中央圖書館館刊》,新十三卷,第一期（1980年6月）。

12. 宿　白:〈南宋的雕版印刷〉,《中國圖書版本學論文選輯》,學海出版社,1981年。

13. 柳存仁:〈天理圖書館藏宋本書經眼錄〉,《馮平山圖書館金禧紀念論文集》,香港大學馮平山圖書館,1982年。

14. 孫猛:〈《郡齋讀書志》衢袁二本的比較研究——兼論《郡齋讀書志》的成書過程〉,《文史》,第二十輯（1983年）。

15. 謝敏聰:〈熱河行宮〉,《故宮文物月刊》,第二卷,第一期,1984年4月。

16. 潘美月:〈宋刻韓柳文集〉,《故宮文物月刊》,第二卷,第三期1984年6月。

17. 潘美月:〈宋代四川刊印唐人文集〉,《故宮文物月刊》,第十九輯,第二卷,第

七期（1984 年 10 月）。

18. 昌彼得：〈臺灣地區中國舊籍存藏現況〉，《古籍鑑定與維護研習會專集》，中國圖書館學會，1985 年。

19. 潘美月：〈北宋蜀刻小字本冊府元龜〉，《故宮文物月刊》，第三卷，第六期（1985 年 9 月）。

20. 吳哲夫：〈故宮宋版書之旅〉，《故宮文物月刊》，第三一輯，第三卷，第三期（1985 年 10 月）。

21. 王景鴻：〈開啓故宮知識寶庫的鑰匙──國立故宮博物院圖書館〉，《故宮文物月刊》，第三一輯，第三卷，第三期（1985 年 10 月）。

22. 楊玉良：〈管窺故宮藏書〉，《故宮博物院院刊》，第二期（1986 年 5 月）。

23. 吳哲夫：〈故宮藏書鳥瞰〉，《故宮文物月刊》，第四卷，第七期（1987 年 10 月）。

24. 〔日〕武田恆夫：〈建仁寺の友松障壁畫〉，《障壁畫全集──建仁寺》，美術出版社，1968 年。

25. 〔日〕長澤規矩也：〈刊本の字樣の類似と刊年との關係〉，《書誌學》，復刊新十八號（1970 年 2 月）。

26. 〔日〕金子和正：〈天理圖書館藏宋刊本刻工名表〉，《書誌學》，復刊新十八號（1970 年 2 月）。

27. 〔日〕尾崎康：〈通典の諸版本について〉，《斯道文庫論集》，第十四輯（1977 年）。

28. 〔日〕尾崎康：〈天理圖書館藏宋刊本通典について〉《ビブリア》，第七五期（1980 年 10 月）。

29. 〔日〕阿部隆一：〈天理圖書館藏宋金元版本考〉，《ビブリア》，第七五期（1980 年 10 月）。

30. 〔日〕長澤規矩也：〈宋刊本刻工名表〉，《長澤規矩也著作集》，汲古書院，1983 年。

31. 〔日〕清水茂：〈日本留下來的兩種柳宗元集版本〉，《馮平山圖書館金禧紀念論文集》，1982 年。

32. 〔日〕尾崎康：〈宋元刊南北史・七史および隋書について（下）〉，《斯道文庫論集》，第二十輯（1983 年）。

33. 〔日〕長澤規矩也：〈宋刊本展覽會陳列書解說〉，《長澤規矩也著作集》，第三卷，1983 年。

34. 〔日〕尾崎康：〈宋版鑑定法〉，《古籍鑑定與維護研習會專集》，中國圖書館學會，1985 年。

35. 〔日〕阿部隆一：〈故宮博物院藏沈氏研易樓捐贈宋元版本志（上）〉，《國立中央圖書館館刊》，十九卷，第二期（1986 年 12 月）。